Larry Wilson *Am Ball bleiben*

Larry Wilson
mit Hersch Wilson

Am Ball bleiben

Wie Verkäufer den Kampf um den Kunden führen und gewinnen

Oesch Verlag

Die amerikanische Originalausgabe erschien
unter dem Titel *Changing the Game*
bei Simon & Schuster, Inc., New York, USA

Aus dem Amerikanischen übertragen von
Dieter W. Portmann

CIP-Titelaufnahme der Deutschen Bibliothek

Wilson, Larry:

Am Ball bleiben: wie Verkäufer den Kampf um den Kunden führen und gewinnen / Larry Wilson. Mit Hersch Wilson. [Aus d. Amerikan. übertr. von Dieter W. Portmann]. –
Zürich: Oesch, 1990
Einheitssacht.: Changing the game ‹dt.›

ISBN 3-85833-399-9

Schutzumschlag: Heinz von Arx, Zürich
Satz: Typobauer Filmsatz GmbH, Ostfildern
Druck und Bindung: May & Co., Darmstadt
Printed in Germany

ISBN 3-85833-399-9

Dieses Buch möchte Verkäuferinnen und Verkäufern in allen Bereichen helfen, ihre Kraft, ihren Mut und ihre Kreativität zu entdecken und sie zu ihrem eigenen Besten und zum Wohle einer besseren Welt einzusetzen.

Dank

Wie die meisten Unternehmungen, an denen ich in meinem Leben beteiligt war, ist auch dieses Buch das Ergebnis einer sehr engen Zusammenarbeit. Über fünfzig Leute haben Zeit, Energie und vor allen Dingen Ehrlichkeit und Einfallsreichtum beigesteuert, um Ihnen dieses Buch vorlegen zu können.

Zwei Menschen lebten ein volles Jahr lang auf der ganzen Welt in unzähligen Interviews und zahlreichen Entwürfen mit diesem Buch: mein Sohn und Koautor Hersch Wilson und unser unermüdlicher Freund, Interviewer und Schriftsteller Ronn Lehmann.

Dafür, daß sie dieses Buch gestaltet, uns geleitet und sich wirklich nur mit dem Besten zufriedengegeben haben, danke ich Bob Bender, unserem Herausgeber bei Simon and Schuster, und Jonathan Lazear, meinem Agenten in Minneapolis.

Für ihre große Erfahrung in Verkauf und Verkaufsschulung, für ihre Ideen, ihre Geduld und Bereitschaft zur Mitarbeit danke ich George Ainsworth-Land, Akiko Shiotsu, Elizabeth Adams und Tom Haller sowie Shozo Mori, Hirkoi Iizuka und Yoshimichi Ueno in unserem Büro in Japan.

Dankbar bin ich Bill Payne, Joan Ward, Willis Harman und Hank Marban von IBM sowie Roy Yamahiro von Federal Express für die Ideen und all die Zeit, die sie beigesteuert und geopfert haben.

Als nächstes möchte ich den Verkäuferinnen und Verkäufern danken, die wir interviewt haben und deren Stimmen Sie in diesem Buch hören werden: Larry Mann von Aetna, Charles Breckenridge von Cray Research, Eric Carlson von Du Pont, Kathy Monthei von Delta Dental Plan of California, Alan Braslow von Five Technologies, Don Walker von der Wilson Learning Corporation, Ann Ramsay Spinazzola von der North-Western Mutual, Diane Flis von Buick, Eileen Tertocha von Skipper Morrison Realtors in Atlanta und Jay Mesinger von Mesinger and Associates in Houston.

Dann ist das Team an der Reihe, das am Buch gearbeitet hat. Besonderer Dank gebührt Jill Wenburg für die unendliche Geduld und Begeisterung, mit der sie stundenlang auf Band aufgenommene Interviews übertragen hat. Ich möchte aber auch Jody Kirk, Laurie Edwards-Wilson und Tomoko Inamoto in Tokio für ihre Hilfe danken.

Dann gilt mein Dank einem Unternehmen, ohne das dieses Buch nie geschrieben worden wäre, nämlich Federal Express. Dank »FedEx« war es uns möglich, dieses Buch in einer herrlichen ländlichen Gegend im Norden von New Mexico zu schreiben und doch nur eine nächtliche Expreßsendung von Simon and Schuster in New York entfernt zu sein.

Und schließlich darf nicht vergessen werden, daß Hunderte von Seiten, vom ersten Entwurf bis zur endgültigen Fassung, auf einer der – meiner Meinung nach – bedeutendsten Erfindungen der zweiten Hälfte unseres Jahrhunderts geschrieben worden sind – auf einem Personal Computer. Ronn Lehmann, unser Rechercheur, arbeitete auf einem PC von IBM, Hersch und ich arbeiteten auf Apple Computers von Macintosh, und dies ohne Ausrutscher und Probleme und ohne auch nur eine einzige Seite mit Informationen zu verlieren. Nachdem wir PCs gegenüber am Anfang ziemlich skeptisch waren, haben wir uns bis am Ende zu fanatischen Benützern entwickelt.

Allen herzlichen Dank für ihre Hilfe und ihre Beiträge.

In herzlichem Andenken an meinen Freund,
den Manager und Schriftsteller Jim Kirk.

Inhalt

Anmerkung des Autors

Zu Beginn ein paar Worte darüber, wie ich überhaupt dazu gekommen bin, dieses Buch zu schreiben. Nach dreißig Jahren, in denen ich verkauft, über Verkaufen geredet und an der 1964 von mir gegründeten Wilson Learning Corporation Hunderttausende von Verkäufern aus- und weitergebildet habe, ist es für mich so eine Art Marschhalt oder Zwischenbilanz.

In diesen dreißig Jahren hat sich im Verkauf ungeheuer viel geändert. Der Beruf des Verkäufers ist das Image von Willy Loman in Arthur Millers *Tod eines Handlungsreisenden* losgeworden und spielt in zunehmendem Maße eine der anspruchsvollsten, wichtigsten, herausforderndsten und bedeutendsten Rollen im heutigen Geschäftsleben. Verkaufen ist heute fraglos eine der Schlüsseltätigkeiten, welche die Wirtschaft vorantreiben, den Kuchen größer werden lassen.

Der Beruf des Verkäufers – soviel ist mir klar – ist in unserer Wirtschaft einer der wenigen, in denen der Unternehmungsgeist noch lebendig ist. Verkäufer, die besten und hellsten, *denken* anders als die andern. Sie denken wie Unternehmer, weil sie das im Grunde genommen auch sind; und genau das ist ja auch das Aufregende an diesem Beruf.

Und um eben dieses Aufregende dreht sich das Buch – um diese Begeisterung, um all diese Möglichkeiten und Versprechungen, welche der Verkauf zu bieten hat. Und wenn ich persönlich Ausschau auf die nächsten dreißig Jahre halte – egal, ob nun in der Rolle als Chef eines Unternehmens, als Redner oder Autor –, weiß ich jedenfalls, daß ich aus den erwähnten Gründen eines immer tun werde: verkaufen.

Larry Wilson
The Pecos River Learning Center
Santa Fe, New Mexico
Weihnachten 1986

Anmerkung des Verlags: Der Einfachheit halber wird auf die weibliche Form von »Verkäufer«, »Manager« usw. verzichtet. Selbstverständlich spricht der Autor aber Frauen und Männer an.

Teil I

Das Verkaufsspiel im Wandel

Ein Spiel

Eine Anzahl von Regeln, welche das Ziel des Spiels und die Rolle der Teilnehmer genau bestimmen, einschließlich der erlaubten Handlungen der Spieler, der ihnen zustehenden Informationen, der über ein Weiterkommen entscheidenden Kriterien, der Wahrscheinlichkeit, mit welcher es zu zufälligen Ereignissen kommen wird, der Kriterien zur Beendigung des Spiels und der Verteilung des Gewinns. Und nicht zuletzt legen die Regeln auch fest, weshalb das Spiel überhaupt gespielt wird.

Kapitel 1

Worum es in diesem Buch überhaupt geht

Die Geschäfte gehen heutzutage großartig. Sie könnten nicht bessergehen. Es ist die aufregendste, anregendste, anspruchsvollste und lohnendste Zeit in meinem ganzen Leben. Da gibt es zunächst einmal so viele Leute, die unsere Dienstleistungen benötigen. Das ist für mich einfach unglaublich. Ich könnte buchstäblich acht Tage in der Woche und sechsunddreißig Stunden am Tag arbeiten. Es gibt so viel zu tun, so viele Kunden zu besuchen, und da sind so viele Leute, die unsere Dienste in Anspruch nehmen möchten.

Larry Mann, Aetna Life and Casualty,
Los Angeles, Kalifornien

Viele Leute sagen, wir hätten harte Zeiten erlebt. Wir haben eine Rezession durchgemacht. Und ich habe überhaupt nichts davon bemerkt. Ich vermute, mein Eifer war so groß, daß ich mich einfach nicht darum kümmerte, sondern mich aufmachte und nach Geschäften Ausschau hielt.

Ich hätte mir nie träumen lassen, daß ich als Verkäuferin einmal so viel Erfolg haben würde. Ich hätte mir nie träumen lassen, daß ich mit 24 Jahren ein Haus für 125000 Dollar an einem See mein eigen nennen würde. Ich hätte mir nie träumen lassen, einmal zu den besten

Autoverkäufern im ganzen Land zu gehören. Was geschehen ist, geht weit über all meine früheren Vorstellungen hinaus. Ich bin jetzt dreißig, und wenn ich fünfunddreißig bin, hoffe ich ein eigenes Geschäft zu besitzen.

Diane Flis, Tamaroff Buick,
Detroit, Michigan

Meiner Meinung nach ist der Markt für unser Geschäft eine richtige Goldgrube. Die ganzen Bemühungen und Anstrengungen zahlen sich aus. Allein Aufträge durch Mundpropaganda nehmen achtzig Prozent meiner Zeit in Anspruch. Das Geschäft geht besser als je zuvor!

Alan Braslow, Five Technologies,
Woodcliff, New Jersey

Wenn ich meine heutige Situation betrachte, erschrecke ich fast selbst. Es kommt mir vor, als hätte ich die Zügel schießen lassen, als hätte ich es aufgegeben, meine Kunden im Zaum zu halten. Die Aufträge strömen nur so herein. Es ist zum Lachen, es ist verrückt.

Kathy Monthei, Delta Dental Plan of California,
Oakland, Kalifornien

Ich weiß, daß ich nie in Pension gehen werde. Bestimmt nicht. In meiner Versicherungs-Studiengruppe sind Leute, die über achtzig Jahre alt sind. Man muß einfach nicht in Pension gehen, wenn man etwas Sinnvolles tut. Es läßt mich einfach nicht los. Und in meinem Geschäft gab es nie eine Flaute. Es ist das beständigste Geschäft, das ich mir nur vorstellen kann.

Ann Spinazzola, NorthWestern Mutual Life,
Dallas, Texas

Das wird mich meine Musik vollkommen vergessen lassen, dachte ich, als ich vor dreizehn Jahren ins Immobiliengeschäft einstieg. Heute nun, nach zehn aufeinanderfolgenden Jahren im Millionen-Dollar-Club und als einer der zwanzig erfolgreichsten Häusermakler von Atlanta (in einer Stadt, in der es über siebentausend Immobilienhändler gibt), weiß ich, daß ich recht hatte! Als Entertainerin war ich da, um den Leuten Vergnügen zu bereiten, und im Grunde genommen ist dies auch das wichtigste Element beim Verkauf von Häusern.

Eileen Tertocha, Skipper Morrison Realtors,
Atlanta, Georgia

Möchten Sie auch so begeistert über Verkaufen reden können? Und nicht nur soviel Erfolg wie diese Leute haben, sondern auch dieses Gefühl der Erfüllung, das in ihren Aussagen so deutlich zum Ausdruck kommt? Und wie wäre es, wenn Sie sich mitten in einer der turbulentesten und ungewissesten Phasen in der Geschichte von Geschäft und Verkauf auch so fühlen könnten?

Ihnen helfen, diese Möglichkeiten, diese Gefühle zu entdecken und die Verkaufstätigkeit mit den Augen dieser Verkäufer zu sehen – das ist das Ziel dieses Buches.

Nun, das sind nicht ganz unbescheidene Anforderungen an ein Buch. Und deshalb muß ich zuerst Sie um etwas bitten: Vergessen Sie – für einen Augenblick wenigstens – all Ihre bisherigen Begriffe, Ideen und Vorstellungen vom Verkaufen. Vergessen Sie – bis Sie das Buch gelesen haben – alle Definitionen von Verkauf, Kunde, Produkt und Dienstleistung, mit denen Sie aufgewachsen sind, die Ihnen Ihr Chef eingetrichtert hat oder die Sie von Ihrer Firma übernommen haben.

Ich bitte Sie darum, weil wir ganz am Anfang beginnen und unseren Beruf noch einmal erfinden wollen.

Neues Spiel, neue Regeln

Zunächst müssen wir verstehen, daß wir im Verkauf nicht alles, was wir bisher getan haben, einfach aus einer Laune heraus oder auf Empfehlung von »Experten« hin auf den Kopf stellen. Im Verkauf ändern wir unser Denken, unser Arbeiten und unsere Methode, um vorn zu bleiben oder – noch besser – unseren Kunden ein kleines bißchen voraus zu sein. Ein wichtiger Grund für Verkäufer, ihre Methoden und ihr Denken zu ändern, ist das Ziel, *möglichst nahe bei den Kunden zu bleiben.*

Und die Welt unserer Kunden – vom einzelnen Konsumenten bis zu den Großfirmen – unterliegt radikalen Veränderungen. Bei uns in der Wilson Learning Corporation interviewen wir seit fünfundzwanzig Jahren Verkäufer und ihre Kunden. Die Auswertungen dieser Interviews und meine persönliche Erfahrung aus meinen Gesprächen mit Verkäufern in aller Welt haben mich davon überzeugt, daß das Geschäftsleben, unsere Wirtschaft und somit auch unsere Kunden zur Zeit Veränderungen durchmachen, wie sie noch nie zuvor dagewesen sind.

Umgekehrt wirken sich diese Veränderungen, die sich in der Welt unserer Kunden abspielen, auch auf den Verkauf aus. Alles verändert sich, angefangen von unserer persönlichen Beziehung zu den Kunden bis zu dem, was wir verkaufen. In den Sitzungen, die wir mit Verkäufern am Pecos River Learning Center in Santa Fe, New Mexico, abhalten, haben wir sechs wichtige Punkte herauskristallisiert, welche die Veränderungen in der Welt des Verkaufs betreffen:

1. Bei jedem Geschäft, selbst beim individuellen Konsumenten, sind heute mehr Leute an der Entscheidung beteiligt als früher.

2. Die Zeitspanne bis zum Abschluß eines Geschäftes ist wesentlich länger geworden.
3. Aufgrund der unsicheren und turbulenten Zeiten im heutigen Geschäftsleben hat die Zahl der unvorhersehbaren Ereignisse exponentiell zugenommen: Firmen werden gekauft, verkauft oder reorganisiert, neue Industriezweige blühen auf, andere gehen bankrott. Auf all diese anscheinend zufälligen Ereignisse hat der Verkäufer keinen Einfluß; ihrerseits aber haben sie eine bedeutende Auswirkung auf die Verkaufstätigkeit und das Seelenheil der Verkäufer.
4. Wo Kunden früher »allgemeine« Lösungen und Produkte akzeptierten, wünschen sie heute spezifische, »maßgeschneiderte« Lösungen. Massenlösungen haben auf dem Markt keine Chance mehr, weil sie für die Kunden in immer höherem Maße unannehmbar werden.
5. Die Kunden streben eine andere, längerfristige, auf höherer Ebene angesetzte Beziehung zum Verkäufer und zu den Firmen an, mit denen sie Geschäfte abwickeln.
6. Und schließlich sind die Produktlösung, die Eigenschaften und Vorteile, der Vorzug des einen Produktes gegenüber einem anderen nicht mehr das, was die Kunden in erster Linie interessiert und weshalb sie kaufen. Wir nennen dies den Tod der Produktlösung.

Berücksichtigen Sie nun noch die Tatsache, daß das Verkaufen schwieriger, konkurrenzträchtiger und komplizierter geworden ist, und Sie sehen unschwer ein, daß wir es wirklich mit tiefgreifenden Veränderungen zu tun haben.

Die Veränderungen, die sich vor unseren Augen abspielen, sind derart tiefgreifend und fundamental, daß wir nicht überleben können, wenn wir nur ein wenig an den Regeln des alten Spiels herumbasteln. Nein, wir müssen das ganze Spiel ändern.

Die Änderungsmöglichkeiten

Da es in diesem Buch darum geht, das ganze Spiel zu ändern, müssen wir zunächst zu verstehen suchen, was Veränderung überhaupt ist, warum wir etwas ändern sollten und welche Möglichkeiten wir dazu haben.

Schock

Die erste Art der Änderung erfolgt durch einen Schock. Wir ändern etwas aus einem Schock heraus, wenn wir uns offenbar ohne jede Vorwarnung dazu gezwungen sehen oder – was noch häufiger der Fall ist – alle Anzeichen und Warnungen mißachtet haben.

Ein Schock ist, wenn Sie die Scheidungsklage vom Anwalt Ihres Lebenspartners zugestellt bekommen und feststellen müssen, daß Sie die/der letzte sind, die/der überhaupt etwas davon erfahren hat. Ein Schock ist, wenn Sie das Büro Ihres besten Kunden betreten und entdecken müssen, daß Sie ihn an einen Konkurrenten verloren haben, von dem Sie noch nie zuvor etwas gehört haben. Durch einen Schock zu Änderungen gezwungen wurde die amerikanische Automobilindustrie Mitte der siebziger Jahre, als sie gleichzeitig von der Erdölkrise und der ausländischen Konkurrenz betroffen wurde.

Meistens reagieren wir auf einen Schock, indem wir versuchen, darüber hinwegzukommen – den Schaden möglichst gering zu halten und die Krise zu überwinden. Aber manchmal kann ein Schock einen Patienten auch umbringen.

Evolution

Die zweite Art von Veränderung ist evolutionärer Natur. Eine Firma oder ein Mensch paßt sich langsam und allmählich dem Wandel an. Ein Verkäufer entdeckt eine sehr erfolgreiche Methode, und schon kurze Zeit später wird sie von allen nachgeahmt. So bildet zum Beispiel eine Versicherungsgesellschaft ihre Leute zu Allround-Finanzspezialisten aus, und schon bald nennt sich jeder Versicherungsagent im ganzen Land »Finanzberater«.

Auf dem Computersektor war die Entwicklung von der riesigen Hauptspeicheranlage zum Kleincomputer und schließlich zum Personal Computer eine evolutionäre Veränderung. Mit Ausnahme von Apple, der Erfinderin und Neugestalterin des PC-Spiels, arbeitete sich beinahe die ganze Computerindustrie in geschlossener Front voran. Sie paßte sich in zahllosen kleinen Schritten an, folgte einfach der Menge. Anscheinend schmerzlos, anscheinend vorsichtig.

Aber Veränderung durch Schock und Veränderung durch Evolution kosten einen hohen Preis. Die Kosten eines Schocks sind ohne weiteres einzusehen. Er wirkt sich auf Stellen, Karrieren und Firmen aus. In den vergangenen zehn Jahren wurde so manch einer »aus dem Dasein schockiert«. Alle möglichen Firmen und Industrien existieren nicht mehr, und vielen weiteren wird das gleiche Schicksal beschieden sein.

Die Kosten der evolutionären Veränderung sind weniger drastisch, auf die Dauer aber nicht kleiner. *Es sind die Kosten der verpaßten Gelegenheit*. Es kostet, wenn man dort, wo das neue

Spiel gespielt wird, nicht ganz vorn mit dabei ist – und man wird nie mehr dabeisein. Hätte die amerikanische Autoindustrie zu Beginn der siebziger Jahre nur die dramatischen Veränderungen in ihrem Bereich strategisch überlegt, erkannt und sich darauf vorbereitet (was übrigens durchaus nicht unmöglich gewesen wäre)! Der Unterschied zwischen dem, was gewesen sein könnte, und dem, was war, sind die Kosten der verpaßten Gelegenheit, die Kosten der evolutionären Veränderung.

Im Geschäftsleben kann evolutionäre Veränderung bedeuten, daß man sich im wahrsten Sinne des Wortes zu Tode anpaßt. Bei evolutionären Veränderungen paßt man sich langsam den Umständen an. Setzt man beispielsweise einen Frosch in heißes Wasser, hüpft er heraus, bevor er sich ganz verbrüht. Setzt man aber den gleichen Frosch in kaltes Wasser und steigert dann die Temperatur langsam, paßt der Frosch sich allmählich an die zunehmende Hitze an – bis er stirbt. Er »paßt sich zu Tode an«. Dies ist manchmal der Preis einer zu langsamen Änderung. Man geht mit kleinen Schritten voran, ohne strategischen Weitblick, ohne Plan – und dann scheint das Wasser ganz plötzlich zu kochen. Der Markt und Ihre Kunden lassen Sie mitsamt Ihrem Produkt im Kielwasser zurück.

Natürlich gibt es Zeiten, in denen es angezeigt ist, sich langsam und vorsichtig zu bewegen. Heute aber und in naher Zukunft, wo rund um uns schnelle, strukturelle Änderungen eintreten und weitere zu erwarten sind, kann es gefährlich sein, sich zu langsam zu bewegen. Will Rogers sagte: »Selbst wenn Sie auf der richtigen Spur sind, werden Sie überfahren, wenn Sie einfach dort sitzenbleiben.«

Aber es gibt noch eine dritte Möglichkeit der Veränderung.

Die Spielregeln ändern: voraussehen, erneuern und strategische Änderungen anbringen

Die dritte Möglichkeit nennen wir »Die Spielregeln ändern«. In die Zukunft blicken, daraufhin Neuerungen entwickeln und dann strategische Änderungen ins Spiel einbringen. Die Zukunft gestalten, nicht nur auf sie warten. Peter Drucker, der amerikanische Management-»Guru«, spielte auf diese Möglichkeit – voraussehen, erneuern und strategisch ändern – an, als er sagte: »Die beste Art, die Zukunft vorauszusagen, ist, sie zu gestalten.«

Es ist einfach einzusehen, daß die erste Priorität der meisten Unternehmen heute dieser zukunftsorientierten, strategischen Änderung gilt. Überall in der Firmenlandschaft schlüpfen Unternehmen aus ihrer alten Haut, nehmen neue Gestalt an, suchen nach neuen Lösungen für die traditionellen Märkte und erobern oder schaffen gar vollkommen neue Absatzmärkte. Hier ein paar Beispiele dafür:

General Motors schafft das Saturn-Projekt, das weitgehend auf Automation und auf radikal neuen Verträgen für Arbeiter und Management beruht: eine neue Art, Autos zu bauen. Dann kauft sie EDS, den Datenverarbeitungsriesen, um auch auf dem Gebiet der Informatik Fuß zu fassen. Und sie übernimmt Hughes Aircraft, um auch in der Luftfahrt präsent zu sein und mitzumischen. Ob irgendeine dieser Neuerwerbungen Erfolg hat? Hauptsache ist, niemand weiß, mit welchem Zweig GM anno 2000 das Hauptgeschäft machen wird.

Motorola strebte Ende der sechziger Jahre die gleichen strategischen Änderungen an. Die Firma blickte in die Zukunft, und obwohl die Geschäfte gutgingen, wurde beschlossen, die Zukunft beruhe nicht auf Fernsehgeräten und Autoradios. Motorola arbeitete einen Zehnjah-

resplan aus, um ein neues Spiel zu schaffen und die Firma auf neue Beine zu stellen. Weg von der Produktion von Fernsehgeräten und Radios, hin zur Produktion von Halbleitern und Mikroprozessoren.

American Can. Seit Sommer 1986 macht diese Firma ihr Hauptgeschäft nicht mehr mit Verpackungen, sondern mit Dienstleistungen auf dem Finanzsektor. Sie hat ein vollkommen neues Spiel gespielt.

Bei einer der aufregendsten Tätigkeiten, mit denen wir uns am Pecos River Learning Center befassen, geht es darum, Firmen zu helfen, diese Art strategischer Änderungen vorzunehmen. Wir helfen ihnen, in die Zukunft zu blicken, zu erneuern und das Spiel zu ändern. So verschiedene Firmen wie die Lutheran Brotherhood Life Insurance Company, Du Pont, General Motors, Pillsbury und AT&T Communications haben gemeinsam mit uns geplant und zukunftsorientierte Änderungen vorgenommen.

Die persönlichen Änderungen der Spielregeln

Als einzelne Verkäufer nehmen wir die genau gleiche Herausforderung und Gelegenheit wahr wie die Unternehmen, für die wir arbeiten. Wir können abwarten, bis uns ein Schock zu Veränderungen zwingt, wir können uns langsam dem Spiel anpassen, oder wir können den Sprung wagen. Wir können, wie Peter Drucker uns nachdrücklich empfiehlt, unsere eigene Zukunft gestalten. Zukunftsorientierte und strategische persönliche Änderung – die Verkaufszukunft gestalten, anstatt auf sie zu warten – ist unsere Chance.

Es ist der gleiche Vorgang, mit dem auch Firmen ihre strategischen Änderungen in die Wege leiten. Wir müssen zuerst analysieren, wie es zur Zeit um unsere Kunden, unsere Märkte und unser Geschäft steht, ob sich irgendwelche Trends abzeichnen und wo das Geschäft in Zukunft liegen wird. Dann müssen wir uns fragen, wie wir als Verkäufer am besten darauf reagieren können. Und danach erneuern wir, erfinden wir ein neues Spiel. Der Reiz besteht darin, ganz vorn mit dabeizusein bei der Erfindung des neuen Spiels und der neuen Spielregeln – der Reiz besteht darin, zu entdecken und festzustellen, daß es bei dem, was man tun oder nicht tun kann, keine persönlichen Grenzen gibt.

Zwischen zwei Trapezen

Und noch eine letzte Möglichkeit der Änderung. In Zeiten großen Umbruchs – wie wir sie heute erleben – kann alles zwei- oder mehrdeutig erscheinen, manchmal sogar bedrohlich. Wir klammern uns nur allzu gerne an Bekanntes, wollen es nicht loslassen. Und manchmal übertreiben wir dabei. Wir stecken unsere Organisationsköpfe in den Sand und sagen zueinander, es habe sich ja im Grunde genommen gar nichts verändert und die Lösung unserer Probleme sei einfach: wieder zu den Anfängen zurückkehren! Und dies tun wir sogar trotz überwältigender Beweise dafür, daß das ganze Spiel im Wandel begriffen ist. Deshalb benütze ich gerne eine Metapher, um diese Strategie der Änderung zu lehren. Während alles sich rund um Sie verändert, versuchen Sie, sich selbst als Trapezartist vorzustellen, der zwischen zwei Trapezen in der Luft hängt. Wir haben das alte Trapez losgelassen – uns von den alten Verkaufsmethoden losgesagt – und warten nun in der Luft verharrend darauf, daß uns das neue Trapez zugespielt wird. *Das Paradoxe daran ist die Tatsache, daß Sie das neue Trapez nicht zu fassen kriegen, bevor Sie das alte losgelassen haben.* Es ist also in diesem Augenblick unsere Aufgabe, das alte loszulassen, voller Vertrauen in der Luft hängenzubleiben und felsenfest daran zu glauben, daß das neue Trapez auftaucht. Und es wird auftauchen!

Ein Prinzip bei der Änderung von Spielregeln: »Es macht einen Unterschied, ob wir uns als Bauern in einem Spiel sehen, dessen Regeln wir Wirklichkeit nennen, oder als Spieler in einem Spiel, welche wissen, daß die Regeln nur insoweit ›real‹ sind, als wir sie geschaffen oder akzeptiert haben.« (*Lösungen. Zur Theorie und Praxis menschlichen Wandels.* Paul Watzlawick, John Weakland und Richard Fisch. Huber, Bern, 1974.)

Wovon dieses Buch handelt
Zusammenfassung

Die Veränderungen, die sich gegenwärtig in der Geschäfts- und Verkaufswelt abspielen, sind derart tiefgreifend und fundamental, daß wir nicht überleben können, wenn wir nur ein wenig an den Regeln des alten Spiels herumbasteln. Nein, wir müssen das ganze Spiel ändern.

Die Änderungsmöglichkeiten

Es gibt drei Arten, wie sich Unternehmen oder Einzelpersonen ändern können:

1. *Schock.* Wir ändern etwas aus einem Schock heraus, wenn wir uns offenbar ohne jede Vorwarnung dazu gezwungen sehen

oder – was noch häufiger der Fall ist – alle Anzeichen und Warnungen mißachtet haben.

2. *Evolution.* Ein Unternehmen oder ein Individuum paßt sich langsam der Veränderung an, indem es der Menge folgt.

Aber Veränderung durch Schock und Veränderung durch Evolution kosten einen hohen Preis. Die Kosten eines Schocks sind leicht einzusehen: Firmen werden »aus dem Dasein schockiert«. Die Kosten der evolutionären Veränderung sind auf lange Sicht nicht weniger drastisch. *Es sind die Kosten der verpaßten Gelegenheit.*

3. Bei der dritten Möglichkeit geht es eben darum, *neue Spielregeln* aufzustellen. In die Zukunft blicken, daraufhin Neuerungen entwickeln und schließlich strategische Änderungen in die Wege leiten – das Spiel ändern. Die Zukunft gestalten.

Als einzelne Verkäufer haben wir die Gelegenheit, die Verkaufszukunft zu gestalten, indem wir *voraussehen,* wohin unsere Kunden gehen, daraufhin *Neuerungen* entwickeln und dann *strategische Änderungen* vornehmen – das Verkaufsspiel ändern. Und genau das tun die Verkäufer – die Neugestalter des Spieles –, die in diesem Buch zu Wort kommen. Sie gestalten das Verkaufsspiel neu.

Kapitel 2

Das neue Spiel verstehen

Zunächst einmal müssen wir verstehen, was unsere Kunden in diesen wirtschaftlich turbulenten Zeiten überhaupt durchmachen, und wir müssen lernen, die Zukunft mit ihren Augen zu sehen. In der Welt des »Zukunftsschocks« – wie ihn Alvin Toffler genannt hat (und den wir gegenwärtig spüren) – reicht es nicht aus, möglichst nahe bei unseren Kunden zu sein; die Besten und Klügsten werden zudem vorausahnen können, wo ihre Kunden in Zukunft sein werden, um sich darauf vorzubereiten. Wer nicht in der Lage ist, diese Fähigkeit zu entwickeln, wird dafür büßen, weil er sich nur durch Evolution anpassen kann. Wer diesen Weg einschlägt, wird zu jenen Verkäufern gehören, die ihren Kunden einfach in die Zukunft folgen, statt gemeinsam mit ihnen dorthin aufzubrechen – und sie werden es verpassen, ganz vorne mit dabeizusein, dort, wo das neue Spiel gespielt wird.

Die Zukunft erahnen

Rund um uns nehmen wir verwirrende Zeichen wahr: Alte Unternehmen bleiben auf der Strecke, neue blühen auf. Es ist ein

Wandel von einer Industrie- zu einer Informationswirtschaft im Gange. Zumindest war dies vor ein paar Jahren der Weisheit letzter Schluß. Im Grunde genommen weiß aber niemand genau, was sich da wirklich abspielt. In den Sitzungszimmern überall in Amerika werden immer wieder die gleichen Fragen gestellt: In welchem Geschäft sind wir nun eigentlich drin? Und in welchem Geschäft sollten wir eigentlich drin sein? Wie sieht die Zukunft aus? *Und niemand weiß eine Antwort darauf.* Unternehmen in der ganzen Geschäftswelt schweben zwischen zwei Trapezen, lassen das alte los und warten darauf, daß ein neues auftaucht. Was mich fasziniert, ist die Tatsache, daß trotz alledem da und dort das eine oder andere Schema zu entdecken ist, nach dem sich Unternehmen – unsere Kunden – verändern. Ein Schema, nach dem sie sich entwickeln, nach dem sie wachsen und nach dem sie schließlich Erfolg haben oder scheitern. Wenn wir als Verkäufer dieses Schema hinter diesem ganzen Durcheinander erkennen und begreifen, können wir weitgehend voraussehen, wohin unsere Kunden unterwegs sind und wohin auch wir aufbrechen sollten, um die Spielregeln zu ändern.

Ein strategisches Werkzeug für Zukunftsprognosen

An dieser Stelle soll uns einer meiner persönlichen Helden, einer meiner engsten Freunde und Geschäftspartner, weiterhelfen: George Ainsworth-Land. George schrieb ein Buch mit dem Titel *Grow or Die* (Wachse oder sterbe) – gar kein schlechtes Motto für das Leben ganz allgemein. Er ist Allgemeiner Systemtheoretiker, ein pfeifenrauchender Bilderstürmer, der mit einem Fuß fest in der akademischen Welt steht, mit dem andern aber ebenso fest in unserer Welt – im Geschäft und im Marketing. Als Allgemeiner

Systemtheoretiker versteht er es ausgezeichnet, Ähnlichkeiten und Trends aufzuspüren, welche für Zukunftsprognosen von entscheidender Bedeutung sind. Eines der wichtigsten Modelle, die George entwickelt hat, ist das sogenannte Wachstumsmodell.

Abb. 1: Das Wachstumsmodell

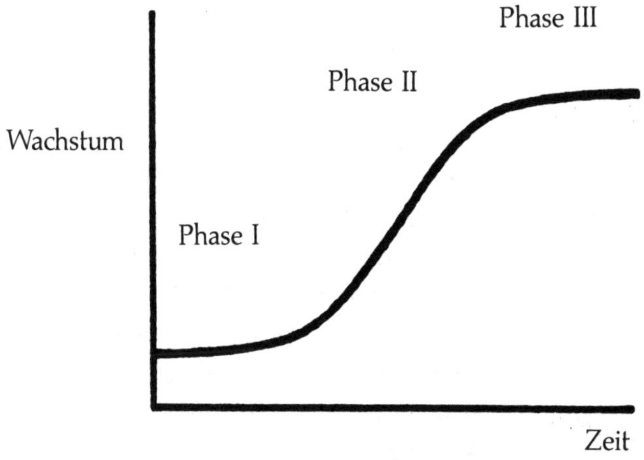

Die S-förmige Wachstumskurve veranschaulicht, wie Organisationen und Märkte sich verändern. Sie hat dazu beigetragen, daß wir und unsere Kunden die verschiedenen Schemen und Phasen des Wachstums verstehen und voraussagen können. Dank diesem Wissen fällt es uns auch leichter zu verstehen, wohin unsere Kunden und die Kunden unserer Kunden gehen, wenn sie es mit wechselnden Marktbedingungen und sich verändernden inneren Bedürfnissen zu tun bekommen. Das Wachstumsmodell ist ein strategisches Werkzeug, das uns erlaubt, in die Zukunft zu blicken und nahe bei unseren Kunden zu bleiben.

George unterscheidet in seinem Modell drei Wachstumsphasen. In Phase I steht ein neues Unternehmen, das sich bemüht, einen Weg zum Erfolg zu finden – zum richtigen Produkt oder zur richtigen Marketingstrategie. Entweder findet ein solches Unternehmen eine erfolgreiche Methode, oder es geht ein.

In Phase II konzentriert sich ein Unternehmen – sofern es Phase I überlebt hat – darauf, die erfolgreiche Methode zu wiederholen, eine Marktlücke so effizient und wirkungsvoll wie nur möglich auszunützen. Das Wachstum ist im allgemeinen sehr rasch. Wiederholung – »Das tun, was wir am besten können!« – und Fließbanddenken sind die Schlüssel für diese zweite Phase.

Aber irgendwann gegen Ende dieser Phase scheinen die Unternehmen gegen eine Mauer anzurennen – sie sind so groß geworden, wie es mit Hilfe der alten Erfolgsmethode nur möglich war. Das Wachstum – mit andern Worten Gewinn und Marktanteil – flacht ab. Es beginnt die Suche nach neuen Lösungen, und die Unternehmen versuchen, in eine dritte Phase einzutreten. Der Ruf nach »Erneuerung«, nach Änderung des wichtigsten Geschäftes, wird laut und lauter. Mit ein bißchen Glück und etwas Geschick stößt man auf eine neue Erfolgsmethode, und der Wachstumszyklus beginnt wieder von vorn.

Alle Unternehmen scheinen diese Wachstumsphasen zu durchlaufen. Es ist die natürliche Art, auf die sich Firmen entwickeln. Was wir heute erleben – und was für unser strategisches Verständnis von größter Bedeutung ist –, ist folgendes: Die meisten Unternehmen, ja sozusagen die ganze Wirtschaft, durchlaufen die Turbulenzen von Phasenwechseln; sie treten regelmäßig in jene dritte Phase ein, in der das Geschäft neu erfunden wird.

Was ist nun an diesem Modell für uns Verkäufer so wichtig? Nun, zunächst müssen wir uns hüten, »phasenblind« zu sein. Weil die Phase, in der sich unsere Kunden befinden, strategisch ausschlaggebend dafür ist, wie diese auf den Markt reagieren – und wie sie auf die Verkäufer reagieren, mit denen sie es zu tun bekommen. Wir können am besten helfen, wenn wir die Situation von *ihrem* Standpunkt aus sehen.

Hätte ich dieses Buch vor zwanzig oder dreißig Jahren geschrieben, würden wir viel Zeit darauf verwenden, Unternehmen in den Phasen I und II zu verstehen – denn damals machten solche Firmen neunzig Prozent unserer Kundschaft aus. Heute aber wäre dies verpuffte Zeit und Energie. Wir wollen uns nur ganz kurz mit solchen Firmen befassen, weil wir sie jahrzehntelang erfolgreich als Kunden betreut haben und wir also wissen, wie sie sind und wie sie funktionieren.

Abb. 2: Phase I: Der Unternehmer (Herumtappen, bis wir fündig geworden sind)

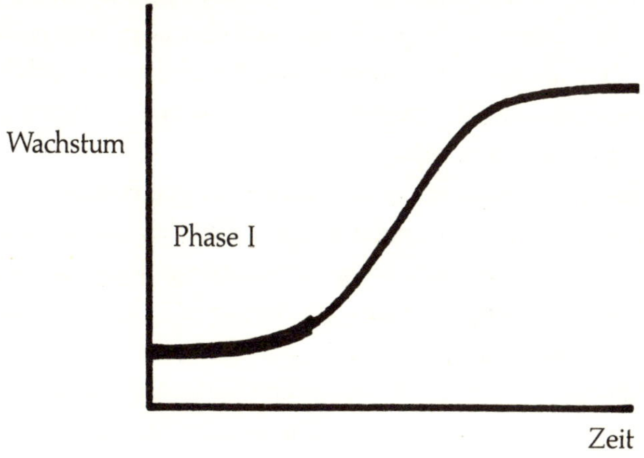

Heute hingegen befinden sich die meisten Firmen in einem wahren Strudel von Veränderungen, mitten im Übergang zu dieser dritten Phase. Es gibt eine neue Art von Kunden. Und diesen Kunden müssen wir durch und durch verstehen. Dieser Kunde ist die Zukunft, und dort werden wir die meiste Zeit in diesem Buch verbringen.

Da Firmen als Kunden weniger kompliziert sind als Einzelpersonen, will ich versuchen, die Veränderungen und das Wachstumsmodell anhand der Firmenwelt zu erläutern. Dennoch weise ich immer wieder auf Einzelpersonen als Kunden hin, weil auch dieser Markt mehr oder weniger dem gleichen Wandel unterworfen ist.

In dieser Phase beginnt jede Firma – und in dieser Phase verschwinden auch die meisten von ihnen wieder. Eine neu gegründete Firma kommt mit einem Produkt oder einer Idee auf den Markt, und ihre erste Aufgabe besteht darin, einen Weg zum Erfolg zu finden, bevor die Zeit um ist. Es geht ums Überleben. Eine Firma kann auf verschiedenen Wegen zum Erfolg gelangen: Sie entdeckt zum Beispiel, wie ein Produkt besser oder billiger hergestellt werden kann, oder sie entdeckt eine Marktlücke. Beispiele für Firmen in Phase I finden sich überall in unserer Nähe. Jedes Restaurant, das neu eröffnet, sucht nach dem vermarktbaren Unterschied, nach der perfekten Kombination von Kundschaft, Speisekarte und »Konzept«.

Phase I erinnert stark an jene abgedroschene Filmszene, in der alle drei Piloten eines Jumbo-Jets ausfallen. Ich bin selbst Pilot, und ich habe kleine, einmotorige Maschinen geflogen. Ich könnte wohl herausfinden, wie man eine Boeing 747 fliegt und landet. Das Problem bestünde nur darin, daß dem Jet längst der Treibstoff ausgegangen wäre, bis ich gelernt hätte, das Flugzeug sicher auf die Erde zurückzubringen. Die meisten Firmen in Phase I kämen früher oder später hinter das Erfolgsgeheimnis, doch geht ihnen der Treibstoff – nämlich Zeit und Geld – schon lange vorher aus.

Da es einzig und allein nur ums Überleben geht, weisen Firmen in Phase I gewisse Ähnlichkeiten auf. Man tappt viel herum, mal in die eine Richtung, dann wieder in eine andere. Es ist in der Regel eine aufregende, aber auch sehr anstrengende Zeit, in der die ganze Firma Risiken eingehen muß, in der das Management von Krisensitzung zu Krisensitzung eilt und in der das Personal äußerst motiviert ist.

Ein zweites wichtiges Merkmal von – guten – Firmen in Phase I ist die Tatsache, daß sie meist sehr nahe bei ihren Kunden sind und genau verfolgen, was sich da auf dem Markt abspielt. In brandneuen Firmen ist es vollkommen natürlich, in Panik zu machen und ganz nahe bei den Kunden zu sein. Sie haben dieses »dumpfe Gefühl in der Magengegend«, daß diese »Nähe« über Sein oder Nichtsein entscheidet. Ob es große oder kleine Firmen sind, sie können sehr schnell reagieren und sind in der Regel flexibel genug, um rasch etwas zu unternehmen, wenn sich die Situation auf dem Markt ändert. Kurz, sie lassen sich von den Gelegenheiten anspornen.

Höhenflug durch Phase I: Air Midwest

Ein prächtiges Beispiel für diese Flexibilität liefert die Anfangsentwicklung der Air Midwest, einer regionalen Fluggesellschaft. Wie Brian Schoenthaler, der für Werbung und Public Relations zuständige Vizedirektor, erklärt, begann Air Midwest mit Ambulanzflügen und Sargtransporten in einer kleinen, einmotorigen Maschine. Dieser Markt gab aber schon bald nichts mehr her. Das Unternehmen schlug einen neuen

Weg ein und begann Charterflüge zwischen Städten in Kansas anzubieten. Dann änderte man die Marschrichtung erneut und bewarb sich um Nachtflugverträge für die Post – man beförderte alles eben dorthin, wo der Markt es haben wollte. Nachdem sich das Unternehmen zu einer eigentlichen Regionalfluggesellschaft entwickelt hatte, wurden zehn neue Flugzeuge zum Einsatz auf dem lukrativen texanischen Markt gekauft. Ungefähr zur gleichen Zeit begannen SouthWest Airlines die gleichen Routen zu fliegen. Sozusagen über Nacht beschloß Air Midwest, nicht gegen das Jet-Zeitalter anzukämpfen, und wechselte den Markt erneut. Sie deckte jetzt mit ihrer neuen Flotte Strecken in New Mexico und im Mittleren Westen der USA ab – ein Zeichen von Flexibilität. Dieses »Herumtappen« half dem Unternehmen schließlich, eine Formel zum Erfolg zu finden, und dies in einer recht hart umkämpften Branche, die nicht den geringsten strategischen Fehler verzeiht. Air Midwest ist heute bestens etabliert und zählt zu den erfolgreichsten Regionalfluggesellschaften.

Wir sind umgeben von Unternehmen, die sich in Phase I befinden. Wo wir auch hinsehen, schießen zehn neue Firmen aus dem Boden, und neun von ihnen geht schon bald der Treibstoff – entweder die Zeit oder das Geld – aus.

Phase I endet deutlich spürbar: Entweder geht das Unternehmen in Konkurs, oder es entdeckt eine erfolgreiche, *immer wieder anwendbare* Methode und geht in Phase II über.

Das Unternehmen in Phase I

Nur aufs Überleben bedacht.
Äußerst unternehmungslustig.
Sehr beweglich, sehr anpassungsfähig und flexibel.

Chronisch knapp an flüssigen Mitteln.
Risikofreudig.

Jetzt, wo das Unternehmen das Erfolgsgeheimnis gefunden hat, erlebt es zu Beginn der Phase II ein relativ schnelles Wachstum. Alles scheint zusammenzupassen: Produkt, Marketing und Timing. Das Rezept zum Erfolg ist bekannt, und nun geht es darum, *möglichst viel aus diesem Geheimnis herauszuholen.* An die Stelle der Unternehmungslust in Phase I tritt nun richtigerweise die Fähigkeit der Wiederholung. Die Aufgabe ist es nun, das Erfolgsgeheimnis – sei es nun ein Produkt oder ein Marketingkonzept – möglichst oft anzuwenden.

Abb. 3: Phase II: Gewinnbringende Wiederholung

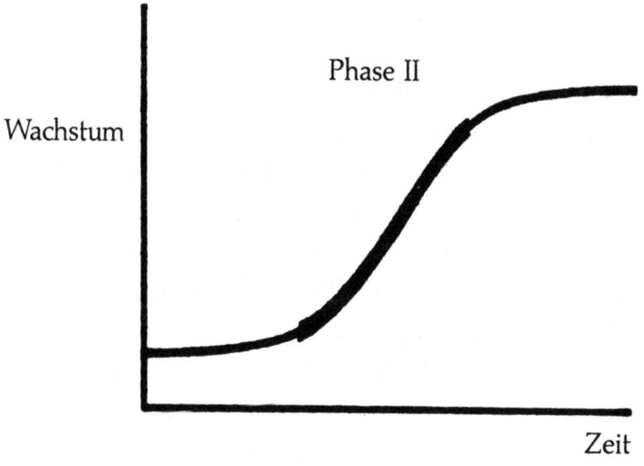

Damit ein Unternehmen seine Geschäfte gewinnbringend wiederholen kann, muß es seine Aufmerksamkeit nun auf eine *brauch-*

bare und wirksame Produktion und Vermarktung des Erfolgs konzentrieren.

Um dieses Ziel zu erreichen, sorgt ein Unternehmen in Phase II für strikte Kontrollen und Grenzen. In Phase I ist fast alles erlaubt, solange es ethisch vertretbar ist und der Firma beim Überlebenskampf hilft. In Phase II sind neue Ideen nur noch dann willkommen, wenn sie helfen, den Erfolg zu wiederholen – das heißt, nur wenn sie zum Spiel passen, das da eben gespielt wird. Es werden Regeln ausgearbeitet, um sicherzustellen, daß das Unternehmen weiterhin brauchbar und wirksam läuft.

Der Wendepunkt: Beginn der Schwierigkeiten

Der Wendepunkt ist dann erreicht, wenn die Ungewißheit, die bei neuen Firmen derart stark mit im Spiel ist, einem gewissen Vertrauen in die Marktlage weicht. Weil sich das »Geheimnis« – ob Produkt oder Marketingidee – als Erfolg entpuppt hat, verlagert sich die Aufmerksamkeit des Unternehmens nun vom Markt auf interne Angelegenheiten. Jetzt wird die Saat zum späteren Untergang ausgebracht – selbst wenn sich das Unternehmen in Phase II als unglaublich erfolgreich erweist. Unsere Forschungen in der Wilson Learning Corporation zeigen eindeutig: *Je erfolgreicher eine Firma ist, desto schwieriger wird es für sie, nahe beim Kunden zu bleiben.* Dies ist paradox. Und doch ist es so: Parallel zu einem gewissen Erfolg wendet sich das Unternehmen fast unaufhaltsam von jenem Schlüsselfaktor ab, der seinen Erfolg auch in der Zukunft garantieren könnte – vom Kunden. Im Geschäftsleben trägt Erfolg offenbar den späteren Ruin bereits in sich. Wenn eine Firma nicht glänzend geführt wird und ein strategisches Fernziel anstrebt, ist ein Rückschlag und oft der Konkurs zu einem späteren

Zeitpunkt eine der ganz natürlichen Fallgruben im Wachstums- und Erfolgsstadium von Phase II.

Maus oder Pferd: Die Masse entscheidet

Was die Beziehung zwischen einer Firma und ihrem Markt verändert, hängt weitgehend mit ihrer Größe zusammen. Wenn man nicht sehr aufmerksam ist und sich nicht bemüht, schwinden Flexibilität und Gespür für den Markt rasch, sobald ein Unternehmen in bezug auf Größe und Komplexität kritische Dimensionen erreicht hat.

Wohl wissend, daß Analogien manchmal auch trügen können, möchte ich dieses Phänomen mit der Auswirkung von Massen in der Physik vergleichen. H.F. Judson schildert in seinem Buch The Search for Solution (Die Suche nach Lösungen) *den ungeheuren Aufwand, der in Wissenschaft und Technik betrieben wird, um die Auswirkungen der Masse zu überwinden. Natürliche Kräfte, zum Beispiel die Schwerkraft, wirken auf alle Dinge gleichermaßen ein. Es ist die Masse des Körpers, die weitgehend die Reaktion auf diese Kräfte bestimmt. Als Illustration für dieses Prinzip zitiert Hudson den britischen Biologen J.B.S. Haldane: »Läßt man eine Maus in einen tausend Meter tiefen Schacht fallen, erleidet sie beim Aufprall nur einen leichten Schock und spaziert danach munter von dannen. Eine Ratte müßte wahrscheinlich ihr Leben lassen – obwohl auch sie problemlos einen Sturz aus dem elften Stockwerk eines Hauses überstehen könnte; ein Mensch wäre mit Sicherheit tot, und ein Pferd würde förmlich zerschmettert.«*

Etwas grausig, zugegeben, aber das Beispiel spricht Bände. Die Kräfte, die auf einem Markt wirken, sind im Prinzip genau gleich. Es ist die Masse, die Größe, welche von ausschlaggebender Bedeutung ist.

Eine kleine, flexible Firma – oder eine große mit kleinen, flexiblen Arbeitseinheiten – kann sehr schnell reagieren, wenn sich die Bedingun-

gen auf dem Markt ändern. Je größer und komplexer aber ein Unternehmen wird, desto weniger leicht kann es sich anpassen, um den Fall zu überleben. Und schließlich ist eine große Firma gegen Ende von Phase II so etwas wie ein Koloß, der mit fester Hand geführt wird, starre Regeln und Systeme kennt und nur in seltenen Fällen jene drastischen Marktveränderungen überstehen kann, wie wir sie zur Zeit erleben. Diese Firmen sind die Pferde, die zerschmettert werden.

Nichts ist so schnell dahin wie der Erfolg

Zwei unserer besten Kunden, die ganz zu Beginn unsere Verkaufsschulung in Anspruch nahmen, sind rückblickend Beispiele dafür, daß nichts so schnell dahin ist wie der Erfolg. Es handelt sich um die Unternehmen Addressograph-Multigraph und Freiden Calculators. Die ersten 50000 Dollar, die ich in meinem Leben verdient habe – ich ließ den eingelösten Check einrahmen –, kamen von Addressograph-Multigraph.

Beide Firmen gerieten in arge Schwierigkeiten. Addressograph-Multigraph überlebte, Freiden Calculators aber blieb auf der Strecke. Im Rückblick sind die Gründe dafür klar. Aber in den sechziger Jahren hätte niemand geglaubt, daß so etwas geschehen könnte, denn beide Firmen boten in ihren Branchen Spitzenprodukte an und waren äußerst erfolgreich.

Addressograph-Multigraph befaßte sich als eine der ersten Firmen mit Offsetdruck. Im Rahmen des Vertrages, den wir mit ihr hatten, besuchte ich viele ihrer Druckereien und auch die Fabrik. Aber sogar damals, als das Unternehmen offensichtlich auf der Erfolgswelle ritt, erkannte man bei näherem Zusehen, daß nicht alles zum besten bestellt war. Überall herrschte Bürokratie mit sehr starren Regeln und Systemen, und das ganze Unternehmen schlitterte langsam, aber sicher in bürokratische Bequemlichkeit und autoritäre Führung hinein. Die organisatorische Devise lautete ziemlich eindeutig: »Ab Fabrik – wir produzieren, Sie verkaufen.« In den Chefetagen schien niemand wirklich hören zu wollen, was die Verkäufer zu sagen hatten. Man schien sich dort nur darum zu kümmern, wie die Kosten für Produktion und Marketing gesenkt werden könnten. Das Problem war klar: Irgendwo auf dem Weg hatte Addressograph-Multigraph vollkommen aus den Augen verloren, wohin ihre Branche und ihre Kunden unterwegs waren. Ihr Erfolg im Spiel um »Wirksamkeit und Brauchbarkeit« *machte sie blind* gegenüber den Veränderungen auf dem Markt, auf dem allmählich auch im Druckereisektor das Zeitalter der Elektronik Einzug hielt. Und so mußte die Firma zu guter Letzt Konkurs anmelden.

Immerhin konnte das Unternehmen dank einer gründlichen Reorganisation überleben, und heute hat es mit seinem neuen Generaldirektor Merle Banta und unter einem neuen Namen, AM International, den zähen Übergang von Phase II zu Phase III wohl bald geschafft.

Ähnlich erging es der Firma Freiden Calculators. Sie produzierte und verkaufte den »Rolls-Royce« unter den damaligen Rechenmaschinen, ein wahres Monster mit Handkurbel, das rund 1100 Dollar kostete: ein teures, aber sehr raffiniertes und wichtiges Hilfsmittel für Buchhalter und Kalkulatoren. Doch dann tauchte eines Tages dieser handlich kleine, elektronische Taschenrechner auf, der anfänglich etwa 200 Dollar kostete, und Freiden hatte dem nichts mehr entgegenzusetzen. *Anscheinend vollkommen überrascht, konnte die Firma ihren Kurs nicht schnell genug ändern, um mit dem neuen Markt Schritt zu halten.* Freiden Calculators erlitt Schiffbruch.

Die Freiden-Geschichte ging mir deshalb so an die Nieren, weil ich damals gleichzeitig auch für Hewlett-Packard tätig war. Ich erinnere mich noch, daß ich eines der kleinen, autonomen HP-Werke besuchte – das in Loveland, Colorado – und den Prototyp der neuen HP-Rechenmaschine zu sehen bekam. Ein junger Ingenieur erklärte mir, sie könnten sie im Prinzip in der Größe einer Zigarettenschachtel bauen. Und ihre einzige Sorge war damals, daß die Dinger so klein waren, daß sich jedermann sozusagen im Vorbeigehen eines davon unbemerkt in die Tasche stecken könnte.

Wer die Firma kennt, hätte gewußt: Hewlett-Packard blickte in die Richtung, in der Markt und Technologie sich entwickelten. Die kleine, handliche Rechenmaschine war zum Verkauf bereit, sobald der Markt für sie bereit war.

Mich verblüffte damals, daß Freiden *und* Addressograph-Multigraph über hervorragende Verkäufer verfügten, die zweifellos sahen und begriffen, was da vor sich ging. Die Verkäufer waren ja wohl die ersten, die die neue Konkurrenz und die neuen Produkte zu Gesicht bekamen. Die Anzeichen für eine dramatische Wendung waren vorhanden, aber irgendwie wurden sie in der Chefetage offenbar einfach nicht erkannt. Warum nicht?

Organisatorisches Abdriften

Unsere Forschungsarbeit liefert zumindest ansatzweise eine Antwort auf diese Frage: Beide Firmen kämpften nämlich unserer Meinung nach einen der härtesten Kämpfe im Leben eines Unternehmens, den Kampf gegen ein organisatorisches Abdriften gegen Ende von Phase II.

Organisatorisches Abdriften

Eine kürzlich unter dem Titel Organisatorisches Abdriften *veröffentlichte Studie der Wilson Learning Corporation faßt dieses Problem sehr zutreffend zusammen:*

Ein Überblick über unsere neuesten Studien läßt darauf schließen, daß Geschäftsorganisationen eine starke natürliche Tendenz aufweisen, von ihren Kunden wegzudriften. Oder mit andern Worten: Je größer und komplexer ein Unternehmen wird, desto mehr scheint es den Brennpunkt seiner Aufmerksamkeit von außen nach innen zu verlagern. Solange es in seinen Kinderschuhen steckt und um das reine Überleben kämpft, beobachtet es in der Regel den Markt sehr aufmerksam, weil es ihn als sehr unsicher einschätzt. In dieser Phase ist »möglichst nahe beim Kunden bleiben« gleichbedeutend mit am Leben bleiben.

Hat ein Unternehmen aber erst einmal sein Erfolgsrezept entdeckt, richtet es seine Aufmerksamkeit mehr auf interne Unstimmigkeiten. Der Kampf ums Überleben wird nun zu einem Kampf um Effizienz. Erfolg und Wachstum beginnen zusammen mit der Erfahrung, welche das Unternehmen in bezug auf sein »Geschäft« gesammelt hat, die Angst vor dem Markt zu dämpfen. Die Direktion hält den Markt unter Umständen sogar für viel stabiler, als er in Tat und Wahrheit ist. *Diese Kombination von Erfolg und Besorgnis um interne Angelegenheiten kann dazu führen, daß sich ein Unternehmen von den ständig wechselnden Realitäten des Marktes isoliert ... Je nach Anzahl der Variablen befindet sich das Unternehmen unversehens in großen Schwierigkeiten.*

Sehen Sie sich einige Ihrer Kunden aus der Firmenlandschaft näher an. Entdecken Sie Anzeichen für einen gesteigerten Umsatz bei geringerem Gewinn? Einen Trend zur Herabsetzung der Gewinnmargen im Verkauf oder zu einer Verringerung des Marktanteils? Tragen kleinere Firmen mit wesentlich geringeren allgemeinen Unkosten den Sieg im Preiskampf davon, oder fressen kleine spezialisierte Firmen kleine, aber gewinnträchtige Marktanteile auf?

All das sind Symptome von Firmen im Spätstadium von Phase II. Sie stehen unmittelbar vor dem Übergang von Phase II zu Phase III. Oder sie stehen vor dem Ende.

Andere Symptome für bevorstehende Umwälzungen sind das Aufblähen des Firmen- und Verwaltungsapparates, ein Ausbau der mittleren Kaderpositionen und die zunehmende Bildung von Arbeitsgruppen und Ausschüssen. Zu viele Managementstufen, zu viel Ritual und Prozedere trennen die Firmenleitung, welche die strategischen Entscheidungen trifft, von den in der Produktion tätigen Arbeitern und den Verkäufern, von den Leuten also, die wirklich wissen, was draußen passiert. Ein tragisches Beispiel für einen Organisationsfehler dieser Art war die Katastrophe der NASA-Raumfähre »Challenger« im Januar 1986. Sowohl bei der NASA als auch bei Morton-Thiokol waren in der Belegschaft Bedenken in bezug auf die Auswirkung sehr tiefer Temperaturen auf die Dichtungen des Raketenmotors geäußert worden. Man riet vom Start ab. Bis sich diese Bedenken durch alle Stufen hindurch zur Leitung der beiden Unternehmen vorgearbeitet hatten, klangen sie schon ganz anders. Und dann hieß es schließlich: »Was für ein herrlicher Tag, ideal für einen Start.«

Das gleiche passiert auch in anderen Firmen kurz vor dem Phasenwechsel, allerdings mit weniger tragischen und dramatischen Folgen. Die Marktnähe wird nicht mehr mit gleicher Energie angestrebt wie zuvor. Die Zahl der internen Mitarbeiter nimmt ständig zu. Und offenbar waren dies auch die Symptome jener Krankheit, der Addressograph-Multigraph und Freiden Calculators zum Opfer gefallen waren.

Das Immunsystem des Unternehmens

Da es in Phase II darum geht, ein bekanntes Erfolgsrezept zu wiederholen, besitzt das Unternehmen eine Art Immunsystem, das alles tilgen muß, was ganz offensichtlich die Durchführung dieses Rezeptes stören würde. Dieses Immunsystem ist aber alles andere als sinnvoll. Es verhindert unternehmerisches, intuitives Handeln. Es verlangt in der Regel: »Da müssen zuerst noch weitere Untersuchungen durchgeführt werden!« Es hat endlose, entmutigende Sitzungen zur Folge, bei denen es jedem Teilnehmer nur darum geht, seinen Bereich zu verteidigen. Nach den Worten eines äußerst begabten und motivierten, aber vollkommen frustrierten leitenden Angestellten eines großen Produktionsunternehmens besteht dieses Immunsystem letzten Endes aus einer Gruppe von namen- und gesichtslosen Bürokraten, die möchten, daß alles und alle gleich aussehen, und denen es anscheinend nur um Zahlen, Einsparungen an Kosten und Personal sowie um Erhöhung des Marktanteils geht.

Aber – so denkt man wohl – wie kann eine Firma, die noch einigermaßen intelligente und motivierte Leute einstellt, es zulassen, daß niemand merkt, was draußen auf dem Markt geschieht – oder es erst merkt, wenn es schon zu spät ist? Die Antwort lautet: Da sind allgegenwärtige und nur sehr schwer zu bekämpfende Faktoren mit im Spiel, welche das Abdriften des Unternehmens beschleunigen.

Tom Peters und Nancy Austin zitieren in *Leistung aus Leidenschaft*, ihrem Buch über den amerikanischen Geschäftserfolg, ein prächtiges Beispiel dafür, wie das Empfindungsvermögen einer Firma (in diesem Falle GM) entwickelt, geschärft und geschätzt wird – und wie weit es an der Wahrheit vorbeischießen kann. Es ist eine jener Geschichten, die jeder junge Manager und Verkäufer als Warnung dafür, daß sie ihm genauso geschehen könnte, eingerahmt an der Wand hinter seinem Schreibtisch aufhängen sollte:

Er [der leitende Angestellte] ist mit seinem Wagen unterwegs auf einer Autobahn bei Detroit. Der Autogigant verlangt praktisch von all seinen Angestellten und Zulieferern, daß sie amerikanische Autos fahren. Er schaut nach links, schaut nach rechts. »Ja, die Leute fahren alle noch amerikanische Autos«, registriert er in seinem Unterbewußtsein. Er stellt seinen Wagen in der Tiefgarage der Firma ab, wo er in den folgenden zehn Stunden gründlich überholt wird. Auf dem Weg nach Hause läuft er dann auch wie geschmiert: »Und sie laufen wirklich toll, diese Autos...«

Wäre aber nur eine einzige Firma oder nur ein einziges Montagewerk nach Kalifornien verlegt worden, wäre die bittere Wahrheit an den Tag gekommen: An der Westküste sind amerikanische Autos nicht mehr gefragt! Den Autos mit den seltsamen Namen – Honda, Toyota, Nissan – begegnet man dort nämlich auf allen Straßen und Autobahnen...

Unternehmen im Endstadium von Phase II sind in der Regel davon überzeugt, daß ihr Produkt einfach toll ist und noch von jedermann benützt wird. Sie *wollen* das einfach glauben, und nach ihrer Wahrnehmung der Dinge handeln sie, ob sie nun richtig ist oder falsch: »Glauben heißt sehen.« Und in diesem Glauben setzen sie alles daran, diesen Mythos zu bewahren. Er verlangt nach Konsens und übt einen enormen – manchmal formellen, stets aber informellen – Druck auf Einzelpersonen oder Gruppen mit abweichenden Meinungen aus.

Kurz und gut: Ein Unternehmen im Endstadium von Phase II konzentriert seine Aufmerksamkeit immer mehr auf interne Angelegenheiten als auf seine Kunden. Und es schenkt in der Annahme, der Markt sei absolut sicher, anderen Auffassungen immer weniger und weniger Aufmerksamkeit. Und es hört nicht auf die Boten – die Überbringer schlechter Nachrichten –, ja sie werden nicht einmal mehr vorgelassen. Die Weichen sind gestellt.

Das Unternehmen in Phase II

Erfolgreich.
Auf Effizienz bedacht.
Auf Systeme, Regeln und festes Prozedere ausgerichtet.
Auf das Management statt auf das Unternehmerische orientiert.

Spätstadium von Phase II

Zahlreiche interne Arbeits- und Studiengruppen.
Darauf aus, bekannte Erfolgsrezepte zu wiederholen.
Gegen neue oder innovative Ideen, die mit diesem Erfolgsrezept nichts zu tun haben.

Irgendwann dringt die Erkenntnis dann aber doch durch: *Das traditionelle Geschäft des Unternehmens kann nicht auch sein zukünftiges sein, wenn es überleben will.* Diese Erkenntnis bewirkt, daß das Unternehmen »aufwacht«. Plötzlich scheint die Zukunft irgendwie unsicher oder gar katastrophal. Diese Einsicht wirkt elektrisierend und zieht *Veränderungen* nach sich. Nichts bewirkt in einem Unternehmen – von der Chefetage bis zum Außendienst – einen so raschen Kurswechsel wie dieses unangenehme Gefühl, verletzlich zu sein und auf eine Katastrophe zuzusteuern.

Abb. 4: Phase III: Wachsen, verändern oder eingehen

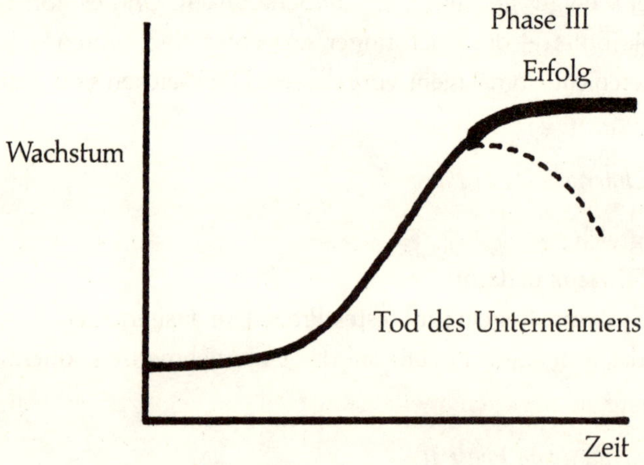

Hellwach durch die Welt gehen

Ein Unternehmen tritt dann in Phase III ein, wenn es wiederentdeckt hat, wie wichtig es ist, auf seine Kunden und auf seine

Verkäufer zu hören. Wenn das Management in bezug auf Zukunft und Markt im ungewissen ist, lechzt es förmlich nach Informationen und ist bereit, alle Kanäle abzuhören, um zu erfahren, was da draußen vor sich geht; es lechzt nach guten Nachrichten, ganz besonders aber nach *schlechten.* Gute Unternehmen schaffen nun ein Klima, in dem Diskussion, Meinungsverschiedenheit und Opposition auf der ganzen Ebene wieder eine Chance haben. Bill Weisz, Direktor von Motorola, sagte jüngst bei einer Konferenz in der Wilson Learning Corporation: »Die Herausforderungen heute und in naher Zukunft sind gewaltig. Und wenn wir selbstbewußt sind, sind wir doch nicht selbstgefällig, und *wir geraten ganz gern ein bißchen in Panik.*« In Tat und Wahrheit ist Motorola nicht in Panik geraten, sondern geht hellwach durch die Welt. Es herrscht ein Klima, welches zu gesunden Meinungsverschiedenheiten und Herausforderungen anregt. Das Unternehmen braucht die »schlechten Nachrichten«, denn dadurch ist sein Kontakt zum Markt auch weiterhin gewährleistet.

Cray Research, der führende Hersteller von Supercomputern, ist ein weiteres Beispiel für ein Unternehmen in Phase III. Marcelo Gumucio, der stellvertretende Marketingdirektor, spricht ähnlich wie Bill Weisz über die Zukunft: »Wir sind uns unserer Konkurrenz sehr genau bewußt. Bei unserer Planung gehen wir davon aus, daß die Konkurrenz sehr hart sein wird. Um das Ziel als erste zu erreichen, müssen wir biegsam, raffiniert, schnell und flexibel sein – kurz: uns auf das Wichtigste konzentrieren. Das Schlimmste, was wir tun können, wäre, in Selbstgefälligkeit zu verfallen. Wir arbeiten hart daran, jede Selbstgefälligkeit zu vermeiden, indem wir mehr als über alles andere über unsere Konkurrenz sprechen.«

Hellwach durch die Welt gehen – anstatt auf den automatischen

Piloten geschaltet – ist der erste entscheidende strategische Prozeß, der einem Unternehmen die Tür zu Phase III öffnet.

Erneuerung

Der nächste Schritt in Phase III ist Erneuerung. Internes und externes Unternehmertum werden neu entdeckt. Dies sind nicht deshalb solche Schlagwörter, weil es heutzutage mehr neue Firmen als je zuvor gibt, sondern weil so viele reife Unternehmen in die Phase III eintreten und nach neuen Lösungen suchen. Und Erneuerung, Innovation, ist die einzige Möglichkeit dazu. Für viele Firmen bedeutet dies, eine neue Philosophie anzunehmen und neue Arbeitseinheiten zu schaffen, die experimentieren, Risiken eingehen und Fehler machen – etwas, was Firmen in Phase II und geldgierige Leute nur schwer schlucken können. (In Phase II gilt: »Irren ist menschlich; Vergeben verstößt gegen die Firmenpolitik.«)

Wenn Sie diese Zeilen lesen, schwirren leitende Angestellte von Firmen, die in Phase III eintreten, auf der ganzen Welt herum und suchen nach Erneuerungen. Sie wissen vielleicht nicht, wie sie zu definieren sind, aber sie wissen, daß sie Erneuerungen und Erneuerer brauchen, um überleben zu können. Das Macintosh-Projekt von Apple zum Beispiel war ein Musterbeispiel für Innovation. Die Firma erkannte, daß Erneuerungen fällig waren, daß sie auf dem Gebiet der PCs ein neues Spiel spielen mußte, wenn sie nicht ständig Marktanteile an die Konkurrenz – vor allem an IBM – verlieren wollte. Steven Jobs und seine Mitarbeiter stellten ein Team von kreativen Leuten zusammen, gaben ihm den Segen des Unternehmens und jede nur erdenkliche Unterstützung – und der PC, der Macintosh, wurde von Grund auf neu erfunden. Der

»Mac« war bis heute die innovativste Antwort auf das größte Problem des Personal Computer: die Anwenderfreundlichkeit. Meines Wissens ist der Macintosh der einzige Computer, den man kaufen, nach Hause nehmen und – mit einem Minimum an Instruktionen und ohne Trauma – sofort benützen kann. Wenn IBM auf das Spiel »Kundendienst und Reaktionsfähigkeit« gesetzt hat, so heißt das Spiel von Apple »Innovation«.

Integration

Firmen auf dem Weg in Phase III zerlegen, was sie gelernt haben und »wissen«, und suchen nach neuen Kombinationen und neuen Wegen, die alten Teile zusammenzufügen, und sie integrieren diese neuen Kombinationen in ihr Geschäft.

Schauen Sie sich zum Beispiel an, was General Motors heute tut. In Phase II war es klar »gegen die Regeln«, eine Partnerschaft mit Toyota auch nur in Betracht zu ziehen, 2,5 Milliarden Dollar für den Aufkauf von Electronic Data Systems auszugeben oder Hughes Aircraft zu übernehmen. All dies gehörte in Phase II nicht zur Welt von GM. Aber jetzt ist GM dabei, sich selber neu zu erfinden. Das Unternehmen integriert neue Komponenten in sein Geschäft, Komponenten, die vorher überhaupt nie in Frage gekommen wären.

Damals, Mitte der fünfziger Jahre, war ich Vertreter bei New England Life, einer der größten Versicherungsgesellschaften auf Gegenseitigkeit. Und damals galt es als Sakrileg, damit zu rechnen, daß eine Versicherungsgesellschaft – oder einer ihrer Agenten – auch nur im Traum an eine Investition denken könnte, die nicht etwas mit Versicherung zu tun gehabt hätte. Aber damals schon gab es an der grauen Randzone des Geschäftes Agenten, die strategisch in die Zukunft und auf Zeiten mit höherer Inflation und mit anderen Marktkräften blickten. Sie versuchten, andere Finanzgeschäfte zu verstehen, andere Produkte zu finden, die sie in die Versicherung integrieren könnten, um ihren Kunden noch bessere finanzielle Lösungen anbieten zu können.

Heute kann man praktisch nur noch mit derartigen Lösungen im Bereich der Finanzdienstleistungen Erfolg haben. Aber solche Lösungen wären in Phase II unmöglich gewesen, weil sie formal den Rahmen gesprengt hätten. Die Gesetzgebung sorgte für eine scharfe Trennung von Banken, Versicherungen und Maklern. Und die Philosophien der einzelnen Unternehmen taten dasselbe.

Qualität

David Jones, einer der Direktoren der Federal Express Corporation, faßt die Geschichte seines Unternehmens folgendermaßen zusammen: »Von der Gründung an bis 1975 war *Überleben* die Aufgabe des Unternehmens. Das zweite inoffizielle Paradigma von Federal Express lautete: *möglichst rasche Zustellung und Wachstum.* Unser neues Firmenziel ist *Qualität.*«

Diese Verschiebung der Prioritäten findet man auch bei anderen Firmen auf dem Weg in die Phase III. Wenn wir bei Wilson Learning von Qualität in Phase III sprechen, meinen wir nicht nur statistische Qualitätskontrolle oder Qualitätskontrollpersonal. Wir meinen damit auch Qualität mit einem großen »Q«: eine Unternehmensphilosophie, welche auf jeder Organisationsstufe – vom Verwaltungsrat bis zum Verkaufspersonal in den Warenhäusern – Qualität fördert, schützt und hochhält. Die Qualität mit großem »Q« durchdringt sämtliche Aspekte eines Unternehmens in Phase III. Qualität bedeutet, daß jeder einzelne Mitarbeiter des

Unternehmens sich dazu verpflichtet fühlt, das zu tun, was richtig ist.

Das Unternehmen in Phase III

Geht hellwach durch die Welt, ist sehr nahe an den Kunden und am Markt.
Sucht nach innovativen Lösungen.
Ist in hohem Maße anpassungsfähig und flexibel, solange der »Prozeß der Neuerfindung« im Gange ist.
Risikofreudig.
Qualitätsorientiert, sowohl in internen Belangen als auch in den Beziehungen zu Kunden und Verkäufern.

Wenn Firmen in Phase III eintreten, kommt ihnen wieder das dumpfe Bewußtsein, daß ihr Geschäft unabhängig von seiner Größe und seinem vorherigen Erfolg immer noch verwundbar ist: Niemand ist gegen den natürlichen Selektionsprozeß des Marktes immun.

Aber nicht alle Firmen werden aus diesem Gefühl oder aus diesem Verständnis heraus »neu geboren«. Es wird immer Unternehmen wie Addressograph-Multigraph und Freiden geben, die auf der Strecke bleiben oder von größeren, strategisch orientierten Firmen »geschluckt« werden. Heute sehen wir nämlich, daß sich viele der größten Industrien durch ihren Erfolg einlullen lassen – eine Art Gullivers, gebunden von Systemen und Prozeduren, gelähmt von Handlungsunfähigkeit und Einbahndenken, nicht mehr in der Lage, zu lernen und das neue Spiel zu beherrschen.

Was bedeutet Phase III für mich?

Wie bereits erwähnt, verbrachten die meisten Verkäufer bis unlängst ihre Karriere damit, sich mit Firmen und Einzelpersonen in den Phasen I und II herumzuschlagen. Wir wissen, wie man mit solchen Unternehmen und solchen Einzelkunden ins Geschäft kommt. Auch heute noch konzentrieren sich 99 Prozent des Verkaufstrainings auf Geschäfte mit Unternehmen und Märkten in Phase II, und dieses Training beruht weitgehend darauf, wie wir in der Vergangenheit verkauft haben – auf Wissen und Erfolgen der Vergangenheit also.

Heute aber und in absehbarer Zukunft heißt das neue Spiel Phase III. Unsere Kunden werden hellwach sein, innovative Lösungen suchen und sich auf Qualität konzentrieren. Man kann unschwer begreifen, daß jetzt, wo immer mehr Unternehmen diese Elemente in ihr Geschäft einzubauen beginnen, sich auch im Verkauf vieles entscheidend verändern wird. Ich meine nicht nur die Produkte, die Sie verkaufen, sondern auch die *Art*, in der Sie sie verkaufen. Unternehmen in Phase III erwarten einen innovativen und qualitativ hochstehenden Verkaufsablauf. »Hellwach durch die Welt gehen« erfordert Verkäufer, die strategische Geduld aufbringen, hundertprozentig positive Absichten hegen, sich bemühen und verantwortungsvoll handeln.

All diese Faktoren verändern den Vorgang des Verkaufens, das Spiel des Verkaufens. Wir stehen vor der Wahl, das neue Spiel, seine Regeln, die Rollen seiner Teilnehmer und die Verteilung seiner Preise zu erlernen oder weiterhin mit unserem derzeitigen Können zu spielen und die Besten in einem Spiel zu werden, das schon längst nicht mehr gespielt wird.

Das neue Spiel verstehen
Zusammenfassung

Alle Unternehmen durchlaufen offenbar verschiedene Wachstumsphasen. Es ist einfach der natürliche Weg, auf dem sich Geschäfte entwickeln. Was wir heute erleben – und was für unser strategisches Verständnis wichtig ist –, ist die Tatsache, daß die meisten Unternehmen, ja fast die gesamte Wirtschaft, sich in den Turbulenzen des Übergangs von einer Phase zur andern befinden – zur Phase III, in der sie ihr Geschäft neu erfinden.

Das Unternehmen in Phase I, das neue Unternehmen

Nur aufs Überleben bedacht.
Äußerst unternehmungslustig.
Sehr beweglich, sehr anpassungsfähig und flexibel.
Chronisch knapp an flüssigen Mitteln.
Risikofreudig.

Das Unternehmen in Phase II

Erfolgreich.
Auf Effizienz bedacht.
Auf Systeme, Regeln und festes Prozedere ausgerichtet.
Auf das Management statt auf das Unternehmerische orientiert.

Im Spätstadium von Phase II

Zahlreiche interne Arbeits- und Studiengruppen.
Darauf aus, bekannte Erfolgsrezepte zu wiederholen.

Gegen neue oder innovative Ideen, die mit diesem Erfolgsrezept nichts zu tun haben.

Das Unternehmen in Phase III

Geht hellwach durch die Welt, ist sehr nahe an den Kunden und am Markt.
Sucht nach innovativen Lösungen.
Ist in hohem Maße anpassungsfähig und flexibel, solange der »Prozeß der Neuerfindung« im Gange ist.
Risikofreudig.
Qualitätsorientiert, sowohl in internen Belangen als auch in den Beziehungen zu Kunden und Verkäufern.

Kapitel 3

Die Regeln des neuen Spiels

Das Wachstumsmodell hat uns einen groben Überblick über die Situation vermittelt, und es liefert uns auch die notwendigen Indizien für die Prognose, wie sich unsere Kunden ändern werden. Doch jetzt ist es Zeit, uns näher mit Einzelheiten zu befassen. Was bedeutet der Übergang von Phase II zu Phase III nun – spezifisch – für den einzelnen Verkäufer? Welches sind denn die neuen Spielregeln? Von unserm »Insider«-Standpunkt aus gesehen, gibt es offenbar sechs grundlegende Veränderungen, sechs neue Spielregeln, die zu beachten sind, wenn unsere Kunden in Phase III eintreten.

Die sechs neuen Regeln

Die Tatsachen, daß unsere Kunden »hellwach durch die Welt gehen« und daß die Entscheidungsbefugnis immer breiter gefächert wird, sind die Hauptursachen für die ersten beiden Veränderungen.

1. Es sind mehr Leute an einer Entscheidung beteiligt.
2. Die Verkaufszyklen werden immer länger.

Die Aufteilung der Entscheidungsbefugnis und die längeren Verkaufszyklen ziehen die dritte Änderung nach sich.

3. Mehr unvorhersehbare Ereignisse.

Der Wunsch unserer Kunden nach Innovation und Qualität ist der Grund für die vierte und fünfte Änderung:

4. Es sind nicht mehr allgemeine, sondern spezifische, maßgeschneiderte Lösungen gefragt (Alvin Toffler nannte dieses Phänomen »demassification« = »Entmassifizierung«).
5. Aus der Beziehung Verkäufer–Kunde wird eine Beziehung Partner–Kunde.

Die sechste neue Regel für das Verkaufen in Phase III ist im Grunde genommen nur der Höhepunkt, welcher aus den fünf ersten folgt. Sie befaßt sich mit dem, was unsere Kunden jetzt und in naher Zukunft wirklich kaufen werden. Wir bezeichnen sie als »Tod der Produktlösung«.

Die Tatsachen, daß mehr Leute an den Entscheidungen beteiligt sind und daß die Verkaufszyklen länger werden, gehen beide auf die gleiche Ursache zurück: auf die wirtschaftliche Unsicherheit. Wer die zehn letzten Jahre – mit zweistelligen Inflationsraten, Energiekrise usw. – miterlebt hat, weiß, daß der Zenit der Wirtschaft längst überschritten ist. Hinzu kommen die Unsicherheit der Stellen, Konkurse von Firmen, Fusionen und neuerdings das »Gesundschrumpfen« von Großunternehmen. Dies alles hat zur Folge, daß der Kunde heute wesentlich vorsichtiger und klüger geworden ist – er möchte beraten werden und sich Zeit für seine Entscheidungen nehmen.

1. Mehr Beteiligte an Entscheidungen

Die erste »neue Spielregel« besagt, daß jetzt bei jeder größeren Anschaffung mehr Leute an der Entscheidung teilhaben. Kunden – ob innerhalb eines Unternehmens oder privat – treffen keine kostspieligen und riskanten Entscheidungen mehr allein. Sie lassen sich beraten und versuchen, einen Teil der Verantwortung abzuwälzen, vor allem wenn große Entscheidungen anstehen. So wird also jeder, der möglicherweise von einer Anschaffung betroffen ist, sein Teil an die Entscheidung beitragen, was mit andern Worten bedeutet, daß von nun an mehr Leute da sind, die nein sagen können.

Wenn Sie nun noch die Tatsache berücksichtigen, daß es Mode ist, die Autorität und Entscheidungsbefugnis auf immer niedrigere Stufen innerhalb eines Unternehmens zu übertragen, werden Sie verstehen, weshalb Sie ein Programm brauchen, um alle Mitspieler bei einem Geschäftsabschluß zu identifizieren. Das alltägliche Verkaufsgespräch wird sich in Zukunft nicht mehr so abwickeln, daß Sie Ihrem Kunden an dessen Schreibtisch gegenübersitzen. Sie werden an einem Konferenztisch drei, vier oder noch mehr Käufern oder Leuten gegenübersitzen, welche die Käufer beeinflussen könnten.

Sie müssen auch begreifen, daß dies aber noch lange nicht bedeutet, daß Sie es mit vier sozusagen identischen Käufern zu tun haben. Wenn ich in der Vergangenheit mehreren Käufern gegenübersaß, so waren sie alle Endverbraucher oder Gelegenheitskäufer – Einzelpersonen, die mein Produkt verstanden und die gleiche Sprache wie ich redeten. Heutzutage stehe ich als Verkäufer aber vor vollkommen unterschiedlich motivierten Leuten aus verschiedenen Abteilungen des Unternehmens, die verschiedene Sprachen sprechen. Folglich muß auch ich andere Sprachen, nicht nur die Sprache meines Produktes, sprechen. Ich muß mit den Leuten aus der Finanzabteilung »Buchhaltung« sprechen. Ich muß mit juristisch ausgebildeten Leuten sprechen, die es als ihre Lebensaufgabe betrachten, alles zu unterbinden, was irgendwie – egal, ob gut oder schlecht – nach Geschäft riecht. Und schließlich muß ich für den Firmenchef, der ja letztlich der Käufer ist, »strategisch« sprechen. Oft werde ich einen oder zwei »Dolmetscher« aus meiner Firma mitnehmen müssen, wenn meine Kunden eine zu spezialisierte Sprache sprechen.

Jeder Käufer muß identifiziert und analysiert werden. Im Gespräch mit Verkäufern, die bereits so arbeiten, stellten wir fest, daß das Identifizieren der Mitspieler zu einer automatischen »Eröffnungsstrategie« wird. Es beginnt damit, daß man sich ein Organigramm verschafft, das zeigt, wie das Unternehmen des Kunden funktionieren sollte. Mit etwas Detektivarbeit wird dieses Diagramm mit einem aktualisierten Bericht darüber ergänzt, wie das Unternehmen *tatsächlich* funktioniert: wer Einfluß hat, wie Entscheidungen getroffen werden, wer intern gegen wen kämpft, wer kooperiert, wo noch frische Wunden sind usw.

Kürzlich schloß der Starverkäufer eines unserer besten Kunden ein Geschäft ab, bei dem er nicht weniger als siebenundzwanzig verschiedene Beteiligte – und jeder einzelne von ihnen ein möglicher Spielverderber! – identifizieren und einschätzen mußte. Kein Wunder, daß es mehr als ein Jahr dauerte, bis das Geschäft unter Dach und Fach war. Mehrere Käufer, die in allen Phasen des Verkaufs beteiligt sind, komplizieren den gesamten Ablauf. Sie machen es dem Verkäufer schwer, verlangen ihm verschiedenste Fähigkeiten ab und bilden den Grund für die nächste wichtige Änderung der Spielregeln im Verkauf.

2. Längere Verkaufszyklen

Wenn mehrere Käufer beteiligt sind, wenn es mehr Sitzungen und mehr Entscheidungen gibt, kostet Sie das Zeit. Ein wichtiger Grund für das Sodbrennen Ihres Vorgesetzten und die Migräne des Vorgesetzten Ihres Vorgesetzten ist, daß keiner Ihrer Kunden mehr eine rasche Entscheidung trifft. Jedes Geschäft erfordert mehr und mehr Aufwand von seiten Ihrer Firma. Das ist kostspielig, und es ist ja ganz anders, als es früher war.

Vor zwanzig, ja sogar noch vor zehn Jahren ging es beim Spiel darum, wie viele Geschäfte wir in möglichst kurzer Zeit abschließen konnten. Als Verkäufer versuchten wir *immer*, den Verkaufszyklus so weit wie möglich zu verkürzen, so daß wir mehr Kunden besuchen konnten. Mehr Kunden besuchen bedeutete mehr Geld verdienen. Ganz einfach, sauber und klar verständlich. Wir eilten von einem raschen Abschluß zum nächsten. Wie viele Leute kann man besuchen? Wie viele Geschäfte kann ich in den nächsten zehn Tagen abschließen? In diesem Quartal?

Doch diese Methode ist kontraproduktiv, denn sie prallt am unsicheren und auf Qualität bedachten Kunden in Phase III ab. Dieser neue Kunde braucht länger, um einen Entschluß zu fassen. Er vergleicht und zieht mehrere Möglichkeiten in Betracht.

Dies erfuhr ich am eigenen Leib, als wir letzthin die Veränderungen im Verkaufszyklus der Wilson Learning Corporation analysierten. Anfänglich benötigten wir in der Regel dreißig bis sechzig Tage, um ein Geschäft mit einem größeren Kunden abzuschließen. Fünf Jahre später waren es bereits neunzig Tage, und unsere jetzigen Verkäufer arbeiten mit einem Zyklus von sechs bis zwölf Monaten. Diese Tatsache allein hat unser Geschäft verändert, und die gleichen Kräfte sind auch in Ihrem Geschäft im Spiel.

Der Einsatz wird höher. Je länger der Verkaufszyklus, desto mehr Einsatz ist mit jedem Geschäft verbunden – nicht nur Geld, sondern auch Prestige und Karriere. Gehen wir davon aus, daß Sie früher zu hundert Abschlüssen pro Jahr kamen. Damals konnten Sie sich ein paar Nieten leisten. Heutzutage aber, wo jedes Geschäft so viel länger dauert, haben Sie nur noch Zeit und Mittel für fünfzig oder sechzig Abschlüsse pro Jahr. (Und vergessen Sie nicht, daß Ihre finanziellen Ansprüche immer steigen, weshalb diese fünfzig Abschlüsse wesentlich mehr Substanz aufweisen müssen.) Also ist jeder einzelne von ihnen nun viel wichtiger für Sie. Auch nur einen zu verpatzen tut sehr viel mehr weh.

Kein Verkäufer in Phase III wird gegen diesen Trend immun sein. Verkäufer, die an Einzelkunden verkaufen, machen die gleiche Erfahrung. Kauft ein solcher Kunde etwas, das mehr als einen Wochenlohn kostet, wird er aus verschiedenen Gründen seinen Entschluß hinauszögern. Einer dieser Gründe ist die bereits erwähnte Unsicherheit in bezug auf die wirtschaftliche Zukunft. Ein anderer ist, daß wir uns auf einem viel intelligenteren und gehobeneren Markt tummeln. Die Konsumenten wissen, daß ihnen mehr Möglichkeiten offenstehen als jemals zuvor. Sie wissen in der Regel fast ebensoviel über das Produkt wie wir. Sie nehmen sich Zeit, um die richtige Entscheidung zu treffen. Kunden lassen sich nicht mehr zu raschen Entscheidungen drängen.

Er kommt tatsächlich wieder!

Zu den Verkäufern, die am meisten auf ein kurzfristiges, schnelles Geschäft erpicht sind, zählen die Automobilhändler.

In dieser Branche gibt es eine Art Kunde, die stets sagt: »Ich schau' dann wieder rein!« Dieser Kunde tritt ein, schaut sich um, bedient sich mit Prospekten, unterhält sich mit dem Verkäufer und sagt schließlich: »Ich schau' dann wieder rein.« Aber er wird nie mehr gesehen; wenn er einmal gegangen ist, ist das Geschäft verloren. Früher lernten diese Verkäufer, so ein Geschäft möglichst schnell abzuschließen und sogar Druckmittel einzusetzen – alles, was notwendig war, um den Kunden daran zu hindern, das Lokal ohne unterschriebenen Kaufvertrag zu verlassen.

Heute ändert sich das ganz entscheidend. Immer weniger Kunden – außer vielleicht den ganz reichen oder sehr impulsiven – treffen Entscheidungen mit solchen Kostenfolgen von einem Augenblick auf den andern. Sie wollen Zeit haben, sie wollen sich umschauen. Sie haben mehr Möglichkeiten als je zuvor, Auswahl, was die Autos angeht, den Preis und die Art Verkäufer, mit dem sie ins Geschäft kommen wollen. Der Autohandel und andere artverwandte Branchen erfinden das Verkaufen neu; sie ändern die Spielregeln, um jene Kunden nicht zu verlieren, die nun einfach etwas mehr Zeit brauchen und die – wenn alles stimmt – tatsächlich wiederkommen.

Diese Verlängerung der Verkaufszyklen hat zweierlei Auswirkungen auf den Verkäufer. Die erste ist rein logistischer Natur. Wenn Sie auf einem Markt in Phase III immer mehr und mehr Zeit für einen einzigen Abschluß aufwenden müssen, können Sie nicht mehr so viele Kunden besuchen wie früher. Dies bekommen Sie an Ihrem Lohn zu spüren. Um die geringere *Zahl* der Kunden aufzufangen, müssen Sie unbedingt mehr aus quantitativ weniger, *qualitativ* aber besseren Kunden herausholen. (Ein Hinweis: Jedes Geschäft muß einen Aufhänger haben. Morgen wird niemand ohne Wiederholungsgeschäft und Mund-zu-Mund-Propaganda überleben. Mehr dazu siehe in Kapitel 11.)

Die zweite Auswirkung betrifft das Können des Verkäufers. Der Umgang mit mehr Leuten, die in einem längeren Verkaufszyklus an den Entscheidungen beteiligt sind, erfordert von uns andere Fertigkeiten als die, die man uns beigebracht hat, als es noch darum ging, ein Geschäft möglichst schnell abzuschließen und zum nächsten zu eilen. Wer im neuen Spiel Erfolg haben will, muß strategisch planen, viel Geduld aufbringen und dauerhafte persönliche Beziehungen aufbauen können. Neue Regeln erfordern neue Fertigkeiten.

3. Mehr unvorhersehbare Ereignisse

Längere Verkaufszyklen und mehr Mitspieler müssen – besonders in derart turbulenten Zeiten – eine weitere Folge nach sich ziehen, mit der wir alle leben müssen: das zufällige, unvorhergesehene, nicht eingeplante Ereignis.

So wird zum Beispiel mitten in der Verhandlungsphase die Firma Ihres Kunden von einer anderen Firma übernommen. Oder es wird jemand befördert oder entlassen. Ganze Abteilungen werden »reorganisiert«, Zuständigkeiten neu geregelt. Selbst ein Gerücht, wonach etwas Derartiges bevorsteht, kann den Verlauf der Verhandlungen ändern oder gar zu deren Abbruch führen. Solche Ereignisse entziehen sich unserer Kontrolle, aber sie können Ihr Innenleben – ganz zu schweigen von den Zahlen auf Ihrer Gehaltsabrechnung – wesentlich beeinflussen.

Solche Ereignisse hat es schon immer gegeben. Neu ist nur, daß sie immer häufiger eintreten. Mit Sicherheit kann man heute nur eines voraussagen: In langen Verhandlungen mit vielen Entscheidungsbefugten wird irgendwann etwas Unvorhergesehenes passieren. Es ist nicht mehr die Frage, »ob« etwas geschieht, sondern »wann« und »wo« es passiert.

Ich möchte Ihnen ein Beispiel für ein unvorhergesehenes Ereignis geben, das mir selbst widerfahren ist. Unser Geschäftsjahr neigte sich dem Ende zu, und ich hatte sehr viel Zeit für Verhandlungen mit einem unserer größeren Kunden eingesetzt. Wir waren hoch oben, auf der Stufe des Vizedirektors, gut angeschrieben, und wir hatten auch auf verschiedenen andern Stufen gute Beziehungen. Der Prokurist der Wilson Learning Corporation und der Regionalchef hatten diese Beziehungen mit viel Geduld aufgebaut und dabei all unsere internen Hilfsmittel und Quellen eingesetzt. »Unser Mann« innerhalb des Unternehmens war der bereits erwähnte Vizedirektor, der auch für die finanzielle Seite zuständig war. Er war auf unserer Seite und hatte unsere Vorschläge akzeptiert. Wir waren allesamt der Ansicht, das Geschäft sei so gut wie abgeschlossen. So stand es doch in unseren Sternen, nicht wahr?

Somit war es Zeit für die abschließende Sitzung. Wir flogen mit unserem Team nach New York. Alles lief wie geschmiert. Die

Leute waren begeistert. Wir waren begeistert. Ihr Team und unser Team versammelten sich im Konferenzzimmer des Kunden mit Blick auf den Central Park. Der Vizedirektor eröffnete die Sitzung mit der Ankündigung, dies sei der Beginn einer Partnerschaft zwischen ihrer Firma und der Wilson Learning Corporation. Es war erst acht Uhr dreißig morgens, und wir glaubten, schon am Ziel zu sein. Bis drei Uhr nachmittags beantworteten wir dann gegenseitig Fragen und einigten uns darüber, was für beide Seiten herausschauen sollte.

Während der Sitzung passierte etwas, dem im Moment niemand große Beachtung zumaß. Die beiden Vizedirektoren mußten uns für etwa zehn Minuten verlassen, um den neuen Direktor der Firma kennenzulernen. Beunruhigt schluckten wir und fragten: »Wie, ein neuer Direktor?« Aber es hieß, wir sollten uns keine Sorgen machen.

Und so saß ich um halb vier Uhr da und erläuterte, wie wir unser Angebot in die Tat umsetzen und die Verkäufer der Firma schulen würden. Mir gegenüber saß die Frau, die für die interne Abteilung zuständig war. Ich bemerkte, daß sie sehr still war. Wir hatten einigen Widerstand von ihrer Seite erwartet. Aber ihr Chef – der »unser Mann« war – hatte uns versprochen, sie würde sich seinen Wünschen fügen. Zudem hatten wir unserer Meinung nach überzeugend dargelegt, daß sie eigentlich dereinst als Heldin des ganzen Projekts dastehen würde. Ich glaube, wir hatten alle am Tisch davon überzeugt, nur sie nicht.

Weil sie sich in keiner Weise äußerte, fragte ich sie, ob sie irgendwelche Fragen habe. Blitzschnell erhob sie sich und bemerkte, die interne Ausbildung sei einzig und allein ihre Angelegenheit und da würde sie nicht mitmachen. Soviel zu den Versicherungen ihres Chef! Nachträglich war klar, daß wir die Sache vermasselt hatten, weil wir versäumt hatten, uns über ihre Bedürfnisse zu informieren und uns zu vergewissern, daß sie auf unserer Seite war und bei unserem Projekt mitmachte. Mehr Mitspieler, mehr Entscheidungsbefugte erfordern bessere Strategien – man kann doch nicht einfach wild aus der Hüfte heraus schießen.

Das war das unvorhersehbare Ereignis Nummer 1. Wir alle überlegten in den folgenden Stunden eifrig, wie wir sie wieder für uns gewinnen könnten. Es kamen viele gute Ideen zusammen, und schließlich vertagten wir die Sitzung, leicht angeschlagen zwar, aber doch recht zuversichtlich.

Am nächsten Morgen hatte ich mich mit dem Vizedirektor, »unserem Mann« in der Firma, zu einem Arbeitsfrühstück verabredet. Wir wollten die Termine regeln. Statt dessen machte er mich ruhig mit der Tatsache bekannt, er habe soeben gekündigt. Das war das unvorhersehbare Ereignis Nummer 2.

Erinnern Sie sich an den neuen Direktor? »Unser« Vizedirektor warf das Handtuch, weil seine Laufbahn – die auf den Direktorposten ausgerichtet war – eben endgültig blockiert worden war.

Was nun? Wir gaben nicht auf. Wir bliesen erst einmal zum Rückzug und fingen wieder von ganz vorne an (längere Verkaufszyklen, erinnern Sie sich?). Wir sind dabei, die Beziehungen mit all den neuen Mitspielern wieder aufzubauen, weil wir felsenfest daran glauben, daß beide Firmen davon profitieren könnten.

Turbulente Zeiten bringen unvorhersehbare Ereignisse mit sich, und das ist für alle Betroffenen hart. Die Frage »Was wird als nächstes geschehen?« begleitet uns bei unserer täglichen Arbeit. Es ist wie beim Fliegen. Auch dort – und wenn alles noch so glatt verläuft – geht es in erster Linie darum, mögliche Probleme zu erahnen. Im Geschäftsleben nennen wir das »potentielle Problemanalyse«. Wir werden in Zukunft viel mehr Arbeit in die Analyse von potentiellen Problemen investieren müssen, ins Spiel »Was wäre, wenn?«. Wir müssen planen und wie Piloten alle nur erdenklichen Möglichkeiten durchspielen.

4. Entmassifizierung

Kürzlich hatte ich Gelegenheit zu einem Gespräch mit Stan Schmitt, dem Leiter der Entwicklungsabteilung von Du Pont, einem der besten Kunden des Pecos River Learning Center. Wir sprachen über die Anforderungen, die Du Pont an seine Verkäufer stellt. Was Stan sagte, läßt den Trend erkennen: »Wir glauben daran, daß wir einzigartig sind. Wir glauben, daß wir das, was wir tun müssen, im Grunde genommen nicht tun können, wenn wir sozusagen von der Stange kaufen. Wir glauben, daß wir selbst einen genügend großen Markt bilden, damit uns die Verkäufer geben, was wir brauchen, und es speziell für uns anfertigen.«

Als Käufer von Waren und Dienstleistungen ist Du Pont nicht an allgemeinen Lösungen interessiert. Du Pont stellt sich hinter das, was Alvin Toffler »demassification« (= »Entmassifizierung«) nannte: das Ende des Massenmarktes. Massenlösungen sind in der Regel nichts für Kunden in Phase III. Und der Grund dafür liegt unter anderem in der neuen Verpflichtung zur Qualität: Alles, was ein Unternehmen tut oder kauft, muß in dieses Qualitätsbild passen, und das ist eine Forderung, die viele allgemeine und nur in einer Einheitsgröße fabrizierten Produkte praktisch nicht erfüllen können. Ob sie nun finanzielle Dienstleistungen, Computer oder Beratung kaufen – die Kunden wünschen *maßgeschneiderte* Produkte und Dienstleistungen.

Aus der Verkaufsperspektive wird dies zu einem komplizierten Problem. Es läuft wie folgt: Sie gehen hin und präsentieren einem Kunden die schwarze Kiste, die Sie vertreiben. »Großartig«, sagt der Kunde, »sie gefällt uns, aber Sie müssen da drin ein paar Änderungen anbringen, damit sie wirklich unseren Bedürfnissen entspricht.«

Sie fahren also mit der schwarzen Kiste zu Ihrer Firma zurück und erklären die Änderungen, die vorzunehmen sind. In der Firma heißt es aber: »Sie verstehen uns nicht. Wir verkaufen diese schwarze Kiste hier. Wir machen keine Änderungen – sagen Sie das Ihrem Kunden.« Dort angekommen, teilt man Ihnen mit: »Ohne die Änderungen kein Geschäft!« Und so weiter.

Der Verkäufer hängt nun zwischen dem Kunden in Phase III und seiner Firma, welche vielleicht nicht begreift, wie sehr sich das Geschäft geändert hat. Und diese Geschichte passiert immer häufiger, da jedermann nach Lösungen sucht, die spezifische Bedürfnisse befriedigen.

Ein gutes Beispiel auf dem Verbrauchermarkt ist der Bereich der Finanzdienstleistungen. Angesichts der viel besser informierten Kunden und der Konkurrenz von Maklern und Versicherungsgesellschaften muß die persönliche Bank ihren Kunden nun einen umfassenden, maßgeschneiderten Investitionsplan vorlegen. Nur noch ein einfaches Spar- oder Scheckkonto verkaufen (ja, auch Banken verkaufen) reicht nicht mehr, denn dort läuft nicht viel, und somit ist da auch kein Gewinn zu holen.

Anspruchsvolle Finanzkunden wollen nicht einfach Scheckkontos und Darlehen. Was sie wollen, ist vielmehr ein maßgeschneiderter, umfassender Finanzplan, der es ihnen ermöglicht, ganz spezifische finanzielle Ziele zu erreichen. Sagen und implizieren Sie aber nun nicht bloß, daß diese sich eben so benehmen, wie das in ihrer Gesellschaftsschicht üblich sei. Genau wie Du Pont als Unternehmen glauben auch diese Leute als Privatpersonen, sie seien einzigartig und anspruchsvoll genug, um maßgeschneiderte Lösungen zu benötigen.

Sie sehen allmählich, wie »Entmassifizierung« die Arbeit des Verkäufers verändert, der auf einem Markt in Phase III arbeitet.

5. Der Verkäufer als Partner

Die Beziehung zwischen Käufer und Verkäufer ändert sich in Phase III ebenfalls ganz entscheidend. Die Tage des *Verkäufers* sind bald vorbei. Das neue Prinzip und das Ziel jedes Verkäufers, der es mit Kunden in Phase III zu tun hat, besteht darin, *dauerhafte Gesprächspartner* zu suchen. Kunden in Phase III suchen Partnerschaften, die das ganze Spektrum abdecken, vom philosophischen Bereich, in dem das Abstimmen der »Geschäftsphilosophie und -politik« unabdingbar ist, wenn man überhaupt Geschäfte machen will, bis hin zum Finanzbereich, wo die Risiken und Gewinne bei gemeinsam entwickelten oder vermarkteten Produkten geteilt werden.

Die Umstrukturierung der Zulieferindustrie für die amerikanischen Automobilhersteller in Detroit hat bewirkt, daß deren traditionell feindselige Beziehung zu ihren Lieferanten zugunsten einer neuen Phase-III-Beziehung aufgegeben wurden. Um auf dem internationalen Markt in Sachen Qualität und Preis konkurrenzfähig zu sein, ernennt Detroit seine Lieferanten nun zu Teammitgliedern.

Wenn es darum geht, der Autoindustrie Bestandteile zuzuliefern, ist nie die Frage, wer das Sagen hat. Detroit winkt mit dem Zaunpfahl, und die Lieferanten beeilen sich tunlichst. Jahrelang haben die Autohersteller die niedrigsten Preise weit und breit verlangt, und in letzter Zeit haben sie auch eine Manie nach besserer Qualität entwickelt. Aber jetzt hat das Spiel eine interessante Wende genommen. General Motors, Ford und Chrysler lassen sich in allem beraten, in der Mechanik genauso wie im Design, und um auch zu bekommen, was sie wollen, hängen sie jetzt Schokolade an ihre Zaunpfähle.

Die bisher üblichen Einjahresverträge mit verschiedenen Firmen zum Beispiel weichen nun Exklusivverträgen auf fünf oder mehr Jahre. Und anstatt ihre Wünsche nur wenige Monate vor dem Termin bekanntzugeben, an welchem die Teile am Fließband benötigt werden, geben die Autofirmen ihren Lieferanten nun genügend Zeit, manchmal sogar mehrere Jahre, damit diese sich entsprechend darauf einstellen können.

Die Autofirmen ziehen die Lieferanten bereits zu Beginn der meisten Entwicklungsprogramme hinzu und geben für jedes Teil, das sie benötigen, in der Regel nicht mehr zwei oder drei Firmen, sondern nur noch einer einzigen Firma einen Auftrag. Dahinter steht die Überlegung, den Lieferanten, welche die Aufträge bekommen, mehr Sicherheit zu geben – aber auch mehr Verantwortung, um die Kosten senken und die Qualität erhöhen zu können.

Aus »Business Week«, 14. Oktober 1985

Die Autofirmen haben mitbekommen, daß *der Erfolg ihrer Verkäufer genauso wichtig ist wie ihr eigener,* wenn sie erfolgreich aus dem Konkurrenzkampf hervorgehen wollen. Sie sitzen alle im gleichen Boot. Beachten Sie, daß im Artikel erwähnt wird, daß sie ihre Bestandteile nicht mehr von mehreren, sondern nur noch von einem Verkäufer liefern lassen. Und Sie können jede Wette darauf eingehen, daß eine einzelne Firma auf einen Verkäufer hört, der etwas von Partnerschaft und von Strategie versteht, um diese Partnerschaft lebendig und gesund zu erhalten.

IBM als Partner

Ein Mitglied des IBM-Kaders beschreibt die Rolle eines IBM-Verkäufers wie folgt:

Der Verkäufer muß sich in der Buchhaltung auskennen. Einer unserer Kunden in einer Bank sagte jüngst, unser Vertreter wisse über Bankgeschäfte mindestens gleich viel wie die meisten ihrer leitenden Angestellten. Das wollen wir erreichen.

Damit er seinen Kunden helfen kann, gegenüber der Konkurrenz zu bestehen und ihre strategischen Ziele zu erreichen, muß der Verkäufer die Denkweise seiner Kunden und ihre Geschäftsabläufe verstehen; er muß sehen, wie er nicht unbedingt als Verkäufer, sondern vielmehr als Mitarbeiter, als Berater *in die Firmen seiner Kunden hineinkommen kann. In vielen Fällen – und das ist bemerkenswert – muß er seinen Kunden sogar helfen, ihre strategischen Ziele zu formulieren. Denn oft hören wir von potentiellen Kunden: »Wir wissen, daß wir mit Computern mehr leisten könnten, aber das Problem ist, daß wir keine festen strategischen Ziele haben. Können Sie uns helfen, diese abzustecken?« Und wenn man da helfen will, muß man alles über Computer und Anwendungen vergessen und* nur über das Geschäft sprechen, in welchem der betreffende Kunde tätig ist.

Was wir erleben, ist eine entscheidende Verschiebung der Optik; der Unterschied, ob der Verkäufer nun für seine eigene Firma oder für die eines Kunden arbeitet, wird immer mehr verwischt.

Gewisse Unternehmen sehen das ein und handeln dementsprechend. So zum Beispiel IBM: IBM will, daß ihre Verkäufer für ihre Kunden arbeiten und auch daran glauben. Andere Firmen sträuben sich gegen dieses Konzept, weil sie zutiefst davon überzeugt sind, daß Kunden Gegner sind, auch wenn sie des langen und breiten predigen: »Bleibt dran an euren Kunden.«

Im weiteren Verlauf des sich verändernden Spiels wird es die Aufgabe des Verkäufers sein, solche langfristigen und gegenseitig vorteilhaften Beziehungen anzuknüpfen und zu festigen. Der Verkäufer ist nicht mehr Experte für sein Produkt, sondern Fachmann in Sachen Beziehungen. All die Leute, die das Spiel ändern und die Sie später in diesem Buch noch kennenlernen werden, sind Experten in Sachen Beziehungen; ihre Stärke liegt darin, daß sie Beziehungen auf- und ausbauen können.

6. Der Tod der Produktlösung

Das bringt uns zu unserer letzten großen Änderung. Wir hielten kurz inne und fragten uns: »Was kaufen denn unsere Kunden nun wirklich?« Diese Frage stellten wir vielen Kunden unserer Kunden. Die Antworten, die wir bekamen, sind entscheidend für das Verständnis der jetzigen und zukünftigen Rolle des Verkäufers.

Beginnen wir mit einer etwas anderen Perspektive, und lassen wir Wayne Townsend, den Personalchef von GM Kanada sprechen. GM Kanada zählt zu unseren geschätzten Kunden, und Wayne ist einer der Experten, an die ich mich wende, wenn ich Fragen über die Autoindustrie habe. Er hat einen sehr realistischen und strategischen Blick für das, was diese Industrie jetzt und in Zukunft tun muß.

Kürzlich hatte Wayne mit einer Studie zu tun, bei der Kundinnen befragt wurden, was sie bei einem Autokauf erwarteten. Nicht weniger als 80 Prozent wünschten sich in erster Linie einen Verkäufer, zu dem sie eine vertrauensvolle und langfristige Beziehung aufbauen könnten. In zweiter Linie erwarteten sie ein faires Preisangebot, und an dritter Stelle stand der Wunsch, nicht über die Preise diskutieren zu müssen, weil sie sich beim Verkaufsgespräch nicht unter Druck setzen lassen wollen.

Dies führt mich zur Überzeugung, daß in vielen Verkaufssituationen vieler Branchen Verkäufer und Kunde aneinander vorbeireden: *Verkäufer verkaufen Produkte, und Kunden kaufen Beziehungen.*

Offensichtlich werden die Vorzüge eines Produktes – der Unterschied zwischen Ihrer schwarzen Kiste und der schwarzen Kiste der Konkurrenz – im Verkaufsgespräch immer unwichtiger. Die so lange Zeit bewährte Strategie, die Produkteigenschaften zu vergleichen, führt nun in eine Sackgasse. Und es ist eine Strategie, die sehr leicht zu schlagen ist. Denken Sie einmal über Ihre Branche nach, besonders über die Produkte Ihrer Firma und die Ihrer Konkurrenz. Wo Sie auch hinschauen, sehen Sie Industrien, die ihre Produkte so schön im Gleichschritt herstellen, daß sich heute *die meisten Produkte in fast allen Branchen kaum mehr voneinander unterscheiden.* Lassen Sie sich aber durch diese Aussage nicht in Ihrer Loyalität zu Ihrer Firma beirren. Sicher, es gibt nach wie vor Produktunterschiede, aber diese sind für den Kunden selten offensichtlich. Und sie sind nicht das, was die Kunden in der Regel suchen.

Ein leitender Angestellter von IBM drückt dies folgendermaßen aus:

Die einst gewaltigen Unterschiede zwischen einzelnen Produkten sind immer schwerer zu finden. Es geht da nur noch um Zentimeter oder Millimeter... Es gibt Bestandteile [unserer Produkte], die viel besser sind als die unserer Konkurrenz. Aber es gibt auch ein paar Punkte, bei denen wir unterlegen sind. Entscheidend ist, daß dies den Kunden nicht mehr kümmert. Wenn wir einen Prozeß von einer Millionstelsekunde auf eine Trillionstelsekunde verkürzen wollen, wen interessiert das schon? Der Kunde will so etwas gar nicht mehr hören. Einzig die Japaner stehen noch auf derartige Kleinigkeiten. Sie sind von den technischen Seiten des Problems fasziniert. Aber selbst dann zählt – wie auch auf anderen Gebieten – die Anwendung. Der Kunde will Erfolge sehen – er will eine Umsatzsteigerung von 5 Prozent. Ob ihm dies mit Hilfe eines Klaviers, eines Geschirrspülers oder eines Computers gelingt, ist ihm an und für sich vollkommen egal. Er will Zuwachsraten sehen. Wie kann er sie erreichen? Können Sie ihm dabei helfen? Wenn ja, sind Sie der Mann, mit dem er sprechen will. Und wenn Sie Computer verkaufen, in Ordnung. Es spielt keine Rolle.

Ob Sie nun Autos, Telefone oder Software für Lohnbuchhaltungen verkaufen, in bezug auf Eigenschaften, Vorteile und Preis *sehen die meisten Produkte gleich aus.* Der Verkauf von Produkten führt in eine Sackgasse. Es ist nicht das, was die Kunden kaufen. Dazu meinte Wayne Townsend, Autohändler seien davon überzeugt, daß alle Probleme gelöst wären, wenn GM Autos von Weltklasse herstellen würde. Er ist aber der Ansicht, daß die Qualität des Produktes schon wichtig sei, aber doch nicht alles, weil die Kunden eigentlich mehr wollten.

Was Kunden in Phase III wirklich kaufen

Die meisten Kunden wollen drei Dinge:

1. *Eine geeignete Lösung*. Nicht zu verwechseln mit einer schlechteren oder einer knapp genügenden Lösung. Eine Lösung also, die das Problem wie versprochen aus der Welt schafft. Dies ist ein Abschied für viele von uns, die mit der Legende vom führenden Produkt aufgewachsen sind. Aber es ist nun einmal so, daß kein Unternehmen in keiner Branche ständig das führende Produkt anzubieten hat. Das gelingt weder IBM noch GM. *Und das ist nur gut so,* denn die Kunden kaufen nicht, weil es das führende Produkt ist. Diese Firmen verstehen das. Aber wenn es nicht das ist, was die Kunden kaufen, was kaufen sie dann?
2. *Einen Berater, dem sie vertrauen*. Einen Verkäufer und eine Firma, die Vertrauen erwecken: Das kaufen die Kunden. Da es zwischen den verschiedenen Produkten kaum mehr einen greifbaren Unterschied gibt, suchen die Kunden einen Verkäufer, der die Interessen der Kunden ernst nimmt. Mehr als je zuvor suchen die Kunden Verkäufer, die zugleich Berater sind, deren wichtigste Aufgabe es ist, ihnen zu helfen, von all den vielen Entscheidungsmöglichkeiten die richtige zu finden.

Ein guter Freund von mir, Newton Long, gehört zu den »klugen Köpfen« in der Automobilbranche. Seine Aufgabe ist es, den Autoverkäufern den Weg in die Zukunft zu weisen. Kürzlich arbeitete Newton mit einem Autohändler in Sacramento. Er schloß mit ihm eine Wette ab. Newton wollte ein paar Wochen lang bei ihm als Verkäufer arbeiten, und dies, obwohl er sozusagen überhaupt nichts über das Produkt wußte. Er würde sich vollkommen darauf konzentrieren, mit seinen Kunden eine Atmosphäre des Vertrauens aufzubauen. Er wollte den Leuten schon beim Eingang sagen, er habe gewiß nicht alle Antworten auf ihre Fragen, aber er wisse, wo man sie bekommen könne. Die Wette lautete, Newton würde mehr Autos verkaufen als die übrigen Verkäufer im Durchschnitt. Und Newton gewann die Wette. Die Kunden suchen Verkäufer, denen sie vertrauen können. Sie suchen Berater, die auf ihrer Seite sind.

3. *Besseren Service.* Das dritte Element, welches die Kunden suchen, sind bessere Dienstleistungen. »Besser« ist wohl einer der hochtrabendsten, am häufigsten verwendeten und wohl auch am häufigsten *mißverstandenen* Begriffe im Verkauf. Als wir in der Wilson Learning Corporation anno 1965 den Begriff »Besseren Service« prägten, definierten wir ihn als Service, der die Erwartungen des Kunden übertrifft. Das bedeutet, daß der Verkäufer über seine eigentliche Rolle als Verkäufer hinauswachsen muß, um das Problem seiner Kunden zu lösen. Dieser Gedanke hat bewirkt, daß viele Leute auf andere Art verkauften. Das Dilemma ist bloß, daß der Kunde jedesmal, wenn ein Verkäufer seine Erwartungen übertraf, *seine Erwartungen wieder höherschraubte,* so daß der gleiche Service beim nächsten Mal eben nicht mehr *besser* war. Wir haben die Erwartungen unserer Kunden hinaufgesetzt. Nun müssen sich die Verkäufer eben danach richten.

Erwartungen übertreffen, indem man über die Grenzen seines Pflichtenheftes hinausgeht, ist ein wichtiges Thema in diesem Buch. Wir werden sehen, wie man das auf verschiedene Arten tun kann – und wir werden uns später eingehender mit dem Begriff »besser« befassen, weil er ein wichtiger Teil der Verkaufszukunft ist.

Eine geeignete Lösung, ein Berater, dem man vertrauen kann, besserer Service. An Ihrer Stelle würde ich nun sagen: »In der Theorie klingt das ja alles sehr gut, aber wer hat schon eine erfolgreiche Verkaufsstrategie auf diesem Prinzip aufgebaut?«

Kürzlich saß ich mit Direktionsvertretern einer großen Elektronikfirma am runden Tisch. Ich hatte eben die drei vorher erwähnten Begriffe ins Spiel gebracht. Und hier hakte der für das Marketing zuständige Vizedirektor ein. Er bat mich um das Beispiel einer Firma, die es mit einer nur geeigneten Produktlösung geschafft hat. (Beachten Sie, ich sagte geeignet, nicht ungenügend.) Meine Antwort: »IBM.«

Mindestens eine Minute lang saß er mit offenem Mund da und ließ die Antwort auf sich einwirken. Er war verblüfft. Dann wandte er sich an seine Kollegen und sagte, sie hätten sich das selbst zuzuschreiben. »Wir haben unseren Verkäufern eingeredet, wir hätten Jahr um Jahr das beste Produkt. Tatsache ist aber, daß wir das nicht durchziehen konnten. Wir haben unsere Leute enttäuscht, sie verlassen uns. Hätten wir mehr Wert auf Vertrauen und besseren Service gelegt, wären wir nicht in solchen Schwierigkeiten.«

Das war eine brisante Sitzung. Aber überlegen Sie doch, wie IBM arbeitet. IBM war nie die Firma mit bahnbrechenden technischen Erfolgen. Peter Drucker nennt IBM die »kreativsten Nachahmer der Welt«. Aber IBM versteht besser als jedes andere große Unternehmen, was die Kunden wirklich wollen. Der Ruf von IBM beruht auf Produkten, die ein Problem lösen, dann auf einer der vertrauenswürdigsten Verkäuferschar weit und breit und schließlich auf einem hervorragenden Service. Jeder Kunde weiß, daß IBM zur Stelle ist, wenn bei seinen Geräten ein Problem auftaucht.

Kurz und bündig

Die Geschichte des Übergangs von Phase II in Phase III ist eigentlich folgende: Wo es einst einfach war, ist es heute kompliziert. Wenn ich früher am Tisch nur einem Kunden gegenübersaß, sitzen heute auf beiden Seiten des Tisches ganze Teams, und ich gehöre als Verkäufer zu *beiden*. Und das ganze Geschäft scheint Ewigkeiten zu dauern. Verkaufte ich früher eine oder zwei Arten schwarzer Kisten, bittet man mich heute darum, *das Innere der Kisten zu ändern,* damit sie die spezifischen Bedürfnisse decken. Und wenn dieser Unterschied noch nicht reicht, kommt noch folgendes hinzu: ich weiß, daß der Plan, den ich ausgeheckt habe, irgendwann durch absolut nicht vorhersehbare Ereignisse über den Haufen geworfen wird. Und zudem wollen die Kunden Innovation und Qualität, und sie suchen nach einem langfristigen Partner. Kurz und bündig: Dies ist die Zukunft im Verkauf.

Ein Fallbeispiel

Es zeigt zusammenfassend, wie sich die Dinge im Verkauf ändern. Die Business Forms and Systems Division (Abteilung für Büroformulare und -systeme) der Firma Moore gehört zu unseren ältesten und besten Kunden. Gary Hultgren, einer der Verkaufsleiter, half uns ganz wesentlich, die Unternehmenswelt von Moore und deren Veränderungen zu begreifen. Und die Veränderungen, welche die Verkaufsabteilung von

Moore durchmacht, sind mehr oder weniger identisch mit den Änderungen, welche die meisten von uns ebenfalls erleben werden. Seit über hundert Jahren produziert und vertreibt die erwähnte Abteilung von Moore Formulare und andere Papierartikel, die man in Geschäften tagtäglich braucht. Sogar der nächste Bußenzettel, den Sie unter Ihrem Scheibenwischer finden, trägt möglicherweise in irgendeiner Ecke ganz klein den Schriftzug »Moore«.

Aber bei Moore wird dieses Geschäft mit strategischem Geschick um die Klippen dramatischer Veränderungen herumgelotst.

Und nirgendwo machen sich diese Veränderungen deutlicher bemerkbar als im Verkauf.

Gut hundert Jahre lang vertrieben die Verkäufer von Moore Produkte – gedruckte Formulare. Sie hatten es in der Regel mit Rechnungsprüfern, Einkäufern und ähnlichen Herren zu tun, und häufig mußten sie auch gegen eine starke Konkurrenz bestehen.

Heute wandelt sich Moore von einer Firma, die Kommunikationsprodukte verkauft, zu einer Firma, die Informationsverarbeitungssysteme verkauft – ein vollkommen neues Spiel für die Verkäufer von Moore. Früher mußten sie alles über Geschäftsformulare, Gestaltung, Aufbau und Preise wissen; heute müssen sie auch wissen, wie die Informationen in einem Unternehmen verarbeitet werden, und sie müssen alle dafür erforderlichen hochtechnischen – und auch elektronischen – Geräte dazu kennen.

Die Verkäufer verkaufen immer noch Formulare, nun aber als Teil eines umfassenden Informationsverarbeitungssystems. Auf welche Weise hat dies das Spiel für die Verkäufer von Moore verändert?

Mehr Leute, höher hinaus. Zunächst finden die Verkaufsgespräche bei den Kunden auf einer höheren Ebene statt. Sie verhandeln nun mit Leuten, die einen Überblick über das ganze Geschäft haben, also mit leitenden Angestellten, Prokuristen, Vizedirektoren und Direktoren.

Längere Verkaufszeiten. Früher besuchte ein Verkäufer von Moore jeden Morgen ein paar Kunden, stellte seine Produkte vor, sprach über die Preise und brach dann zum nächsten Kunden auf. Nun, wo ganze Systeme verkauft werden, gehen oft allein für die Problemanalyse Wochen drauf, ganz zu schweigen von der Zeit, die das Ausarbeiten, Präsentieren und Überarbeiten von Lösungen in Anspruch nimmt – ein vollkommen neues Spiel, das sehr viel mehr Strategie und Geduld erfordert.

Verkaufen im Team. Die Verkäufer arbeiten nun mit Systemanalytikern und Beratern zusammen; sie leiten nun ein Team von Experten, das sich aus Leuten von Moore und von den Kundenfirmen zusammensetzt – Partner, die gemeinsam nach einer Lösung suchen.

Zeitaufwand. Heute setzen die Verkäufer von Moore ihre Zeit ganz anders ein als früher. Sie investieren viel mehr Zeit in Strategie und Planung, nämlich rund 75 Prozent, dafür verbringen sie viel weniger Zeit bei ihren Kunden. Und Gary Hultgren bestätigt, daß viele seiner Verkäufer den Eindruck haben, dies sei falsch.

Die Business Forms and Systems Division von Moore verlangt von ihren Verkäufern dramatische Änderungen. Ich kenne die Firma und weiß deshalb, daß sie damit Erfolg haben wird. Die Leute verstehen etwas von ihrem neuen Geschäft, und sie wissen, daß über Nacht keine Wunder geschehen, sondern daß die ganze Angelegenheit Zeit, Mühe und Mittel erfordert. Aber sie wissen auch, daß günstige Gelegenheiten selten sind und blitzschnell ergriffen werden müssen. Moore hat den Sprung gewagt, hat sich darauf eingerichtet, das neue Spiel zu spielen und seinen Verkäufern zu helfen, das neue Spiel zu lernen.

Vom Flötisten zum Dirigenten

Stellen Sie sich den Unterschied vor zwischen einem Mann, der in einem Orchester ein Instrument spielt, und dem Dirigenten. Von ungefähr einem solchen Unterschied sprechen wir. Ein gewaltiger Sprung, an dessen Ziel neue Fertigkeiten gefragt sind, neue Verantwortungen warten und neue Wege des Denkens notwendig sind. Der Flötist übergibt an den Dirigenten, der den Überblick über den Verkaufsvorgang, die Beziehungen und die eingesetzten Mittel hat und ein Team von Spielern beider Parteien *leitet*. Dirigenten wissen, wie sie etwas gestalten wollen – wie die Symphonie klingen soll –, und sie wissen, wie sie das Orchester leiten müssen, damit Musik entsteht, wo vorher nur eine Vielfalt von Tönen herrschte. Der Dirigent ist sozusagen die Metapher für den neuen Verkäufer. Das Verkaufen in Phase III wird komplizierter, anspruchsvoller und anforderungsreicher sein. Aber wenn Sie sich dazu entschließen, dieses Spiel mitzuspielen, wird es sich für Sie auszahlen; Sie werden Erfüllung finden und erst noch Spaß und Freude an Ihrer Arbeit haben.

Die Regeln des neuen Spiels
Zusammenfassung

Es sind sechs entscheidende Veränderungen, die wir beim Verkaufen erleben, wenn unsere Kunden in Phase III eintreten:

1. Es sind mehr Leute an den Entscheidungen beteiligt.
2. Der Verkaufszyklus wird länger und beansprucht viel mehr Zeit von den einzelnen Verkäufern.
3. Wenn bei jedem Geschäft mehr Leute beteiligt sind und der

einzelne Abschluß viel länger dauert, kommt es in der turbulenten Übergangszeit von Phase II zu Phase III zu mehr unvorhersehbaren Ereignissen, welche den Ablauf des Geschäftes entscheidend beeinflussen können.

4. Die Kunden verlangen spezifische, »maßgeschneiderte« Lösungen anstelle von allgemeinen Lösungen.
5. Die Kunden suchen Partner, nicht bloß Verkäufer. Erfolgreiche Verkäufer versuchen, längerfristige und gegenseitig vorteilhafte Beziehungen aufzubauen.
6. Der »Tod der Produktlösung« ist eigentlich nur der Höhepunkt der andern Veränderungen. Dabei geht es um das, was die Kunden wirklich kaufen:

Eine geeignete Lösung. Nicht zu verwechseln mit einer schlechten oder nur knapp genügenden Lösung. Eine Lösung, welche das Problem wie versprochen löst.

Berater – das heißt Verkäufer, denen sie vertrauen können.

Besseren Service – der die Erwartungen der Kunden übertrifft.

Kapitel 4

Die Neugestalter des Spiels

Es gibt eine Gruppe von Verkäufern, die sehr kreativ auf die erwähnten Änderungen im Verkauf ansprechen. Sie haben viele dieser Veränderungen vorausgesehen und passende Lösungen entwickelt, um die derzeitigen und künftigen Bedürfnisse ihrer Kunden befriedigen zu können. Wir nennen sie die Neugestalter des Spiels, und sie sind weitgehend für das neue Verkaufsspiel verantwortlich.

Um zu verstehen, wie Neugestalter des Spiels überhaupt dazu kommen, darin »Könige« und nicht einfach »Bauern« zu sein, wollen wir uns einmal anschauen, wie professionelle Verkäufer sich entwickeln.

Der Weg zum Erfolg

Seit vielen Jahren untersuchen wir, wie Verkäufer wachsen und zum Erfolg gelangen. Als erstes haben wir die Erkenntnis gewonnen, daß auch die Kunst des Verkaufens eine Entwicklung darstellt. Im Gegensatz zu dem, was viele Firmen und Verkaufschefs glauben, braucht es Zeit, Erfahrung (auch Fehler) und sehr viel

Lernen, um ein professioneller Verkäufer zu werden, der auf der Erfolgsleiter ganz oben ankommen will. Das klingt nun sehr einfach; es ist aber Tatsache, daß auch heute in vielen Branchen neu eingestellte Verkäufer viel zu schnell an die frische Luft gesetzt werden: Wenn sie überleben, gut, wenn nicht, sollten sie einen anderen Beruf wählen.

Heute, wo die Verkäufer dabei sind, sich vom einfachen Orchestermitglied zum Dirigenten zu entwickeln, kann es damit nicht getan sein. *Dirigenten entwickeln sich.* Die meisten unserer großen Kunden haben dies begriffen, und sie arbeiten an der Entwicklung ihrer Verkäufer; sie organisieren ganze Lehrprogramme, um ihre Leute im Laufe ihrer Karriere nach Möglichkeit zu unterstützen. Dies ist der Weg, welchen alle Branchen und die meisten Firmen einschlagen müssen, um Verkäufer heranzubilden, die auf einem zunehmend komplexen und konkurrenzträchtigen Markt reagieren und Erfolg haben können.

Die drei Wachstumsphasen

So wie das Verkaufen selbst drei Phasen des Wachstums und der Veränderung durchlaufen hat, so machen auch die Verkäufer drei Wachstumsphasen durch. Und in jeder Phase sind ihre Bedürfnisse, Erwartungen und Methoden offenbar verschieden. Wie bereits zuvor wollen wir auch jetzt nur einen kurzen Blick auf die ersten zwei Phasen werfen und uns dann auf Phase III konzentrieren, auf die Neugestalter des Spiels, denn dies sind die Leute, die das Verkaufen neu erfinden.

Die Wegstrecke

Wenn Sie schon eine Weile im Verkauf tätig sind, haben Sie viel von dem, was Sie nun lesen werden, selbst schon erlebt. Unsere Verkaufsmethoden sowie unsere Einstellung zum Verkaufen und zu unseren Kunden ändern sich fortlaufend, während wir uns weiterentwickeln.

Abb. 5

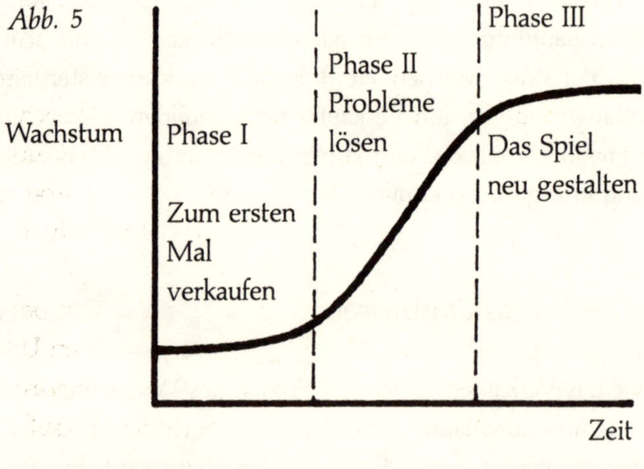

Der Verkäufer in Phase I: Überleben

Verkäufer in Phase I sind von einem elementaren Bedürfnis motiviert: überleben. Dies ist Ihre erste Stelle als Verkäufer oder Ihr erstes Jahr bei einer neuen Firma. Sie wissen nicht, was Sie tun und sagen sollen, ja nicht einmal, worum es beim Verkaufen überhaupt geht. Alles beschäftigt Sie sehr, der nächste Telefonanruf ebenso wie die Frage, ob dies überhaupt der richtige Beruf für Sie ist. Die Phase I ist eine Zeit großer Abhängigkeit. Im Idealfall existiert so eine Art »Nabelschnur« zwischen Ihnen und Ihrem Verkaufschef. Verkäufer in Phase I brauchen Anleitung, vollkommene Sicherheit und sehr viel Unterstützung, bis sie gelernt haben, was Verkaufen überhaupt ist. Sie sind in bezug auf Antworten, Schutz und Instruktionen auf ihren Chef angewiesen.

Denken Sie an Ihr erstes Jahr im Verkauf zurück. Wenn es Ihnen ungefähr gleich ging wie mir, wollten auch Sie, daß man Ihnen erklärt, was Sie einem Kunden sagen sollten. Sie konzentrierten sich auf das, was sich in Ihrem Innern abspielte, und Sie hatten Angst, Sie würden vor einem Kunden etwas Falsches tun oder sagen. Bei jedem Telefongespräch ging es um Leben oder Tod. Es ging Ihnen nicht in erster Linie darum, die Bedürfnisse Ihrer Kunden zu befriedigen. In der Regel waren Sie so froh, diese ersten Präsentationen überlebt zu haben, daß Sie nicht einmal darauf achteten, wie der Kunde darauf reagierte.

Sie wußten, daß Sie zwei Wochen oder einen Monat oder ein halbes Jahr Zeit hatten, um es zu schaffen, um auf Ihren Umsatz zu kommen oder wenigstens keinen Unkostenfaktor darzustellen. Unter solchen Bedingungen ist es sehr schwierig, sich auf etwas anderes als auf das Überleben zu konzentrieren.

Don Walker ist einer unserer erfahrensten Mitarbeiter an der Wilson Learning Corporation, und was er als Verkäufer in Phase I erlebt hat, haben viele von uns wohl genauso mitgemacht:

Ich trat meine Stelle als Verkäufer bei Proctor & Gamble im Jahr 1965 an. Zwecks meiner Schulung traf ich mich im »Holiday Inn« in Baltimore mit einem erfahrenen Verkäufer – er war immerhin schon seit zwei Jahren im Geschäft –, und er führte mich eine Woche lang ein. Am einen Tag führte er ein Verkaufsgespräch, am andern Tag war die Reihe an mir. Nach einer Woche fuhr er nach Hause, und ich sah und hörte nie wieder etwas von ihm: Das war meine erste Verkaufsschulung.

Diese erste Phase war hart; ich hatte viel Angst und überhaupt kein Selbstvertrauen; ich war jener sprichwörtliche Verkäufer, der am Morgen am liebsten gar nicht erst aufgestanden wäre. Aber es hieß: hinausgehen und überleben. Tu, was du kannst – und wir sehen dann, was rauskommt.

Mein eigenes erstes Jahr als Versicherungsvertreter war ebenfalls ein klassisches Beispiel für einen Verkäufer in Phase I. Bei meinen Hausbesuchen ging es mir darum, Kunden zu finden, die zu *meiner* Präsentation paßten. Ich sprach unzählige Male vergeblich vor. Ich versuchte es auf Dutzende von verschiedenen Arten. Ich hatte mein Sprüchlein gelernt – das Problem war nur, daß viele meiner Kunden *ihres* nicht gelernt hatten. Mein Ziel war stets sehr einfach: Ich wollte meine monatliche Quote auf Biegen oder Brechen erreichen und so in diesem Geschäft überleben. Ich konzentrierte mich nach innen. Immer wieder tauchten in mir Fragen auf wie: »Wie wirkt sich das für mich aus?« – »Was geschieht, wenn dieses Geschäft in die Binsen geht?« – »Wie überstehe ich die nächste Woche?«

Irgendwann einmal dämmerte mir dann, daß es einen besseren Weg geben mußte. Dies klingt jetzt sehr einfach, aber damals kam dies für einen 24jährigen Versicherungsagenten, der sich nach der Decke strecken mußte, einer wahren Offenbarung gleich. Als neuem Mitarbeiter hatte man mir genau erklärt, was ich tun und sagen sollte, und es hieß, wenn ich *nie* davon abweiche, könne der

Erfolg nicht ausbleiben. Nach ein paar Monaten traf mich dann aber die Erkenntnis wie ein Blitz: Jedermann wich davon ab; niemand, der Erfolg hatte, machte von den auswendig gelernten und von der Firma abgesegneten Sprüchen Gebrauch. Zwar hatten alle so angefangen, aber der Erfolg kam erst, als sie auf ihre *eigene Art* zu arbeiten begannen. Es war der einzige Weg zum Erfolg.

Also machte auch ich mich daran herauszufinden, was da eigentlich vor sich ging, und mir wurde klar, daß ich alles auf die verkehrte Weise anpackte. Anstatt potentielle Kunden zu suchen, die zu meiner Präsentation paßten, mußte ich meine Präsentation meinen potentiellen Kunden anpassen. Ein einfacher Gedanke, aber er läutete eine neue Ära in meinem Leben als Verkäufer ein. Und vor allen Dingen änderte sich meine Einstellung: Ich begann daran zu glauben, daß ich es schaffen würde. Und das machte den ganzen Unterschied aus.

Eine neue Brille

Wenn man einmal von der Überzeugung abrückt, daß an jeder Ecke ein Mißerfolg lauert, und weiß, daß man Erfolg haben und es schaffen wird, sieht man die Dinge anders. Und wenn man alles anders sieht, handelt und denkt man anders. Es ist, als ob man eine neue Brille hätte. Wenn man einmal bemerkt hat, wie groß der Unterschied zu vorher ist, setzt man die alte nie mehr auf die Nase.

Denken Sie an die Zeit zurück, in der Sie allmählich merkten, daß der Erfolg Ihnen sicher war. Wie dies alles veränderte. Es veränderte die Beziehung zu Ihrer Arbeit, zu Ihren Kunden, zu Ihrem Chef und vor allem zu Ihnen selbst. Dieses Gefühl, daß »die

Dinge anders sind«, ist ein wichtiges Element beim Phasenwechsel, und wir erleben es noch wesentlich deutlicher beim Übergang von Phase II zu Phase III.

Der Verkäufer in Phase I

Auf das Überleben bedacht.
Nach innen konzentriert. (Wie wirkt sich das auf mich aus? Werde ich es schaffen?)
Will, daß man ihm erklärt, was er tun und sagen soll – sehr stark von seinem Chef abhängig.
Sieht die Kunden als Gegner an, das Verkaufen als Konkurrenz.
Arbeitet hart an einem Verkaufsgespräch.

Der Verkäufer in Phase II: Probleme lösen

Der Verkäufer in Phase II hat viel gemeinsam mit Unternehmen in Phase II: Er hat ein Erfolgsrezept entdeckt, verfeinert und wendet es nun immer wieder an; er hat seinen Weg gefunden und erreicht nun seine Umsatzquoten oder übertrifft sie sogar. Nachdem es zuvor offenbar monatelang nur ganz knapp gereicht hat, wird ihm plötzlich bewußt, daß er in seinem Geschäft zurechtkommt, daß er sich darin wohl fühlt, daß es berechenbar wird. Verkäufer in Phase II kennen alle Regeln, das ganze System in- und auswendig.

Je mehr Erfahrung er bekommt, desto unabhängiger wird er. Er verläßt sich mehr und mehr auf sein Gespür für den Markt und auf sein eigenes Urteil. Er kann seine Präsentation mühelos anpassen, um die Bedürfnisse seiner Kunden zu befriedigen. Er beherrscht den Verkauf im Gespräch von Angesicht zu Angesicht.

Der Verkäufer in Phase II löst Probleme. Stellen Sie ihn vor ein Problem, das zu seinem Instrumentarium von Lösungen paßt, und er hat alle Antworten, die Präsentation, seine »schwarze Kiste« und den Vertrag schon bereit.

Der Verkäufer in Phase II ist stark taktisch orientiert. Er kennt sich in den Regeln, in den Produktespezifikationen und im Preiskampf bestens aus.

Wenn der Verkäufer in Phase II Erfolg hat, erlebt er auch Bestätigung. Sein Selbstwertgefühl ist nun gut. Erfolgreiche Verkäufer werden auch gut bezahlt – und das ist nur recht und billig. Wenn die Firmenleitung klug ist, hebt sie erfolgreiche Verkäufer sozusagen als Helden der Firma auf ein Podest. Man bittet sie um Rat, um Mithilfe bei der Schulung und Betreuung neuer Verkäufer. Sie steigen auf. Die Verkäufer in Phase II setzen heute den Maßstab. Die meisten der erfolgreichen Verkäufer lösen Probleme, und sie verstehen eine ganze Menge davon. Sie sind die Fachleute in diesem Spiel.

Aber leider ändert sich das Spiel.

Der Verkäufer in Phase II

Erfolgreich.
Löst Probleme.
Ist ein guter Verkaufstaktiker.
Kennt sein Produkt durch und durch.
Unabhängig.
Beherrscht das Verkaufen an Kunden, bei denen er mehrfach vorsprechen muß.

Eine kurze Geschichte und ein Modell sollen zeigen, was erfolgreichen Verkäufern oft als nächstes passiert und den Beginn des Übergangs zu Phase III darstellt. Vor ein paar Jahren produzierten wir an der Wilson Learning Corporation für die Versicherungsbranche einen Film mit dem Titel »Zehn wie ich«. Dabei interviewten wir zehn der besten Versicherungsagenten im ganzen Land. Es handelte sich um Leute, die seit zwei Jahren in der Branche tätig und schon ganz groß im Geschäft waren. Nach den Aufnahmen lud ich sie alle zum Nachtessen ein. Wir unterhielten uns ungefähr eine Stunde lang sehr angeregt und diskutierten auch ganz allgemein über ihr Geschäft. Dann stellte ich unvermittelt die Frage in den Raum: »Wie fühlen Sie sich eigentlich?« Alle versicherten, sie fühlten sich großartig. Dann hakte ich nach: »Nun ehrlich – wie fühlen Sie sich?« Schweigen. Und dann brachen die Schleusen. Es ging ihnen fürchterlich. Alle verspürten einen enormen Erfolgsdruck, ja beinahe den Zwang, in diesem Jahr noch besser zu sein als im Vorjahr. (Und ich merkte deutlich, daß einige von ihnen dachten, anstatt hier zu sitzen und zu plaudern, wäre es wohl besser, wenn sie noch ein paar Kunden anriefen!) Sie standen unter dem Eindruck, das Rennen zu verlieren – je schneller sie liefen, desto schneller lief auch der Hase vorneweg. In einem stimmten sie alle überein: Sie würden wohl noch mehr arbeiten müssen, um wenigstens keine Rückschläge zu erleiden. Keine sehr vielversprechenden Aussichten!

Sie spielten in diesem »Nie genug«-Spiel mit, dessen Regel sehr einfach ist: Egal, wie viele Auszeichnungen und Trophäen ich auch bekomme, es ist nie genug. Ich fühle mich nicht befriedigt, ich komme mir nicht so vor, als ob mein Leben und meine Arbeit irgendeine Bedeutung hätten. Das »Nie genug«-Spiel kann niemand gewinnen. Und dennoch ist es das meistgespielte Spiel im heutigen Geschäftsleben.

Jenseits von Erfolg

Nun das Modell. Ungefähr in der gleichen Zeit, in der jenes Abendessen stattfand, sprach ich an einer Versammlung der Internationalen Organisation Junger Direktoren (International Young Presidents Organisation) in Wien. Rund zwanzig Redner stellten sich den ungefähr tausend Mitgliedern dieses exklusiven Clubs. Erst an Ort und Stelle entdeckte ich, daß da auch eine Persönlichkeit mit von der Partie war, die in meinem Leben eine sehr wichtige Rolle gespielt hatte: Dr. Victor Frankl. Er ist der Autor des wirklich hervorragenden Buches *Der Mensch auf der Suche nach Sinn* (Herderbücherei), in dem er seine Erfahrungen als Gefangener in Konzentrationslagern der Nazis schildert. Dieses Buch hatte zu Beginn meiner Karriere eine echte Wende ausgelöst. Ich freute mich sehr, Dr. Frankl nun auch persönlich kennenzulernen. Damals war er sechsundsiebzig Jahre »jung« und hatte eben begonnen, Flugunterricht zu nehmen. Er war einer jener Menschen, die das Konzept »Was kann ich tun, und was kann ich nicht tun« stets in Frage stellen.

Was er damals in Wien sagte, trägt zur Erklärung des »Nie genug«-Spiels bei, an dem sich unsere zehn Versicherungsagenten beteiligten, und es zeigt auch, was in vielen äußerst erfolgreichen Menschen vor sich geht, wenn sie zwischen einem scheinbaren Erfolg und einem zunehmenden Gefühl der Frustration hin und her gerissen sind.

Dr. Frankl zeichnete eine Linie, die er die Mißerfolg-Erfolg-Linie nannte:

Mißerfolg ——————— Erfolg

Er erzählte uns, wie viel Befriedigung und Erfüllung wir erführen, hänge davon ab, wie wir uns auf dieser Linie bewegten. Die meisten von uns streben danach, auf der rechten Seite dieses Kontinuums zu bleiben, auf der Erfolgsseite. Wenn wir endlich dort anlangen oder schon eine Weile dort gewesen sind, erwarten wir ein Gefühl tiefster Erfüllung. Dann haben wir jenen Erfolg erzielt, den unsere Eltern für uns erhofft und von dem wir geträumt haben. Wir erwarten, daß Manna aus dem Himmel auf uns herabströme, weil wir es geschafft haben!

Aber das geschieht natürlich nie. Wir erleben nur selten die Gefühle, die wir uns von unserem Erfolg erwartet haben. Selbst wenn alles, was König Midas nur anrührte, zu Gold wurde – glücklich war er trotzdem nicht!

Statt dessen fühlen wir uns oft frustriert, oder wir geben uns wie unsere zehn Versicherungsagenten noch mehr Mühe, als ob diese Dimension – das »Nie genug«-Spiel des Erfolgs – das einzige Spiel wäre, das wir spielen dürften.

Aber Frankl sah für uns einen viel weiteren Rahmen und ein höheres Potential. Er sagte, wir lebten nicht nur in einem Kontinuum Mißerfolg–Erfolg. Obwohl es wichtig sei, Erfolg zu haben, sei dies nur ein Teil des menschlichen Wesens. Dann zog er eine zweite Linie senkrecht zur ersten und nannte sie die Erfüllung-Verzweiflung-Linie.

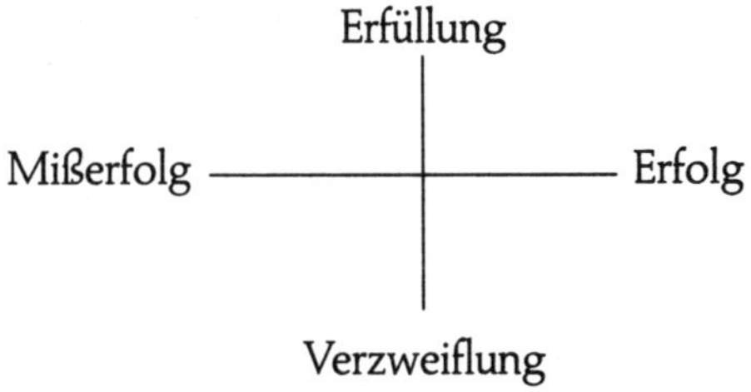

Frankl meinte, wenn wir alle miteinander darüber sprächen, wären wir uns wohl alle darüber einig, daß es im Leben um Erfolg und Erfüllung gehe, also um das Feld oben rechts.

Im weiteren führte er aus, wir alle würden wohl Leute kennen, die zwar erfolgreich, aber dennoch verzweifelt seien. Und jedermann im Saal verstand die Bedeutung dieses Feldes unten links, des Feldes von Mißerfolg und Verzweiflung. Aber die Young Presidents – durchaus äußerst motivierte, erfolgreiche Menschen – taten sich schwer mit der Vorstellung, daß jemand ein Versager sein und dennoch Erfüllung finden könnte. Aus diesem Grund las Frankl drei Briefe von drei verschiedenen Leuten vor, die nur eines gemeinsam hatten: Sie waren im Gefängnis, in der Todeszelle. Und diese Tatsache bedeutete klar eine Position auf der linken Seite der Mißerfolg-Erfolg-Linie. Aber jeder dieser drei Briefe war das Zeugnis eines Menschen, der unter sehr schwierigen Umständen eine reiche Quelle der Erfüllung im Leben gefunden hat. Ich vermute, daß viele der Clubmitglieder im Saal viel Zeit auf unserer Erde geopfert hätten, um jenes Maß an Erfüllung zu finden, das aus diesen Briefen sprach.

Frankl half uns zu begreifen, daß Erfolg und Erfüllung voneinander unabhängig sind. Erfolgreiche Menschen müssen vollkommen neue Dimensionen in ihr Leben einbringen, um als Menschen weiterwachsen zu können.

Dieser Vortrag von Dr. Victor Frankl beeindruckte mich so tief, daß wir das Firmenziel der Wilson Learning Corporation neu formulierten beziehungsweise ergänzten. Zu »Leuten und Unternehmen helfen, so viel zu werden, wie sie nur können« kamen die Worte »Leistung mit Erfüllung« hinzu. Wir wollten einzelnen Menschen – unmittelbar oder durch entsprechende Unterstützung ihrer Firma – helfen, im Feld oben rechts leben zu können.

Der Schlüssel zu Phase III: Die Suche nach Erfüllung

Die Erfüllung, von der Dr. Frankl sprach, entpuppte sich als Schlüssel für Verkäufer in Phase III. Wenn wir sie befragten, war es klar, daß sie sehr erfolgreich waren; aber da war noch etwas anderes, etwas, was man nicht greifen, messen oder auf Video aufnehmen konnte. Aber wenn man mit ihnen sprach, wußte man, daß sie offenbar ein ganz anderes Spiel spielten als die anderen. Spitzenleistung war nur ein Element, um das es ging. Wenn wir ein wenig weiterforschten, wenn wir auf Dinge zu sprechen kamen, die nicht nur mit Verkauf zu tun hatten, entdeckten wir das fehlende Element: ein hohes Maß an Erfüllung. Verkäufer in Phase III streben danach, im Feld oben rechts zu leben. Die Erfüllung – das, was sie sind – ist ebenso wichtig wie das, was sie tun.

Die neun Punkte

Um Sie ein bißchen spüren zu lassen, was für eine Veränderung diese starke Kombination bewirken kann, möchte ich Ihnen eine alte, aber immer noch aktuelle Denkaufgabe stellen. Wir benützen sie seit zwanzig Jahren an der Wilson Learning Corporation, um die Leute zu kreativem, innovativem Denken anzuregen.

Abb. 6a

Die Aufgabe lautet, alle neun Punkte mit vier geraden Linien zu verbinden – wobei Sie aber den Bleistift nur ein einziges Mal ansetzen dürfen. Versuchen Sie es einmal auf einem Bogen Papier.

Es gibt zwei Möglichkeiten, das Problem anzupacken. Die eine ist, alle möglichen Kombinationen innerhalb der neun Punkte auszuprobieren. Dies ist die konventionelle Methode. Sie gleicht der Lösung, an die auch unsere zehn Versicherungsagenten dachten: »Noch ein bißchen mehr arbeiten und mehr Geld verdienen, dann werde ich mich so fühlen, wie ich gerne möchte.« Aber alle Versuche, das Rätsel auf diese Weise, innerhalb der neun Punkte, zu lösen, schlagen fehl.

Die Lösung besteht darin, aus den neun Punkten herauszugehen, das Feld zu erweitern. Die Lösung finden Sie auf Seite 114.

Abb. 6b

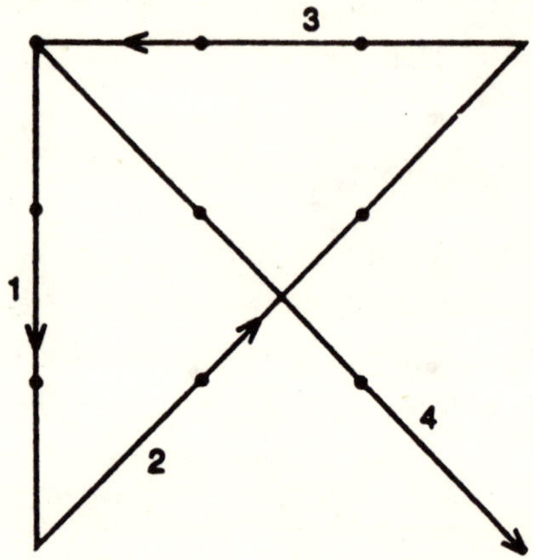

Das Spiel ändern: Aus den neun Punkten herausgehen

Dies ist die Metapher für die Art von Veränderung, welche Verkäufer dazu bewegt, zu Phase III aufzubrechen. Erfolgreiche Verkäufer kommen zum Schluß, Arbeit habe nicht nur mit dem Kontinuum Mißerfolg–Erfolg zu tun. Sie kommen zur Einsicht, daß sie hier sind, um Dinge zu tun, die von Bedeutung sind, Dinge, die nicht nur mit Erfolg zu tun haben. Und diese Einsicht bewirkt im Leben vieler Menschen eine Wende.

Sie bedeutet, das »Nie genug«-Spiel aufzugeben, alle Regeln fahren zu lassen, die da vorschreiben, was Sie tun beziehungsweise nicht tun können. Anstatt nur mehr den Regeln zu folgen, legen Sie jetzt in Ihrem Leben und in Ihrer Arbeit die Regeln fest. Das macht den Unterschied aus, ob Sie in diesem Spiel »König« oder »Bauer« sind. Wenn Sie Ihre Denkweise einmal geändert haben und die Erfüllung erleben, die ein Neugestalter des Spiels im Gegensatz zu einem einfachen Mitspieler erlebt, können Sie Dinge nie mehr auf die Art erledigen, wie Sie sie früher erledigt haben.

Außerhalb der neun Punkte verkaufen

Wie diese Art Veränderung das Verkaufen beeinflußt, damit wird sich Teil II dieses Buches befassen. Wir wollen hier nur ein paar Punkte vorwegnehmen, die wirklich den Unterschied zwischen Verkäufern in Phase II und Verkäufern in Phase III ausmachen.

Weshalb sie arbeiten

Die erste Veränderung betrifft das Innere des Spiels, den Grund, *weshalb* Verkäufer in Phase III überhaupt arbeiten. Obwohl Geld und Erfolg wichtig sind, bildet Geld nicht die Motivation von Verkäufern in Phase III.

Ann Spinazzola von der NorthWestern Mutual erzählt Ihnen, daß sie Geld vielleicht braucht, um den Punktestand zu ermitteln, aber es ist nicht der Grund, weshalb sie arbeitet:

Ich glaube, wenn Leute nur hinter dem Geld her sind, klappt das nie. Gut, sie scheffeln am Anfang einen Haufen Geld, aber so richtig glücklich werden sie nie sein. Oder erfolgreich. Das ist ein Grundsatz, der eigentlich aus der Bibel hervorgeht. Wenn Sie um Ihrer selbst willen, aus Egoismus oder des Reichtums und der Macht wegen hinter dem Geld her sind, wird es damit nie klappen.

Verkäufer in Phase III arbeiten, um sich Ausdruck zu verleihen, nicht um zu beweisen, wer sie sind.

Wegen dieser Veränderung geht es in Phase III weitgehend um Qualität. Wenn Sie sich jedoch morgen fragen: »Wie kann ich am besten ausdrücken, was ich bin?« statt »Wie kann ich dieses Geschäft abschließen?«, werden die Antworten, die Sie finden, viel mehr Tiefgang haben. Sie werden sehen, es tauchen immer wieder Begriffe wie Integrität, Ehrlichkeit, Anstrengung, Mut und Verantwortlichkeit auf.

Mike Wilhem, seines Zeichens Verkaufschef bei Cray Research, sagt über Verkäufer in Phase III folgendes:

Die Integrität der Verkäufer in Phase III ist für sie von größter Bedeutung. Sie würden nie etwas zu ihrem eigenen Vorteil ausnützen. Sie stecken lieber etwas ein, weil Glaubwürdigkeit so sehr zu ihnen gehört. Nicht nur als Verkäufer, sondern als Menschen. Sie sind mit sich selbst zufrieden, sie machen sich keine Sorgen um Rückschläge. Sie haben ihren Beruf im Griff, sie spielen ihre Rollen vollkommen entspannt.

Versager gibt es nicht

Die nächste wichtige Änderung ist, daß die Neugestalter des Spiels nicht an Versager glauben. Es ist beinahe so, als ob sie nicht auf der Mißerfolg-Erfolg-Linie existierten. Sie sehen ihre Arbeit – und ihr Leben – als eine Serie von Lernschritten. Sie benützen das

Wort »Versager« kaum je. Wenn sie sich keine Sorgen ums Versagen machen müssen und sich nicht von der Angst davor behindern lassen, können sie neue Dinge ausprobieren, experimentieren und die Definitionen ihrer Arbeit viel großzügiger auslegen.

Nach außen konzentrieren

Verkäufer in Phase III konzentrieren sich auf dem Höhepunkt ihres Schaffens vollkommen nach außen. Sie sehen den Zweck des Verkaufens im Dienst am Kunden. Sie essen, schlafen, leben und bestätigen diesen Zweck tagtäglich neu. Sie sind fast immer auf der Seite ihrer Kunden, ahnen ihre Bedürfnisse voraus, sorgen dafür, daß ihre Kunden bekommen, was sie wollen. Es ist eine sehr machtvolle Position.

Kreativ

Neugestalter des Spiels betrachten Verkaufen als kreative Erfahrung. Sie sehen sich selbst als kreative Menschen. Sie wollen nicht immer und immer wieder das gleiche tun. Sie wollen schaffen, neuern, ständig das Spiel ändern – Spuren hinterlassen. Ob bei der Entwicklung eines neuen Produktes, einer neuen Kombination von Dienstleistungen oder neuer Beziehungen zu Kunden, sie wollen stets außerhalb der neun Punkte bleiben.

Strategisch denken

Verkäufer in Phase III spielen auf einer strategischen Ebene. Sie halten nach den ganz großen Gelegenheiten Ausschau. Sie sprechen mit ihren Kunden gern über strategische, langfristige Bedürfnisse. Sie fühlen sich wohl, wenn sie in der Firma ihrer Kunden auf höchster strategischer Ebene verhandeln können.

Insgesamt konzentriere ich mich nicht gern auf den direkten Verkauf. Ich erwarte ihn. Meine Aufgabe ist es, mich mit den strategischen Einzelheiten zu befassen, die mit ins Spiel kommen. Ich kann nicht das ganze derzeitige und künftige Geschäft des Kunden an mich reißen, wenn ich nicht den gesamten Überblick habe. Wenn Sie die gesamte, strategische Position begreifen, kommt der Rest ganz von selbst.

Eric Carlson von Du Pont

Beziehungen

Ein sehr bedeutsamer Unterschied zwischen Verkäufern in Phase III und allen andern liegt darin, wie sie die Beziehung zu ihren Kunden einschätzen. Verkäufer in Phase I sehen in ihren Kunden Gegner. Verkäufer in Phase II betrachten sie als Geschäftsbekanntschaften. Verkäufer in Phase III aber arbeiten am besten mit Partnern und Freunden. Und solche Beziehungen versuchen sie aufzubauen.

Ich habe einen Kunden, der gleichzeitig ein enger Freund von uns ist. Das erste Geschäft, das ich mit ihm abschloß, war eine befristete Police, um ein Darlehen bei einer Bank zu decken – eine Prämie von vielleicht 400 Dollar. Er schloß diese Police ab und bezog ein neues Gebäude. Eines Tages rief er mich an und sagte: »Du mußt mir helfen, ich brauche eine Hypothek.« Damals hatte ich keine Ahnung von diesem Geschäft, aber schließlich trieb ich jemanden auf, der ihm das geben konnte, was er brauchte. Man wollte mir eine Provision bezahlen, aber schließlich bin ich nicht in diesem Geschäft tätig. Ich habe etwas für meinen Freund getan, und ich glaube, das ist meine Aufgabe.

Larry Mann von Aetna

Mannschaftsspieler und Spielmacher

Die Verkäufer in Phase III, die wir kennengelernt haben, sind Spielmacher. Aber Spielmacher im eigentlichen Sinne – sie sind Mannschaftsspieler. Ihr Ego steht ihnen nicht mehr im Weg; sie wissen, daß ihr Erfolg dem ganzen Team gehört. Und sie arbeiten hart für ihr Team.

Die neuen Spieler

Dies sind die wichtigsten Eigenschaften von Verkäufern in Phase III, wie sie ihre Arbeit und ihre Kunden sehen. Es ist klar, daß sie ein Spiel spielen, das sich von althergebrachter Weisheit unterscheidet. Indem sie über diese althergebrachte Weisheit hinausgehen, die neun Punkte verlassen, können Verkäufer in Phase III dank Planung, Glück, Zufall oder Berechnung erahnen, wohin ihre Kunden gehen, und sie haben dementsprechende innovative Lösungen vorbereitet und das Spiel geändert.

Das Spiel, dem sich Verkäufer in Phase III zuwenden, ist das neue Verkaufsspiel.

Zusammenfassung

Verkäufer machen drei Phasen durch. Genauso wie Unternehmen haben sie anscheinend in jeder Phase andere Bedürfnisse, Erwartungen und Arbeitsmethoden.

Der Verkäufer in Phase I

Auf das Überleben bedacht.
Nach innen konzentriert. (Wie wirkt sich das auf mich aus? Werde ich es schaffen?)
Will, daß man ihm erklärt, was er tun und sagen soll – sehr stark von seinem Chef abhängig.
Sieht die Kunden als Gegner an, das Verkaufen als Konkurrenz.
Arbeitet hart an einem Verkaufsgespräch.

Der Verkäufer in Phase II

Erfolgreich.
Löst Probleme.
Ist ein guter Verkaufstaktiker.
Kennt sein Produkt durch und durch.
Unabhängig.
Beherrscht das Verkaufen an Kunden, bei denen er mehrfach vorsprechen muß.

In Phase III geht es um Höchstleistungen *und* um ein Höchstmaß an Erfüllung.

Indem sie Erfolg und Erfüllung in ihr Leben integrieren, ändern Verkäufer ihre Denk- und Verkaufsweise in Phase III.

Der Verkäufer in Phase III

Arbeitet nicht nur um des Erfolges, sondern auch um der Erfüllung willen.
Glaubt nicht an Versager.
Konzentriert sich nach außen.
Ist kreativ.
Denkt strategisch.
Baut dauerhafte Beziehungen zu seinen Kunden auf.
Ist Mannschaftsspieler und Spielführer.

Teil II

Das neue Verkaufsspiel gewinnen

Wegweiser

Lassen Sie uns einen Augenblick innehalten und die drei Hauptthemen des ersten Teils dieser Reise miteinander verbinden, bevor wir weitergehen.

Kunden auf dem Weg zu Phase III

Die meisten unserer Kunden – Unternehmen und Märkte – nähern sich der Phase III. Das bedeutet, daß mehr Kunden »hellwach durch die Welt gehen«, auf Innovation und Qualität aus sind und mehr Autorität auf untere Stufen der Hierarchie übertragen.

Die neuen Verkaufsregeln

Der Übergang zu Phase III ändert die Art, in der wir diesen Kunden etwas verkaufen können, wie folgt:

Längere Verkaufszyklen.
Mehr Leute sind an den Entscheidungen beteiligt.

Mehr unvorhersehbare Ereignisse.
Entmassifizierung (zunehmende Nachfrage nach maßgeschneiderten Produkten oder Dienstleistungen).
Die Kunden kaufen keine »Produktlösungen« mehr.

Die Neugestalter des Spiels

Es gibt jetzt Verkäufer in Phase III, die das Spiel ändern. Sie lassen das alte Verkaufsspiel sein und erfinden ein neues, um die Bedürfnisse der Kunden in Phase III, aber auch ihr eigenes Bedürfnis nach Erfüllung befriedigen zu können.

Denken in Phase III: Die Strategischen Überlegungen

Im vorangehenden Kapitel habe ich angedeutet, daß die Verkäufer in Phase III sich in ihrem Denken von den anderen unterscheiden. In Teil II wollen wir uns mit sieben spezifischen Überlegungen befassen, mit den sogenannten *Strategischen Überlegungen.* Einige dieser Strategischen Überlegungen sind allen Verkäufern in Phase III gemeinsam, andere wiederum nur einigen wenigen. Aber alle sieben Strategischen Überlegungen gehen über die neun Punkte hinaus, das heißt über die Art, wie wir von unserer Arbeit, von unseren Kunden und von uns selbst denken.

Die ersten beiden Strategischen Überlegungen (StÜ) beziehen sich auf das Spiel in unserem Inneren:

StÜ Nr. 1: Sie können nicht versagen.
StÜ Nr. 2: Zielbewußt verkaufen: Helfen Sie Ihren Kunden, das zu bekommen, was sie wollen.

Die dritte bezieht sich auf den kreativen Teil des Verkaufens:

StÜ Nr. 3: Die Zukunft gestalten.

Und schließlich werden wir innovative und originelle Denkweisen rund um den Verkauf kennenlernen:

StÜ Nr. 4: Partnerschaften schließen.
StÜ Nr. 5: Das Team anführen.
StÜ Nr. 6: Mehr bieten.
StÜ Nr. 7: Alle Mittel einsetzen.

Neun Neugestalter dieses Spiels

Bevor wir uns den Strategischen Überlegungen zuwenden, möchte ich Ihnen ganz offiziell neun Verkäufer – neun Neugestalter des Spiels – vorstellen, die uns bei unseren Strategischen Überlegungen begleiten werden. Die vier Frauen und fünf Männer kommen aus den verschiedensten Branchen, in denen sie seit fünf bis zwanzig Jahren tätig sind.

Was sie gemeinsam haben, ist der Erfolg, aber auch die Art, wie sie von ihren Kunden, vom Verkaufen und von sich selbst denken. Sie helfen uns, die Unterschiede im Denken zu veranschaulichen, welche eben das »Markenzeichen« der Verkäufer in Phase III sind.

Larry Mann, Aetna Life and Casualty, Los Angeles, Kalifornien.
Larry ist seit sieben Jahren der erfolgreichste Agent dieser Lebens- und Unfallversicherungsgesellschaft und seit fünfundzwanzig Jahren Mitglied des Aetna Leader's Club, in dem das Unternehmen jährlich die zweihundert besten Außendienstmitarbeiter auszeichnet.

Diane Flis, Tamaroff Buick, Detroit, Michigan.
Diane gehört seit 1979 zu den Buick Sales Masters. Sie ist eine der erfolgreichsten Autoverkäufer in den USA und erreicht fast regelmäßig einen Umsatz, der 250 Prozent über dem Durchschnitt liegt. Diane verkauft im Durchschnitt ein Auto pro Tag.

Charles Breckenridge, Cray Research, Pleasanton, Kalifornien.
Chuck Breckenridge ist seit über fünfundzwanzig Jahren als Ingenieur und Verkäufer in der Computerbranche tätig. Er hat mehr Supercomputer verkauft als irgend jemand sonst auf der Welt. Bei sechs der sieben amerikanischen Supercomputern, die in letzter Zeit hergestellt worden sind, hat Chuck beim Verkauf oder bei der Einrichtung des ersten Gerätes seine Hand im Spiel gehabt. Seine gesamtes Verkaufsvolumen liegt bei über 400 Mio. Dollar, und wenn andere Verkäufer in dieser Branche durchschnittlich alle eineinhalb Jahre einen Abschluß erreichen, schafft Chuck pro Jahr deren drei.

Alan Braslow, Five Technologies, Woodcliff, New Jersey.
Five Technologies ist einer der Marktleader im Bereich Personal- und Betriebssysteme. Alans Umsatz beläuft sich auf über 2 Mio. Dollar im Jahr – in einer Branche, in welcher schon ein Umsatz von 500000 Dollar als Erfolg gilt.

Eric Carlson, Du Pont Automotive Development Center, Troy, Michigan.
Eric ist seit dreizehn Jahren bei Du Pont, neun davon im Verkauf von Polymerprodukten an Zulieferanten der Autoindustrie. Er gehört in diesem harten Geschäft zu den erfolgreichsten Verkäufern von Du Pont. In seinem ersten Gebiet steigerte er seinen Umsatz von 2 Mio. Dollar im Jahr 1976 auf 5 Mio. Dollar im Jahr 1980 und schließlich auf 10 Mio. Dollar im Jahr 1984 – und dies in einer Zeit, in der die amerikanische Autoindustrie schwer zu kämpfen hatte. Wie dies für einen Verkäufer in Phase III typisch ist, plante Eric eine Strategie, welche Du Ponts Marktanteil innerhalb von nur drei Jahren von 10 auf 70 Prozent zu steigern vermochte.

Kathy Monthei, Delta Dental Plan of California, Oakland, Kalifornien.
Kathy ist die Spitzenverkäuferin. Die Erfolgsquote in ihrer Branche liegt bei 1 Mio. Dollar pro Jahr. In ihren ersten sieben Jahren hat sie für 12 Mio. Dollar Geschäfte abgeschlossen. Außerdem hat keine der Firmen, die Kathys Kunden waren, jemals ihre Treue zu Delta Dental Plan aufgekündigt.

Ann Spinazzola, NorthWestern Mutual Life, Dallas, Texas.
Ann und ihr Mann führen ihre eigene Agentur in Dallas. Ann gab ihren Beruf als Mittelschullehrerin auf und begann Lebensversicherungen zu verkaufen. Heute ist sie die beste Agentin der NorthWestern Mutual. In ihrem siebten Jahr schloß sie Lebens- und Invaliditätsversicherungen im Wert von 40 Mio. Dollar ab.

Eileen Tertocha, Skipper Morrison Realtors, Atlanta, Georgia.
Zehnmal hintereinander war Eileen »Verkäuferin des Jahres« dieser Im-

mobilienfirma. Sie erzielt jährlich einen Umsatz von über 9 Mio. Dollar.

Don Walker, Wilson Learning Corporation, Columbia, Maryland. *Beinahe in den ganzen acht Jahren bei der Wilson Learning Corporation betreute Don nur einen Bereich, und er entwickelte ihn von einem einzigen Schulungsseminar 1977 auf einen Umsatz von 2,5 Mio. Dollar 1986. In den Jahren 1984 bis 1986 kam er pro Jahr auf über 1 Mio. Dollar.*

Obgleich auch noch andere Leute zu Wort kommen werden – Verkäufer, Verkaufschefs usw. –, werden diese neun unsere wichtigsten Begleiter sein auf dem Weg durch diese Überlegungen, welche die Phase III prägen und das Verkaufsspiel ändern.

Kapitel 5

Strategische Überlegung Nr. 1: Sie können nicht versagen

Diese Strategische Überlegung ist die Grundlage, die sich die meisten Neugestalter des Spiels angeeignet haben; sie hilft ihnen, weiterzuwachsen und zu lernen, wenn das Geschäft des Verkaufens immer komplexer, anspruchsvoller und härter wird. Neugestalter des Spiels haben persönliche Strategien entwickelt, die ihnen über die Hindernisse hinweghelfen, an denen andere hängenbleiben würden, und die ihnen zu Erfolg und Erfüllung verhelfen, wenn andere sich verzweifelt die Haare raufen.

Diese Strategische Überlegung dreht sich um Mut, Angst und Versagen. Genauer ausgedrückt, dieses Kapitel befaßt sich mit dem Einprogrammieren eines einzigen Gedankens: »Ich kann nicht versagen.« Diese Änderung im Denken kann alles verändern.

Ich glaube, es ist wirklich wichtig, daß die Leute verstehen, was Versagen bedeutet und was es ist. Sie können entweder sagen: »Ich habe versagt und tauge zu nichts«, oder sie können sagen: »Ich habe einen Fehler gemacht. Was kann ich daraus lernen? Wie kann ich das, was ich gelernt habe, anwenden, um den nächsten Schritt zu tun und Erfolg zu haben?« Ich möchte nicht wie ein unverbesserlicher Optimist klingen, weil ich weiß, daß das Leben nicht so ist; und trotzdem, Sie machen Ihr Leben zu dem, was Sie wollen. Wenn Sie durch Versagen zu besseren und größeren Dingen gelangen wollen, gut. Wenn Sie es als Entschuldigung für ständiges Versagen benützen wollen, auch gut. Ich aber bin bewußt zu folgender Überzeugung gelangt: Versagen bedeutet, dem Erfolg einen Schritt nähergekommen zu sein.

Larry Mann, Aetna Life and Casualty

Diese Strategische Überlegung dreht sich um diese Worte: »Ich bin bewußt zur Überzeugung gelangt.« Es sind Worte, die Neugestalter des Spiels benützen, um aus dem Versagerspiel auszuscheiden. Sie entscheiden, welches ihre Überzeugungen sind, und sie beschließen, nicht an ein Versagen zu glauben.

Eine Welt ohne Versagen

Denken Sie an Ihre Teenager-Jahre oder an Ihre ersten paar Monate als Verkäufer zurück. Was haben Sie alles *nicht* getan aus lauter Angst zu versagen, dumm dazustehen oder abgewiesen zu werden? Wen haben Sie damals *nicht* um ein Rendezvous gebeten, was haben Sie *nicht* versucht aus lauter Angst, zu versagen oder abgewiesen zu werden?

Stellen Sie sich nun aber vor, Sie lebten in einer Welt, in der es kein Versagen, ja nicht einmal das Wort »Versagen« gibt. Was würde das für Sie ändern? Was würden Sie tun, wenn es kein Versagen oder, besser gesagt, keine *Angst vor dem Versagen* gäbe? Wenn beides nicht zu Ihrem gedanklichen Wortschatz gehörte? Wenn Sie sich das ein wenig überlegt haben, werden Sie mir wohl zustimmen, daß Ihr Leben – und das Leben sehr vieler anderer

Leute – vollkommen anders aussähe. Die meisten von uns wären viel weiter gekommen. Wir würden unser wahres Potential ausleben, anstatt innerhalb der uns selbst gesetzten Grenzen zu leben.

Versagen und Verkaufen

Das Thema Versagen ist heikel, soweit es Verkäufer angeht. Die Angst, zu versagen, und die Angst, abgewiesen zu werden, sind die größten Schranken, die unseren Weg zu Erfolg und Erfüllung im Verkauf versperren. Seit 1960 halte ich immer wieder Vorträge vor Verkaufschefs, und an der Wilson Learning Corporation schulen wir seit beinahe zwanzig Jahren Verkaufschefs. Aus all diesen Erfahrungen heraus wird klar, daß die Angst vor Versagen und Abweisung die meisten Leute im Verkauf ständig begleitet. Wie Verkäufer damit zurechtkommen, bestimmt weitgehend, wer es schafft und wer nicht. Verkaufschefs benützen andere Begriffe, um die Grenzen zu beschreiben, gegen die sie ihre Leute ankämpfen sehen, aber aus diesen Begriffen sind die folgenden Anzeichen von Angst zu erkennen:

Keine Initiative (so viel Angst, Fehler zu machen, daß sie gar nichts tun).
Angst, um den Auftrag zu bitten.
Angst, in der Firma des Kunden auf höchster Ebene vorzusprechen.
Unfähigkeit, Einwände auszuräumen (Einwände und Widerstände werden persönlich genommen).
Angst, abgewiesen zu werden.

Hindernisse auf dem Weg zu Leistung und Erfüllung

Diese *selbstauferlegten* Ängste hindern viele Verkäufer daran, ihr Bestes zu tun und zu wachsen. Und all diese Hindernisse haben letzten Endes zwei gemeinsame Nenner: Angst, zu versagen, und Angst, abgewiesen zu werden. Dies sind die Mauern – die *imaginären* Mauern –, die uns umgeben.

Aber wenn wir nie Fehler machen, wenn wir nie dumm dastehen und wenn wir nie ein gewisses Risiko eingehen, werden wir auch nie wachsen und werden nie die aufregende Begeisterung erleben, die jenseits dieser Ängste herrscht. Wir halten uns selbst in Schranken.

Die Neugestalter des Spiels und der große Unterschied

Neugestalter leben in der Regel außerhalb dieser Ängste. Die Begriffe »Versagen« und »Grenzen« in bezug auf das, was sie sind und was sie werden könnten, existieren für sie gar nicht. Sie können Fehler machen, sie können Rückschläge erleiden, sie können Situationen falsch einschätzen – aber sie können nicht versagen. Alles, was sie erleben, hilft ihnen zu wachsen, zu dem zu werden, was sie sind. Auf einer gewissen Stufe gilt für sie das Wort des deutschen Philosophen Friedrich Nietzsche: »Was mich nicht umbringt, macht mich stärker.« Versagen, Abweisungen, Rückschläge, Fehler können Sie nicht umbringen, sie können nur dazu beitragen, daß Sie lernen und wachsen. Aber zuerst müssen Sie davon überzeugt sein.

Sie sagen es alle auf ihre Weise, mit andern Worten, aber der

Kern ihrer Aussage ist stets der gleiche: Versagen und Angst vor Versagen existieren nicht.

Sie sollten nie die Fassung verlieren oder sich schlecht fühlen, weil ein Experiment – ein Geschäft – schiefgelaufen ist. Das hat nichts mit Versagen zu tun. Sie haben ein Experiment gemacht, und es hat nicht geklappt. Es ist nicht einmal Versagen, wenn Sie eine ganze Serie von Experimenten durchführen, dazu eine Theorie entwickeln und dann feststellen, daß es zehn Ausnahmen gibt. Das hat nichts mit Versagen zu tun. Wenn Sie nicht mehr experimentieren und verschiedene Dinge ausprobieren – dann versagen Sie, und dann ist Grund dazu, die Fassung zu verlieren.

Wenn mir ein Geschäft entgeht, entgeht mir ein Geschäft. Ich habe eben ein Experiment gemacht. Als Wissenschaftler führte ich seinerzeit hundert Experimente durch, bis es einmal klappte. Ich kenne diese Art von Versagen und habe deshalb keine Angst, wenn ein Experiment – oder ein Geschäft – schiefläuft. Ich habe nur Angst, daß ein Experiment mißlingt, weil ich es nicht genügend durchdacht oder verstanden habe. Das Problem ist also, daß ich verstanden habe, weshalb es schiefgelaufen ist.

Eric Carlson, Du Pont

Ich mache mir keine Sorgen um ein Versagen. Was können die Kunden schon sagen? Sie können höchstens nein sagen. Und wenn sie nein sagen, finden Sie heraus, warum. Nein ist das Schlimmste, was sie sagen können. Ich habe es sogar ganz gern, wenn sie nein sagen. Für mich heißt das nämlich ja. Ich muß nur das Warum hinter dem Nein herausfinden. Dann kann ich ein Ja daraus machen. Das ist eine Herausforderung.

Mir gefällt es, wenn Kunden das Geschäft betreten und sagen:

»Nein, danke, wir schauen uns nur um.« Dann frage ich: »Was suchen Sie denn?« Und schon kaufen sie ein Auto.

Diane Flis, Buick

Meiner Meinung nach wachsen jene Leute am schnellsten und besten, die aus Mißerfolgen Gelegenheiten machen. Mein zweiter Chef bei der Wilson Learning Corporation übte einen großen Einfluß auf mein Leben aus. An ihm ist kein einziger negativer Faden. Oder wenn, dann nur für den Bruchteil einer Sekunde, dann ist er wieder weg. Wenn Ihnen ein Geschäft entgeht, würde er fragen: »Was haben wir falsch gemacht? Was können wir daraus lernen? Wie können wir es beim nächsten Mal besser machen?«

Er nutzte ein verlorenes Geschäft immer zur Frage: »Welche Gelegenheit ergibt sich daraus für uns?« Er verwandelte es zu einer positiven Erfahrung für beide Seiten, für den Kunden und für uns. »Wie können wir es anstellen, daß beide Seiten gewinnen?«

Don Walker, Wilson Learning Corporation

Ich habe gelernt, daß nichts dabei ist, wenn man auch einmal unrecht hat. Nur durch Fehler kann man lernen. Bei solchen Entscheidungen steht nicht Ihr Leben auf dem Spiel. Wenn Sie im Unrecht sind, werden Sie nicht fristlos entlassen, hinausgeführt und auf dem Parkplatz standrechtlich erschossen.

Kathy Monthei, Delta Dental Plan

Was ist das Schlimmste, das beim Verkaufen passieren kann? Ein Kollege sagte einmal zu mir: »Dein Chef kann dich nicht beißen, er kann dich nicht erschießen, er kann nicht deine Familienangehörigen als Geiseln nehmen; er kann dich höchstens feuern. Und dann kannst du selbständig arbeiten oder für einen anderen Arbeitgeber. Wichtig ist nur, daß du daraus deine Lehren ziehst. Es wäre schade, immer und immer wieder die gleichen Fehler zu machen.«

Alan Braslow, Five Technologies

Strategien gegen die Angst

Die Strategie, die wir lehren und die ich anwende, um mit der Angst vor Versagen fertig zu werden, beginnt mit einem Blick nach innen – mit der Abklärung der Frage, woher diese Angst rührt. Und sie beginnt mit einem Gleichnis. Ich hatte schon zwei oder drei Monate lang über Angst nachgedacht und geschrieben, aber ich wußte einfach nicht, was ich sagen sollte. Dann hatte ich eines Nachts einen Traum. Ich wachte um 2 Uhr früh auf und brachte ihn zu Papier. Der Traum war ein Gleichnis zum Thema selbstauferlegte Angst:

Der Prinz und sein Diener

Es war einmal vor langer Zeit, da wurde im Lande des Überflusses ein Prinz geboren. Er war der Liebling der Götter, und so beschlossen sie, er könne alles haben, solange er sie nur auf die schlichte und einfache Weise, die sie ausgesonnen hatten, darum bäte.

Weil er noch so klein war, wollten die Götter sicher sein, daß er von Gefahren verschont blieb, und so gaben sie ihm einen Diener, dessen Name Ego lautete. Egos Aufgabe war es, alles in seiner nicht unbeträchtlichen Macht zu tun und zu verhindern, daß dem Prinzen irgendwie ein Leid zustoße.

Ego nahm seine Aufgabe sehr ernst. Derart ernst, daß er beschloß, der Prinz könne am besten beschützt werden, wenn er davor bewahrt würde, selber Entscheidungen zu treffen. Und Ego beschloß, selbst über alle Dinge zu entscheiden.

Und es währte nicht lange, da war aus Ego dem Diener Ego der Herr geworden.

Und die Menschen im Land des Überflusses trauerten für den Prinzen, weil sie wußten, daß die Götter ihm alles gäben, wenn er nur schlicht und einfach darum bäte.

Aber inzwischen waren Egos schützende Arme für den kleinen Prinzen zu einem Gefängnis geworden. Aber er war noch so klein, daß er einfach glaubte, das müsse so sein.

Da schauten die Götter hernieder und sahen, was da geschah. Und sie waren bitter enttäuscht. Sie beschlossen, dem kleinen Prinzen eine einzige Sekunde der Einsicht zu gewähren. Und er verstand. Er löste sich von Ego dem Herrn und machte ihn wieder zu Ego dem Diener. Und da entdeckte er auch die schlichte und einfache Weise, alles zu bekommen, was er nur haben wollte.

Und er entdeckte, daß es ihm am meisten Freude bereitete, wenn er anderen helfen konnte, die schlichte und einfache Weise kennenzulernen, um alles zu bekommen, was sie haben wollten. Denn er hatte erkannt, daß jeder Mensch als Prinz oder Prinzessin geboren wird.

Genau wie der Prinz haben wir alle unseren Ego, der es für seine Aufgabe hält, uns vor allen wirklichen und unwirklichen Gefahren zu schützen. Aber wir haben auch ein rationaleres, mächtigeres Selbst. Die Macht, über die wir nämlich alle verfügen, ist unsere Fähigkeit der Wahl. Wir können wählen, worauf wir hören wollen. Es ist zum Beispiel unsere Wahl, ob wir unserem Ego glauben wollen, daß ein Versagen dem Weltuntergang gleichkommt. Wir haben aber auch wie Larry Mann die Wahl zu glauben, daß ein Versagen einfach ein Fehler ist – ein *notwendiger* Schritt auf dem gewundenen Pfad zum Wachstum. In den Implikationen und im Potential dieser Wahl steckt sehr viel Macht. Es mag einfach klingen, aber es ist in harten und schwierigen Zeiten nicht immer leicht, diese Wahl zu treffen; dazu braucht es viel Verstand und Übung. Wir müssen zuerst mit unserem Ego fertig werden; wir müssen es verstehen, erkennen und uns schließlich von der Macht lösen, die es über uns ausübt.

Die Kraft der Überzeugung

Unsere Überzeugungen und Annahmen bestimmen, wie wir die Welt sehen, wie wir mit Erfolg und Versagen umgehen. Skeptisch? Versuchen Sie es einmal mit der folgenden Übung. Unten sehen Sie einen Satz in großen Lettern. Lesen Sie diesen Satz einmal schnell durch. Lesen Sie ihn dann nochmals, zählen Sie nun aber, wie oft der Buchstabe N darin vorkommt. Nun?

ABGESCHLOSSENE FÄLLE SIND DAS ERGEBNIS VON JAHRELANGEN WISSENSCHAFTLICHEN STUDIEN UND VON JAHRELANGER ERFAHRUNG.

Am Wörtchen »von« liegt es

Es sind 13 N. Die meisten Leute kommen aber nur auf 11. Und dies ist ein Beispiel dafür, wie Überzeugungen, *von denen wir nicht einmal wissen, daß wir sie haben,* unser Sehen und unsere Reaktion beeinflussen können. Zählen Sie noch einmal nach, genau diesmal. Es sind 2 »von«, insgesamt also 13 N. Stimmt's?

Warum Sie die N im Wörtchen »von« nicht mitgezählt haben,

lag darin, daß Sie unbewußt einfach beschlossen haben, dieses Wörtchen zu übersehen, weil es so unwichtig ist. Sie haben eine Überzeugung angenommen, deren Sie sich vollkommen unbewußt waren, als Sie den Satz zum ersten Mal lasen. Sie haben entschieden, was Sie sehen wollten, und diese Entscheidung beeinträchtigte dann Ihre Fähigkeit, das zu sehen, was wirklich da war. *Glauben ist Sehen.*

Das Problem ist nun, daß wir auch beim Verkaufen genau gleich vorgehen. Entscheide ich mich zum Beispiel dazu, meinem Ego zu glauben, daß meine Kunden grundsätzlich meine Feinde sind, die unter allen Umständen das beste Geschäft zu meinem Nachteil abschließen wollen, werde ich stets von diesem feindseligen Standpunkt aus handeln, denken und verkaufen. *Es ist für mich schwierig, überhaupt irgendwie anders zu handeln.* Solange ich dieser Überzeugung bin, handle ich immer aus dieser Position »ohne Vertrauen« heraus. Das ist die Macht der Überzeugung.

Es ist Zeit für eine Strategie.

Zuhören, innehalten, überprüfen, wählen

Die Strategie hat zum Ziel, unsere Überzeugungen zu prüfen und zu ändern. Es ist eine Strategie, die leicht zu verstehen und wirksam anzuwenden ist. So können wir uns von unserem Ego lösen.

Denken Sie zum Beispiel an hervorragende Bergsteiger, die in einer steilen Wand hängen und sich Millimeter um Millimeter nach oben schieben. Die meisten Menschen denken sofort: »Das könnte ich nie im Leben!« Und das ist vollkommen richtig. Aber auch die Bergsteiger könnten es nicht, wenn sie der gleichen

Überzeugung wären wie wir. Mit unseren Überzeugungen hätten die Bergsteiger viel zuviel Angst vor dem Klettern. Aber durch Training, Übung und Wiederholung *ändern Bergsteiger ihre Überzeugungen bezüglich Absturzgefahr und Höhenangst.* Der Berg, das Seil und das Risiko ändern sich nicht, aber die Überzeugungen haben sich geändert. Und genauso wollen wir auch im Verkauf vorgehen und unser Ego mattsetzen.

Wenn wir unsere Überzeugungen ändern und unserem Ego die Kontrolle über uns entziehen wollen, gilt es, vier Schritte zu tun. Erster Schritt: Immer genau *zuhören,* was wir zu uns selbst sagen. Zweiter Schritt: Einfach *innehalten,* wenn die Angstmeldungen unseres Ego immer lauter und lauter erklingen. Dritter Schritt: Die Überzeugungen unseres Ego *überprüfen.* Vierter Schritt: Überzeugungen *wählen,* die in unserem eigenen Interesse liegen.

1. Hören Sie Ihren Selbstgesprächen zu

Wir sprechen alle mit uns selbst, ununterbrochen, den ganzen Tag lang – wir führen ein »Selbstgespräch«. Aber wir haben uns so an diese innere Konversation gewöhnt, daß wir kaum mehr auf sie achten. *Wir denken nicht über das nach, worüber wir nachdenken.* Deshalb schwirren all diese nicht angezweifelten, unwahren Überzeugungen durch unser Bewußtsein und steuern, was wir tun und wie wir handeln. Überzeugungen, von denen wir nicht einmal wissen, daß wir sie haben, beeinflussen alles, was wir tun. Der erste Schritt besteht also darin, unserem Selbstgespräch zuzuhören, es zu analysieren und sorgfältig auf das zu achten, was wir zu uns selbst sagen und welches unsere Überzeugungen sind.

Versuchen Sie es so:

Üben Sie, sich selbst zuzuhören. Denken Sie über das nach, worüber Sie nachdenken. Machen Sie sich Notizen. Schreiben Sie Auszüge Ihrer inneren Gespräche auf – ganz egal, wie ausgefallen sie scheinen mögen.

Nehmen Sie sich aber in erster Linie vor jedem Kundenbesuch oder Anruf eine Minute lang Zeit, dem Gespräch in Ihrem Innern zu lauschen. Werten Sie nicht, hören Sie einfach zu, und schreiben Sie auf.

Nach und nach werden Sie in Ihren Selbstgesprächen gewisse charakteristische Züge erkennen.

Im zweiten Schritt analysieren Sie nun Ihr Selbstgespräch. Klingt es realistisch und optimistisch? Oder hat sich Ihr Ego in den Dialog eingeschaltet und sagt nun Dinge wie: »Das ist ein Riesenfehler!« Oder: »Diese Leute kaufen ja sowieso nie etwas von mir. Wozu also die Zeit verschwenden?«

Hören Sie zu, und analysieren Sie dann. Gewöhnen Sie sich an, sich selbst zuzuhören, genauso wie Sie einem wichtigen Kunden zuhören würden. Lernen Sie sich selbst so gut kennen.

2. *Innehalten*

Wenn Sie auf sich selbst eingestimmt, mit Ihrem Selbstgespräch vertraut sind, können Sie sofort zu den nächsten drei Schritten übergehen. Sie befinden sich beispielsweise in einer Situation, in der Sie es mit der Angst zu tun bekämen. Eine Präsentation läuft nicht so, wie sie sollte. Und da erscheint plötzlich noch der Vizedirektor der Firma, den Sie noch nie gesehen haben. Was geschieht? Ihr Magen krampft sich zusammen. Ihre Schultern verspannen sich. Ihr Atem beginnt zu fliegen. Der Geräuschpegel in Ihrem Kopf schwillt an.

Was tun? *Innehalten.* Lösen Sie sich vom ganzen inneren Lärm, von allen Selbstgesprächen, und konzentrieren Sie sich einen

Augenblick lang auf sich selbst. Atmen Sie dann tief durch. Wenn Sie tief atmen, beginnt sich Ihr Körper zu entspannen. Und wenn Ihr Körper entspannt ist, geraten Sie nicht so leicht in Panik.

Beobachten Sie Spitzenathleten. Sie wenden diese einfache Technik immer an. Sie wird seit etwa zehn Jahren von Sportpsychologen gelehrt. Bevor ein Abfahrer am Start die Lichtschranke auslöst, bevor ein Tennisspieler einen Matchball serviert, bevor ein Hochspringer zum Anlauf ansetzt, stets das gleiche Bild: Er holt tief Atem und entspannt sich. Das hilft ihm, jenen ruhigen, stillen Ort zu finden, zu dem weder die äußeren Ablenkungen noch der innere Lärm durchdringen.

Genau die gleiche Methode – Ihr Selbstgespräch abbrechen, tief durchatmen und entspannen – wird auch helfen, wenn besagter Vizedirektor den Raum betritt. Atmen Sie tief ein, und entspannen Sie sich. Sagen Sie dann zu sich selbst: »Ich atme tief durch.« Und entspannen Sie sich. Das alles beansprucht nur ein paar Sekunden. So viel Zeit, wie Sie für ein paar tiefe Atemzüge benötigen.

3. *Überprüfen*

Wenn der innere Lärm und die Spannung allmählich abklingen, folgt der nächste Schritt.

Überzeugen Sie das Selbstgespräch und die Überzeugungen Ihres Ego. In diesem Augenblick sagt Ihr Ego vermutlich: »Dieser Vizedirektor wird dich durch den Fleischwolf drehen! Du bist nicht auf ein Gespräch mit ihm vorbereitet! Du wirst versagen! Hau bloß ab!« Wenn wir auf diese Stimme hören, wenn wir von unserem Versagen überzeugt sind, handeln wir entsprechend – die Verteidigungsanlagen werden aktiviert, alles wird der Vernunft untergeordnet –, und schon ist es passiert: Unsere Prophezeiung hat sich erfüllt!

Eine Strategie dazu

Wenn Sie sich das nächste Mal in einer solchen Lage befinden, versuchen Sie es doch einmal wie folgt:

1. *Fragen Sie sich: »Was ist das Schlimmste, das geschehen kann?«*
2. *Fragen Sie sich: »Was ist das Beste, das geschehen kann? Angenommen, alles geht nach Wunsch, wie wäre das dann? Wie würde ich gewinnen?«*
3. *Fragen Sie sich schließlich: »Was ist realistisch? Was ist das Wahrscheinlichste? Bei vielen von uns ist das Problem, daß wir uns in einer Situation, in der wir Angst haben oder nervös sind, nicht die Zeit nehmen, zu denken, unser Selbstgespräch in den Griff zu bekommen. Wenn wir die Sache durchdenken, stellen wir meist fest, daß das Schlimmste gar nicht so schlimm ist, das Beste das Risiko wohl wert ist und das Realistische die Bemühung lohnt.*

Absichtlich dumm dastehen

Manchmal muß man bei einer solchen Überprüfung auch zugeben, daß es keine Katastrophe ist, wenn man mal unrecht hat oder einem Kunden eine Antwort schuldig bleiben muß. Was ist das Schlimmste, das geschehen kann?

Einer meiner besten Kunden aus früheren Zeiten erzählt immer noch die gleiche Geschichte. Bei einem Verkaufsgespräch überraschte er mich vollkommen mit einer Frage. Ich sagte: »Nun, hmmm, tja, nun ...«

Und das ein gutes Dutzend Male. Der beste Ausweg war, mich nicht in die Defensive gedrängt zu fühlen und mir keine Sorgen zu machen, auch wenn ich nun dumm dastand. Nach etwa siebzehn »nun, tja, nun ...« wußten alle Anwesenden, daß ich ein Riesenproblem hatte, und wir lachten – und das Eis war gebrochen. Und zwar einfach aus dem Verstehen heraus, daß man ohne weiteres einmal sagen kann: »Ich weiß es nicht, aber ich werde es herausfinden.«

Eric Carlson von Du Pont

4. *Wählen*

Wir können nicht wählen, was mit uns geschieht, was das Leben mit uns vorhat, aber wir können wählen, welche Überzeugungen wir haben wollen. Unsere Überzeugungen bestimmen, wie wir uns fühlen und wie wir reagieren. Wenn wir die richtigen Überzeugungen wählen, liegt alle Kraft darin, die wir jemals brauchen werden. Zuletzt geht es also darum, die richtigen Überzeugungen zu wählen.

»Danke für die fünfundzwanzig Dollar«

Ein persönliches Beispiel. Ich trat meine erste Stelle als Verkäufer mit einer Überzeugung an, die mich über kurz oder lang in Schwierigkeiten bringen mußte: Jedermann muß mich immer mögen. Zwei Dinge daran sind offensichtlich nicht richtig: »Jedermann« und »immer«. Als ich zu verkaufen begann, bekam ich sofort ein heftiges Feedback in bezug auf meine Überzeugungen. Damals überraschte es mich, zu welchen Mitteln die Leute griffen, nur um einem Versicherungsvertreter auszuweichen. Sahen sie mich den Gang herunterkommen, drehten sie sich um und eilten in die andere Richtung davon. Das tat weh. Mein Ego spielte mir arg mit.

Mein Arbeitstag verlief immer ungefähr so: Ich suchte John auf, um ihm eine Versicherung zu verkaufen; John wollte nicht, also lud ich mir John als Last auf den Buckel; dann suchte ich Ellen auf, um ihr eine Versicherung zu verkaufen; Ellen wollte nicht, also lud ich mir Ellen als Last auf den Buckel. Also suchte ich Mark auf; Mark wollte nicht... usw. Als ich dann zu Bill kam, lasteten all diese Leute von vorher dank meinem Ego zentnerschwer auf meinem Buckel. Und natürlich hatte ich auch bei Bill keinen Erfolg. Ich schien einfach nicht aus dem Teufelskreis herauszukommen.

Also faßte ich einen Entschluß. Ich beschloß, aufzugeben. Kein riesiger Verlust für die Versicherungsbranche, aber mein Versagen einzugestehen erschien mir als sehr traumatisch.

Glücklicherweise gab mir ein Freund just in dem Zeitpunkt, in dem ich es brauchte, Victor Frankls Der Mensch auf der Suche nach Sinn *– das Buch, das ich schon in Kapitel 4 erwähnt habe. Dieses Buch öffnete mir die Augen in bezug auf die Kraft der Überzeugung. Es half mir, die Überzeugung von mir selbst und von meiner Arbeit genau unter die Lupe zu nehmen. Eine sehr gute Lernerfahrung. Und ich änderte ein paar Überzeugungen, was entscheidende Folgen hatte. Ich wählte ganz bewußt die Überzeugung, daß nie ein einzelnes Geschäft bestimmen würde, wer ich sei oder was aus mir werden würde.*

Dann ging ich einen Schritt weiter. Damals mußte ich ungefähr zwanzig Kunden aufsuchen, um eine Police für eine Lebensversicherung verkaufen zu können. Die durchschnittliche Provision aus einem solchen Abschluß betrug 500 Dollar. 500 Dollar dividiert durch zwanzig Besuche machte 25 Dollar pro Besuch.

Und so änderte ich meine Überzeugungen. Ich suchte Mary auf; sie wollte keine Lebensversicherung. Anstatt sie mir nun als Last auf den Buckel zu laden, sagte ich bei mir: »Danke für die fünfundzwanzig Dollar.« Desgleichen tat ich bei den nächsten achtzehn Kunden. Jedes-

mal, wenn einer nein sagte, sagte ich bei mir: »Danke für die fünfundzwanzig Dollar.« Als ich dann vor dem zwanzigsten Kunden stand und mit ihm ins Geschäft kam, sagte ich wiederum: »Danke für die fünfundzwanzig Dollar.«

Und schon bald wurden aus den zwanzig Kunden zehn Kunden, und aus der Provision von 500 Dollar wurde eine Provision von 1000 Dollar, und ich konnte es kaum mehr erwarten, loszuziehen und zu sagen: »Danke für die hundert Dollar.«

Ich änderte eigentlich nichts an meiner Art zu verkaufen. Ich beschloß nur, meine Überzeugungen zu ändern. Ich glaubte nicht mehr, es sei ein Anzeichen von Versagen, wenn ein Kunde nein sagte. Und dann hörte ich auf diese rationale, stärkere Hälfte in mir, die mir immer wieder sagte, mein Selbstwertgefühl stehe bei einem Verkauf niemals auf dem Spiel. Und ich machte ein tägliches Ritual daraus, indem ich mir immer wieder einredete: »Ich kann nicht versagen, mein Selbstwertgefühl steht nicht auf dem Spiel!«

Ich tat nur eins: Ich hörte meinem Selbstgespräch zu, lernte die Stimme meines Ego zu erkennen und wählte bessere Überzeugungen. Und das bewirkte den ganzen Unterschied.

Wählen in harten Zeiten

Schwierig ist es, wenn Sie Rückschläge erleiden, ein Geschäft verpatzen oder wenn es mit Ihrer Firma bergab geht. Dann müssen Sie Ihre Überzeugungen stärken, indem Sie sich immer wieder sagen: »Ich kann nicht versagen, ich kann nicht versagen, ich kann nur wachsen und lernen.« Wenn ich in solche Situationen gerate, in welchen mein Ego mit Überzeugungen wie »Du hast es vermasselt, nun ist es aus« dazwischenfunkt, sage ich ganz bewußt zu mir: »Danke, daß du mir das gesagt hast, Ego.« Und dann wähle ich eine passendere Überzeugung und rede sie mir immer wieder ein: »Ich kann nicht versagen, ich kann nicht versagen... Ich kann nur wachsen und lernen.« In schwierigen Situationen muß man ganz besonders darauf achten, daß man Überzeugungen wählt, die in unserem Interesse liegen. Aber dafür wartet ja auch eine Entschädigung auf uns.

Zusammenfassung der Strategie

1. *Hören Sie* Ihrem Selbstgespräch *zu.* Denken Sie über das nach, worüber Sie nachdenken.
2. *Halten Sie inne,* wenn Sie merken, daß Sie nervös werden oder Angst bekommen; atmen Sie tief ein, entspannen Sie sich, und lauschen Sie Ihrem Selbstgespräch.
3. *Überprüfen* Sie die irrationalen Gedanken und Überzeugungen Ihres Ego.
4. *Wählen Sie* Überzeugungen, die in Ihrem Interesse sind. Beschließen Sie, nicht zu versagen.

Sich lösen

Damit keine Unklarheiten aufkommen: Wenn wir uns von unserem Ego als Herr vollkommen lösen, bedeutet dies dramatische Veränderungen in unserem Leben und in unserer Arbeit. Und je härter die Zeiten werden und je mehr Änderungen es gibt, desto beharrlicher wird unser herrschsüchtiges Ego. Aber wir können uns ja von ihm lösen.

Sich von der Herrschaft befreien

Ich bin allmählich soweit, daß ich eben akzeptiere, wo meine Kunden sind. Ich versuche nicht, sie zu ändern. Das ist absolut unmöglich. Ich übe bei meinen Besuchen und Gesprächen viel weniger Kontrolle aus. Mich interessiert nur, herauszufinden, was sie tun. Ich erkläre ihnen, was wir tun, und prüfe dann, ob Berührungspunkte vorhanden sind. Früher hielt ich es selbst dann, wenn die Berührungspunkte offensichtlich waren, für meine Aufgabe, meine Kunden fast gewaltsam darauf aufmerksam zu machen. Jetzt stehe ich mir nicht mehr im Weg.

Kathy Monthei, Delta Dental Plan

Deshalb ist dies die erste und wichtigste Strategische Überlegung – die Grundlage für alles, was noch kommt. Die Aufregung und Erfüllung, die Neugestalter des Spiels empfinden, ist eine unmittelbare Folge ihrer Fähigkeit, sich von ihrem herrschsüchtigen Ego zu lösen und die imaginären Grenzen und Ängste zu überwinden, die andere Menschen aufhalten und lähmen.

Die Erfahrung des Loslösens

Machen Sie mit mir einen kleinen Ausflug zum ersten Tag eines unserer Schulungskurse für Verkäufer am Pecos River Learning Center, damit ich Ihnen zeigen kann, was wir tun, um Verkäufer zu bestärken, sie mit ihrem Ego bekanntzumachen und erleben zu lassen, welche Kraft frei wird, wenn sie sich von ihm lösen.

Sie haben sich durch Ihre Firma für einen einwöchigen Schulungskurs für Verkäufer angemeldet. An Unterlagen besitzen Sie nicht viel, nur den Prospekt, auf welchem steht, Sie sollten damit rechnen, unter freiem Himmel ein paar »ungewöhnliche« Aktivitäten zu entwickeln.

Sie unterdrücken das Murren Ihres Ego, das sich über Ihre letzten »ungewöhnlichen« Aktivitäten beklagt, und treffen am Vorabend des Kursbeginns im Pecos River Learning Center in Santa Fe, New Mexico, ein, als eben die Sonne hinter den Sangre de Cristo Mountains versinkt. Am folgenden Morgen machen Sie sich nach einem frühen Frühstück auf den Weg zu Ihrem Kurslokal.

Aber schon ereignet sich etwas Ungewöhnliches. Ein Lastwagen lädt Sie und die andern Kursteilnehmer auf, bringt Sie aber nicht zu einem Kurslokal in der Nähe, sondern fährt Sie in Richtung Berge.

Auf einem Felsvorsprung in etwa 50 m Höhe über dem Pecos River bittet man sie auszusteigen. Einigermaßen beunruhigt, stellen Sie fest, daß ein Kabel vom Fels, auf dem Sie stehen, etwa 150 m weit zu einer Wiese am andern Ufer des Flusses hinunterführt. Ihr Ego fragt zunächst ganz höflich an: »Die wollen doch nicht etwa, daß du...?«

Der Kursleiter stellt sich kurz vor und sagt zu den Leuten: »Diese Übung hat etwas mit Grenzen zu tun. Genauer gesagt, sie wird Ihnen zeigen, daß Ihre vermeintlichen Grenzen selbstauferlegt sind und in Wirklichkeit gar nicht existieren. Sie alle werden Gelegenheit haben, mit unserer aller Unterstützung von diesem Fels zu springen und an diesem Kabel auf die Wiese hinunterzugleiten.«

Und weiter: »Auch wenn Ihre Sicherheit hundertprozentig gewährleistet ist, auch wenn wir Sie mit Gurten sichern, Sie werden Angst haben, wenn Sie am Abgrund stehen. Es ist die gleiche Angst, die Sie schon im Alltag gespürt haben und die verhindert hat, daß Sie etwas taten, von dem Sie wußten, daß Sie es hätten tun können.«

»Bei dieser Übung geht es nicht um einen Wettbewerb. Versuchen Sie nur, sie zu erleben und zu erfahren. Betrachten Sie sie als Modell für andere Dinge in Ihrem Leben, vor denen Sie Angst haben. Wenn Sie von diesem Fels springen und am Seil hinuntergleiten können, können Sie alles. Das ist der Durchbruch.«

Dann erläutert er die Sicherheitsmaßnahmen in allen Einzelheiten. Aber Sie haben Besuch von einer bekannten Stimme, die da spricht: »Das ist Wahnsinn, du könntest ja umkommen! Kein Mensch hat gesagt, du müßtest hier solche Sachen machen. Verlang dein Geld zurück, nimm das nächste Flugzeug nach Hause. Weg hier!« Panik breitet sich aus.

Allmählich bildet sich eine Schlange. Obwohl alle eindeutig Angst haben, beginnen sie fröhlich durcheinanderzuschreien und einander aufzumuntern. Einer nach dem andern stellt sich an den Rand des Felsens, wird gesichert und greift dann nach einer Stange an einem kleinen Rad, das auf dem Kabel läuft. Jeder einzelne nimmt seinen ganzen Mut zusammen und – springt.

Sie aber können nicht hinschauen. Ihre Augen gehorchen nicht. Sie konzentrieren sich mit ganzer Kraft auf den inneren Kampf mit Ihrem Ego und seinem Überlebensinstinkt. Sie zittern beinahe vor Angst. Die Teilnehmerin vor Ihnen ist weiß wie die Wand. Sie faßt nach der Stange, der Kursleiter spricht leise mit ihr; zitternd schiebt sie sich zum Rand vor, aber auch wenn sie zittert, sie springt ins Leere und ist weg.

Sie schauen zu, wie sie dem Seil entlang hinuntergleitet. Sie sehen, wie sie unten auf der Wiese vor lauter Freude hoch in die Luft springt. Sie dreht sich um und winkt Ihnen zu. Eine Aufforderung. Los!

Wer ist nun wohl an der Reihe? Sie stehen auf einem Fels, tief unter Ihnen rauscht der Fluß. Vom anderen Ende des Kabels rufen Ihnen die andern ermunternd zu.

Ihr Selbstgespräch läuft wie folgt: »Wenn du das tust, wirst du umkommen!« Ihre Beine zittern vor Angst, Sie murmeln unverständliches Zeug vor sich hin und fragen den Kursleiter: »Ist das auch wirklich sicher? Wann wurde die Ausrüstung zum letzten Mal kontrolliert?« (Sie wollen nicht, daß er merkt, daß Sie überzeugt sind, sterben zu müssen.) Er antwortet: »Denken Sie dran, jetzt spricht Ihr Ego. Seien Sie sich seiner zwar bewußt, aber lassen Sie nicht zu, daß es Sie kontrolliert. Sie sind absolut sicher. Finden Sie diesen andern Teil in Ihnen, der weiß, daß Sie es tun können.«

Die aufmunternden Rufe werden immer lauter. Der Lärm in Ihrem Kopf allerdings auch. Aber dann sagt irgendwo tief in Ihnen drin eine ruhige Stimme: »Auf geht's!« Sie springen. Der Sprung ist absoluter Horror. Aber echte Sprünge sind das immer.

Einen Augenblick lang geht es im freien Fall talwärts, dann fängt das Kabel Sie auf, und Sie segeln über den Fluß. Das nächste, an das Sie sich erinnern, ist helle Begeisterung. Nach zehn Sekunden stehen Sie unten auf der Wiese. Die Leute klopfen Ihnen auf die Schultern, lachen Ihnen zu. Sie blicken über Ihre Schulter zurück, hinauf zum Fels.

Der ruhige, rationale Teil Ihrer selbst sagt: »Schau nur, was du getan hast. Wenn du das kannst, kannst du alles.«

Sie haben eben die Aufregung erlebt, die jenseits der selbstauferlegten Grenzen existiert.

Wir haben Tausende von Leuten diese Erfahrung machen lassen. Manchmal waren ganze Verkaufsteams dabei. Und das Ergebnis ist stets das gleiche. Die Leute können es hinterher kaum fassen, daß sie das geschafft haben. Und dann erkennen sie auf einmal, daß ihr Ego sie daran gehindert hat zu sein, was sie sein wollten, zu tun, was sie tun wollten. Das Kabel dient als Symbol. Es beschwört all diese grundlegenden Ängste herauf – alle, die das Ego zu bieten hat –, und die Leute werden damit fertig, manchmal zum ersten Mal in ihrem Leben überhaupt. Aber Sie nehmen das Symbol in ihrer Erinnerung mit zurück an ihre Arbeit und benützen es, um mit ihren täglichen Ängsten im Leben oder im Verkauf fertig zu werden.

Mut

Wenn Sie wollen, können Sie das auch als eine andere Art der Diskussion über das Thema Mut auffassen. Vieles von dem, was beim Ändern des Spiels mitschwingt, hat mit Mut zu tun. Die Strategische Überlegung »Ich kann nicht versagen« ist eine Art, die menschliche Eigenschaft Mut zu stärken. Eine Eigenschaft, die wir alle von Geburt an besitzen. Wir müssen uns nur dazu entschließen, sie zu wählen. Wenn es hart wird, lösen sich die ganz Harten von ihrem Ego, ihren Grenzen und ihren selbstauferlegten Ängsten.

Mutige Taten

Um dies ganz klarzumachen und um diese Stimme (das Ego) in Ihnen, die sagt: »Das mag ja für andere gut sein, aber nicht für mich, weil da draußen echte Drachen auf mich warten«, zu ersticken, möchte ich Ihnen zwei kleine Geschichten erzählen. Die erste, ziemlich verblüffende Geschichte handelt von Fred Smith und seinem Unternehmen, Federal Express. Die zweite, deren Held David Stevens ist, klingt womöglich noch verblüffender.

Ich möchte, daß Sie sich beim Lesen in die Lage dieser beiden Männer versetzen. Stellen Sie sich vor, Sie hätten erlebt, was die beiden erlebt haben. Was hätte sich wohl in Ihrem Kopf abgespielt?

Fred Smith und Federal Express

Es ist schon beinahe Legende in Amerika: Fred Smiths Idee zu Federal Express stammte von einer Prüfungsarbeit, für die er nur eine mittelmäßige Zensur erhalten hatte. Aber er hielt an seiner Idee fest, stellte das

Unternehmen auf die Beine und steckte das ganze Familienvermögen hinein. Auf Schritt und Tritt stieß er auf Widerstand und Schranken. Aber er hielt durch. Smith hatte seine Hausarbeiten gemacht. Er wußte, daß es möglich war. Als Federal Express den Betrieb aufnahm, fiel der Start in schlechte Zeiten. Manchmal hatten sie mehr Flugzeuge, als es Pakete zu befördern gab. Aber Fred hielt durch. Er wußte – ja, er war überzeugt davon –, daß es nur eine Frage von Geduld und Ausdauer war, bis die Idee zündete und sein Unternehmen Gewinn abwarf.

Es wird auch erzählt, er habe sich in Chicago mit Bankiers getroffen, um sich von ihnen das notwendige Betriebskapital zu beschaffen. Da die Bankiers aus einem traditionell kurzsichtigen Geschäft mit einem großen Bedürfnis nach Sicherheiten stammten, lehnten sie ab. Enttäuscht wollte Fred noch am gleichen Nachmittag vom O'Hare Airport nach Memphis zurückfliegen, als er sah, daß der nächste Flug nach Las Vegas ging. Kurz entschlossen bestieg er die Maschine und setzte in den Casinos der Wüstenstadt sein ganzes Geld aufs Spiel. Und er gewann genug, um seine Ausgaben decken zu können.

So hatte der Weg für Fred Smith und Federal Express ausgesehen, als dieses riesige Unternehmen mit einem Umsatz von mehreren hundert Millionen Dollar gegründet wurde. Heute ist es eine Legende, die von vielen Instituten als Fallbeispiel herangezogen wird.

Aber versetzen Sie sich nun einmal in Fred Smiths Lage. Hören Sie die Stimmen all jener Bankiers und andern Leute, die sagten: »Nein.« – »Das ist unmöglich.« – »Sie werden eine Pleite erleben.« Aber wichtiger für uns ist das, was sein »innerer Bankier«, sein Ego, damals sagte. Es war wohl die übliche beängstigende Litanei unter dem Motto: »Du wirst versagen.« Aber Fred Smith verstand es, dank Vertrauen, Geduld und Beharrlichkeit mit all diesen Stimmen und den damit verbundenen Angstgefühlen fertig zu werden. Das ist Mut.

David Stevens und die Minnesota Twins

Diese Geschichte habe ich mir von Earnie Larsen ausgeliehen, einem ehemaligen Priester aus Minneapolis, der heute im Kampf gegen den Alkoholismus gewaltige Arbeit leistet. Sie handelt wiederum von einem einzelnen Menschen, der offensichtlich eine Strategie hatte, um mit der Angst vor Versagen fertig zu werden und Grenzen zu überwinden – mit andern Worten, von einem Menschen, der Mut hatte.

Jedes Jahr veranstalten die Minnesota Twins (eine Baseballmannschaft) offene Testspiele in der Hoffnung, dabei bisher übersehene Talente zu entdecken.

Vor einigen Jahren meldete sich auch David Stevens für ein solches Spiel an. Außergewöhnlich daran war nur eines: David war nämlich ohne Beine zur Welt gekommen.

Vor dem Spiel unterhielten sich die einigermaßen schockierten Trainer der Twins ein bißchen mit dem jungen Mann. Und dabei stellte sich heraus, daß David im Ringen in seiner Gewichtsklasse Divisionserster war, daß er im Football Mittelverteidiger spielte und die 60 Yard (knapp 60 Meter) in zwölf Sekunden zurücklegte – auf seinen Händen!

Auf die Frage, weshalb er zu diesen Testspielen gekommen sei, antwortete David: »Ich muß erst um zwei Uhr nachmittags wieder bei der Arbeit sein. Warum also nicht etwas Neues ausprobieren?«

David Stevens lebt ohne Grenzen.

Versetzen Sie sich in Davids Lage. Stellen Sie sich vor, was sein Ego gesagt haben muß. Stellen Sie sich die Grenzen vor, die er sich so einfach hätte auferlegen können. Es braucht nicht viel Phantasie, um zu verstehen, daß er auf einer ganz anderen Ebene lebt und spielt als die meisten von uns. Er hat eine Strategie, um die Angst zu überwinden. Für ihn existiert das Wort Versagen nicht. Das ist Mut.

Strategische Überlegung Nr. 1
Zusammenfassung
Denken Sie: Ich kann nicht versagen

Verkäufer in Phase III sind überzeugt, daß sie nicht versagen können, weil Versagen für sie gar nicht existiert.

Verkäufer in Phase III haben Strategien gegen die Angst, die es ihnen erlauben, weiterzuwachsen und Erfolg zu haben, während andere Menschen sich von dieser Angst lähmen lassen.

Unser herrschsüchtiges Ego ist die Ursache für selbstauferlegte Angst und Grenzen.

Eine Strategie gegen die Angst

1. *Hören Sie* Ihrem Selbstgespräch *zu*. Denken Sie über das nach, worüber Sie nachdenken.
2. *Halten Sie inne*, wenn Sie merken, daß Sie nervös werden oder Angst bekommen; atmen Sie tief ein, entspannen Sie sich, und lauschen Sie Ihrem Selbstgespräch.
3. *Überprüfen Sie* die irrationalen Gedanken und Überzeugungen Ihres Ego. Fragen Sie sich:
   Was ist das Schlimmste, das geschehen kann?
   Was ist das Beste, das geschehen kann?
   Was ist realistisch?
4. *Wählen Sie* Überzeugungen, die in Ihrem Interesse sind. Beschließen Sie, nicht zu versagen.

Denken Sie daran: Wenn es hart wird, lösen sich die Harten von ihrem Ego, von ihren Grenzen und von ihrer selbstauferlegten Angst.

Strategische Überlegung Nr. 2: Zielbewußt verkaufen: Helfen Sie Ihren Kunden, das zu bekommen, was sie wollen

Der Zweck eines Geschäftes

Eine äußerst wichtige Frage: »Was ist der Zweck eines Geschäftes?« Die meisten Leute antworten automatisch – ohne darüber nachdenken zu müssen: »Einen Gewinn erzielen.« Gehen wir mit dieser Antwort noch einen Schritt weiter. Sie suchen einen Kunden auf, nehmen ihm gegenüber Platz und sagen dann: »Sie wundern sich wahrscheinlich, warum ich hier bin. Nun, ich möchte für meine Firma einen Gewinn und für mich selbst eine Provision herausholen. Deshalb bin ich hier bei Ihnen.« Können Sie sich ein solches Gespräch vorstellen?

Natürlich sagt niemand so etwas. In Wirklichkeit ist es Ziel eines Geschäftes, dem Kunden zu helfen, daß er bekommt, was er will. Als *Folge* dieser Hilfe erzielt die Firma des Verkäufers – hoffentlich – einen Gewinn. Dieser Unterschied ist nicht einfach ein Wortspiel. Es ist genau wie bei der DNS – die Reihenfolge, die Ordnung, ist entscheidend. Der Gewinn – bekommen, was Sie wollen – ist die Folge davon, daß Sie andern helfen, das zu bekommen, was *diese* wollen.

Das leidige Problem ist, daß sehr viele Verkäufer nicht über das nachdenken, worüber sie nachdenken. Sie hören nicht auf ihr Selbstgespräch. Und wenn auch keiner sagt: »Es ist mein Ziel, für die Firma einen Gewinn herauszuholen«, so denkt es doch manch einer. Dies ist der Gedankengang, der tagein, tagaus in ihren Köpfen herumspukt.

Denken in Phase III

Und auch in diesem Punkt ändern Verkäufer in Phase III wieder das Spiel. Wenn sie erst einmal ihr Ego aus dem Weg geräumt haben, geben sie an seiner Stelle einen ganz spezifischen und gut durchdachten Zweck ein. Phase-III-Verkäufer wissen ganz klar, was ihr Ziel ist: ihren Kunden helfen, das zu bekommen, was sie wollen. Das ist nicht nur ein Lippenbekenntnis, sondern eine tief im Innern verwurzelte, unausweichliche Verpflichtung.

Das Ziel des Verkaufens

Ich glaube, mein Ziel ist es, zu gewährleisten, daß die Leute, die ich kenne – oder kennenlernen werde –, auf sichere Art für sich sorgen können. Es ist für mich genauso befriedigend, an einem Ort Geld auszuzahlen, wo der Versicherte viel zu früh verstorben ist, wie erleben zu dürfen, daß ein anderer sein Pensionsalter erreicht im Wissen, daß er ohne unseren Finanzplan kein Geld zum Leben hätte. Ich habe das alles erlebt, ich habe es in die Wege geleitet und durchgezogen, und ich habe die Früchte gesehen. Und die Befriedigung liegt im Wissen darum. Das ist es, was mich motiviert. Es ist nicht das Geld. Es ist die Befriedigung zu wissen, daß es morgen früh, wenn ich aufstehe, ein paar Menschen gibt, die ich aufsuchen muß, um ihnen bei der Lösung eines Problems zu helfen. Und das ist, was mich motiviert.

Larry Mann, Aetna Life and Casualty

Es ist wirklich sehr befriedigend, wenn man sehr hart für einen Kunden gearbeitet hat und ihn dann vielleicht in seinem ersten Auto überhaupt wegfahren sieht, wohl wissend, daß er kein besseres Geschäft hätte machen können, daß er gut behandelt worden ist, daß es ihm ob dem, was er soeben getan hat, wohl ist und daß er gern mit mir als Mensch verhandelt hat. Das ist es, was Verkaufen für mich bedeutet.

Diane Flis, Tamaroff Buick

Das Aufregende an meiner Arbeit ist, daß ich meinen Kunden etwas besorgen kann, das sie sich anschauen und später darüber sagen können, es habe ihnen etwas gebracht, sie würden ihr Unternehmen jetzt wirklich ganz anders führen. Und das ist, glaube ich, wirklich meine Pflicht – vergessen, ob ich für etwas bezahlt werde oder nicht. Es ist beinahe zu einer Lebensart geworden. Es ist etwas, an das man entweder glaubt oder nicht.

Alan Braslow, Five Technologies

Mein Ziel ist es, Familien den Umzug in eine neue Stadt zu erleichtern. Es gibt für mich nichts Schöneres als die zufriedenen Gesichter, wenn ich für eine Familie das richtige neue Heim gefunden habe. Ich verkaufe nicht Häuser, ich verkaufe eine Lebensart. Und um das zu tun, berücksichtige ich alle Bedürfnisse meiner Kunden.

Eileen Tertocha von Skipper Morrison Realtors

Wo liegt der Unterschied?

Auch wenn keiner dieser Verkäufer von Geld gesprochen hat, ist es für sie natürlich auch wichtig, ihren Lebensunterhalt zu verdienen. Aber sie alle haben herausgefunden, daß sie ihren Lebensunterhalt *nur* dann verdienen, wenn sie zielbewußt ihren Kunden helfen, das zu bekommen, was diese wollen. Und darauf verwenden sie ihre ganze Energie und Aufmerksamkeit. Vergessen Sie nicht: Wir sprechen von Menschen, die schon lange äußerst erfolgreich in ihrem Beruf tätig sind und darin Erfüllung finden. Es sind Menschen, die es nicht als Verdienstmethode, sondern als Lebensaufgabe betrachten, anderen Menschen zu helfen, das zu bekommen, was sie wollen.

Ich habe in allererster Linie deshalb so viel Erfolg, weil ich die andere Person in den Mittelpunkt stelle. Anderen helfen ist beinahe eine Mission. Anders arbeiten – arbeiten, um möglichst viel Geld zu verdienen – bringt nichts. Leute, die viel Geld machen, sind im Grunde genommen gar nicht deswegen im Geschäft. Nun gut, ein paar mögen damit durchkommen, aber sicher nicht auf lange Frist. Und ich glaube, wenn sie dann den ersehnten großen Erfolg haben, herrscht in ihrem Innern die große Leere, und der Dampf geht ihnen ziemlich schnell aus.

Es ist also beinahe eine missionarische Aufgabe – das tun, was für den andern Menschen am besten ist. Und dies mit beinahe übertriebenem Eifer. Wenn ein anderes Produkt auch nur um ein einziges Prozent besser ist, möchte ich, daß der Kunde dies weiß.

Ich persönlich könnte mit viel weniger Büropersonal auskommen – mit zwei Leuten vielleicht. Mein Gewinn wäre wahrscheinlich höher. Aber darauf bin ich nicht aus. Ich will vor allen Dingen mehr Leuten helfen und mich um größere und bessere Dinge kümmern. Ich sage einfach, vergessen wir doch das Geld, tun wir das, es ist so aufregend. Da würde ich einfach denken: Nun machen wir mal halblang, und sorgen wir für ein besseres Ergebnis unter dem Strich. Aber so kann ich nicht arbeiten, ich könnte am Morgen nicht aufstehen.

Interessant ist, daß ich mit meiner fast missionarischen Arbeitsweise langfristig mehr Geld weggeben kann, als wenn ich auf andere Art arbeiten würde. Und in gewissem Sinn ist das auch eines meiner Ziele – imstande sein, mehr Geld wegzugeben, als irgend jemand jemals gedacht hätte.

Ann Spinazzola, NorthWestern Mutual Life

Die Kraft des Ziels

Wenn sie diesen Zusammenhang sehen, darauf vertrauen und danach leben, haben Verkäufer in Phase III eine Quelle der Erfüllung und Leistung gefunden, die wir »die Kraft des Ziels« nennen. Dick Leider, Berater in Lebens- und Berufsfragen, Lehrer am Pecos River Learning Center und Autor des Buches *The Power of Purpose* (Die Kraft des Ziels), definiert Ziel wie folgt: »Wenn ich das Wort ›Ziel‹ brauche, meine ich damit jene tiefste Dimension in Ihrem Innern – Ihr innerstes Selbst –, das Sie spüren läßt, wer Sie sind, woher Sie kommen, wohin Sie gehen und wie Sie dorthin gelangen könnten.«

Diese Kraft aufbauen

Erfolg und Erfüllung in Phase III sind davon abhängig, daß man auf ein Ziel hinarbeitet. Dieses Ziel ist es, andern zu helfen, das zu bekommen, was sie wollen. Und dazu müssen wir drei grundlegende Verpflichtungen eingehen: Wir müssen wichtige Dinge tun, unseren Kunden »zu Diensten« sein und unsere einzigartigen Talente einsetzen.

Warum arbeiten Sie?

Als ich zu verkaufen begann, war ich vierundzwanzig Jahre alt, Lehrer, hatte zwei Kinder, verdiente pro Monat 200 Dollar und gab pro Monat 210 Dollar aus. Ich ging nicht in den Verkauf, weil ich den Job meines Lebens zu finden hoffte, sondern weil mein Onkel gesagt hatte, bei einer Versicherung könnte ich 400 Dollar im Monat verdienen. Ich glaubte, ich würde nie wieder finanzielle Probleme haben. Ich hatte Glück, weil der Einstieg in den Verkauf mich Schritt für Schritt dorthin brachte, wo ich eigentlich hingehn wollte. Aber das Gefühl der Erfüllung kam erst, als ich den so wichtigen Zusammenhang zwischen »Wer ich bin« und »Was ich tue« erkannte. Ich begann einzusehen, daß viele von uns auf zwei Ebenen existieren. Es gibt die »Wer ich bin«-Ebene, die jenes absolut persönliche starke, von Dick Leider angesprochene Bild von dem vermittelt, wer wir sind und was wir sein wollen. Und es gibt die »Was ich tue«-Ebene; sie steht für unsere Arbeit und bringt uns Ende Monat unseren Lohn. Für viele von uns hängen diese beiden Ebenen nicht zusammen. »Wer ich bin« hat kaum etwas zu schaffen mit »Was ich tue«. Hält die Trennung dieser Ebenen lange genug an, kann es zu allen möglichen Spannungen und Frustrationen kommen. Und was noch viel wichtiger ist: Ohne Zusammenhang zwischen dem »Was ich bin« und dem »Was ich tue« haben wir keine Möglichkeit, unserem inneren Selbst mit seinen Eigenschaften wie Integrität, Aufrichtigkeit und Mut Ausdruck zu verleihen.

Den Zusammenhang herstellen

Der erste Schritt auf dem Weg zum Ziel erfordert, daß Menschen in Phase III den Zusammenhang zwischen »Wer ich bin« und »Was ich tue« herstellen. Was sie tun, wird zum Ausdruck dessen, wer sie sind. Und wenn dieser Zusammenhang einmal hergestellt ist, führt er zur ersten von drei dem Ziel gewidmeten Verpflichtungen:

1. Die Verpflichtung, wichtige Dinge zu tun

Wir sind hier, um wichtige Dinge zu tun.
Kürzlich sprach John Allison, der Direktor der North Carolina Branch Bank & Trust Company, bei einem Kundenmeeting an der Wilson Learning Corporation. Er legte dar, wie dieses Gefühl, wichtige Dinge zu tun, seine Bank verändert habe. Was er sagte, war so einfach und stark, daß die Bandaufzeichnung, die wir herstellten, in unserem Unternehmen und bei unseren Kunden auf der ganzen Welt zu einem echten Klassiker wurde. Hier ein Ausschnitt:

»Ihre Aufgabe muß bedeutsam sein. Wenn sie nicht bedeutsam ist, spielt sie keine Rolle. Selbst wenn Sie buchstäblich ihr Geschäft erneuern müssen, Ihre Aufgabe muß wichtig sein, weil die Menschen hier sind, um wichtige Dinge zu tun ...«

Die erste Verpflichtung bedeutet also, aus sich selber herauszugehen und den Zusammenhang zu wichtigen Dingen herzustellen. Das heißt nicht, daß diese Dinge Tag für Tag Schlagzeilen machen müssen. Aber es heißt, daß Sie eine Verpflichtung gegenüber einer Idee, einer Sache, einem Kunden oder einer Beziehung eingehen – manchmal heißt es einfach, aus sich selber herauszugehen.

Wir haben alle erlebt und gespürt, wie das unsere Arbeit und unser Leben beeinflußt. Denken Sie an eine Zeit zurück, in der Sie für eine Sache arbeiteten, an die Sie auch wirklich glaubten. Vielleicht ging es darum, Produkte oder Dienstleistungen zu entwikkeln, von deren Erfolg Sie überzeugt waren; und Sie waren bereit, die Idee bis ganz zuoberst weiterzutragen, damit sie verwirklicht wurde. Sie wußten, daß die Sache wichtig war, Sie machten zahllose Überstunden, aber Sie waren voller Energie und fühlten sich am Ende eines Tages noch beinahe übermütig. Sie stießen auf komplizierte Probleme, aber Sie wußten, daß es Lösungen gab, und Sie fanden Sie auch. Sie waren begeistert und glücklich, und Sie fühlten sich kompetent und stark. Diese Erfahrung macht man, wenn man die Verpflichtung eingegangen ist, wichtige Dinge zu tun. Dies geschieht, wenn Sie einsehen, daß zwischen Ihrer Arbeit und Ihrer Person ein Zusammenhang hergestellt werden muß. Denn dieser Zusammenhang zieht immer wichtige Dinge nach sich. Verkäufer in Phase III sind in ihrem tiefsten Innern stets überzeugt von der Wichtigkeit ihrer Kunden und von der Wichtigkeit ihrer Arbeit – denn sonst würden sie sie nicht tun.

Neugestalter des Spiels sind auch überzeugt, daß sie zu Diensten sind, indem sie wichtige Probleme für ihre Kunden lösen.

Calvin Coolidge sagte: »Dienstleistung ist die Miete, die wir für den Platz bezahlen, den wir auf Erden einnehmen.« Das klingt idealistisch, aber dieses »zu Diensten sein« ist ein Wunsch, den wir alle in unserem tiefsten Innern verspüren. Und er ist ein entscheidender Teil unseres Ziels beim Verkaufen: »Andern helfen, das zu bekommen, was sie wollen.«

Der Unterschied: nach außen konzentrieren

Wenn wir auf den Anfang unserer Verkäuferkarriere zurückblikken, müssen die meisten von uns wohl ehrlicherweise zugeben, daß sie sich mehrheitlich nach innen, auf sich selbst konzentriert haben. In unseren Selbstgesprächen fragen wir uns immer wieder: »Was hat das für Folgen für mich?« – »Kann ich dieses Geschäft abschließen?« – »Wie kann ich den für mich notwendigen Gewinn herausholen?« – »Was ist, wenn sie mich doch nicht mögen?«

Das ist das Spiel in den Phasen I und II: über sich selber nachdenken.

Verkäufer in Phase III aber gehen von diesem nach innen konzentrierten Spiel zu einem nach außen, auf Dienstleistungen gerichteten Spiel über. Sie stellen sich in ihren Selbstgesprächen ganz andere Fragen: »Wie kann ich diese Person besser verstehen?« – »Was hat das für meinen Kunden für Folgen?« – »Helfe ich ihm/ihr wirklich, das zu bekommen, was er/sie will?« – »Ist dies auch der richtige Kauf für sie?« – »Ist dies auch finanziell das richtige Geschäft für ihn?« – »Was kann ich noch tun, um ihm zu helfen?« Weil sich ihr Selbstgespräch um den Kunden dreht, konzentrieren sie auch ihre Aufmerksamkeit auf ihn. Diese Verschiebung von »ich« zu »wir« ist Teil des neugestalteten Spiels in Phase III.

Nach außen und auf Dienstleistung konzentriert

Bevor ich mit einem Kunden spreche, halte ich kurz inne und sage zu mir: »Nur damit das klar ist: Was machst du hier?« Ich lasse einen Vorgang ablaufen: Ich lösche alles in meinen Gedanken, verbanne alle negativen Gedanken und konzentriere mich ganz auf den Kunden. Ist er aufgeregt? Ablehnend? Hat er einen schlechten Tag? Wie sieht seine Lage heute aus? Wie kann ich helfen? Dann erst lasse ich mein »Produkteangebot« los. Ich bemühe mich nicht um eine spezifische Präsentation. Ich vertraue darauf, daß ich automatisch das Richtige tun werde.

Kathy Monthei, Delta Dental Plan

Wenn man Häuser verkauft, muß man lernen, gut zuzuhören – sogar das zu hören, was der Kunde nicht *sagt. So kann man vor und nach dem Geschäft zu Diensten sein. Es braucht stundenlange Vorbereitung, aber es lohnt sich, weil der Kunde merkt, daß man sich wirklich für ihn interessiert. Wenn man nur Dollarnoten vor Augen hat, klappt das nie; man schafft es nicht.*

Eileen Tertocha, Skipper Morrison Realtors

Von der Konzentration nach innen zur Konzentration nach außen, eben zur Dienstleistung, ist es nur ein kleiner, aber ein sehr wichtiger Schritt. Wenn man sich einmal nach außen konzentriert, sieht man mehr Möglichkeiten, mehr Gelegenheiten und andere Beziehungen, als wenn man sich nur auf sich selbst konzentriert.

Jay Messinger von Messinger and Associates in Houston, Texas, verkauft Privat- und Firmenflugzeuge. Er ist in einem komplexen und gefährlichen Geschäft tätig. Jay konzentriert sich zuerst auf den Kunden und die Beziehung:

In vielen Fällen leiden meine Kunden am Anfang an der sogenannten Tunnelsicht. Das heißt, sie sehen den Verkäufer nur als Gegenüber am Verhandlungstisch. Meine erste Aufgabe ist es, den Blick meiner Kunden auch auf die Peripherie zu öffnen, wodurch sie schließlich erkennen, daß ich auf der gleichen Seite des Tisches sitze. Es ist eine Frage der Perspektive, die durch mein Ziel erreicht wird; und dieses ist, meinen Kunden zu helfen, ihre Gelegenheiten zu erkennen und zu nützen.

3. Die Verpflichtung, Ihre einzigartigen Talente einzusetzen

Die dritte und letzte Verpflichtung, die Sie eingehen müssen, um die Erfüllung des zielbewußten Verkaufens zu erleben, ist die Verpflichtung, Ihre einzigartigen Talente einzusetzen: das tun, was Sie tun wollen und was Sie zu tun fähig sind. Vor ungefähr zehn Jahren verbrachte ich eine Woche mit einem Mann namens John Crystal, der ebenfalls in der Lebens- und Berufsberatung tätig ist. John arbeitete im Zweiten Weltkrieg als Spion für die USA, und das vermittelt einem das Gefühl, er sei aus ganz anderem Holz geschnitzt als die meisten von uns. Seither verbringt John den größten Teil seines Lebens damit, den Leuten die Wahl des besten Berufes zu erleichtern, indem er ihnen hilft, den Zusammenhang zwischen dem »Wer bin ich« und »Was mich am meisten erfüllt« und den unzähligen Berufsprofilen herzustellen. Ganz am Anfang legte er folgendes Schema vor:

Schwer zu machen, schwer zu lernen	Schwer zu machen, leicht zu lernen
Leicht zu machen, schwer zu lernen	Leicht zu machen, erinnere mich nicht, es gelernt zu haben

Dann fragte er, welche der vier Kombinationen unsere Gesellschaft wohl am höchsten einschätze. In Erinnerung an die vielen Jahre des »charakterbildenden» Lateinunterrichts sagte ich: »Schwer zu machen, schwer zu lernen.« Er stimmte mir zu und fragte dann weiter: »Wissen Sie, was das ist: ›Leicht zu machen, erinnere mich nicht, es gelernt zu haben‹?« Ich gab zu, das nicht zu wissen.

»Talent!« rief er. »Und das Problem ist, daß die meisten Leute ihre Talente nicht schätzen, weil sie ›nicht schwer zu machen und schwer zu lernen‹ sind. Und dabei hat Gott ihnen diese Talente gegeben, damit sie mit ihnen eine bessere Welt schaffen können.«

Das verstand ich – und habe es nie vergessen.

Man lehrt uns immer, an unseren Schwächen zu arbeiten. Für mich hieße das, mich um Einzelheiten zu kümmern! Meiner Meinung nach ist das verrückt. Ich finde, man soll seine Stärken ausnützen. Man soll seine Schwächen realisieren, aber dann andere Leute veranlassen, einem bei seinen Schwächen zu helfen – andern Leuten Gelegenheit bieten, ihre Talente dort einzusetzen, wo man selbst keine besitzt. Dadurch kann man seine Stärken nützen.

Ann Spinazzola, NorthWestern Mutual Life

Wenn Sie Ihre einzigartigen Talente einsetzen, wird das Motto »Andern helfen, zu bekommen, was sie wollen« zum natürlichen Ausdruck dessen, wer Sie sind und warum Sie hier sind. Verkäufern in Phase III ist es am wohlsten, wenn man ihnen ein Ziel gibt und sie in Freiheit kreativ darauf hinarbeiten dürfen. Verkäufer in Phase III denken: »Sagt mir nicht, *wie* ihr es getan haben wollt, sagt mir lieber, was herausschauen soll, und überlaßt es mir, es auf meine Art zu tun.« Sie passen nicht immer perfekt ins Gefüge des Unternehmens, aber sie wissen stets, was sie tun und wohin sie gehen.

Als ich anfing, wurden alle meine Geschäfte über meinen Manager abgewickelt. Ich tat nur, was er mir zu tun auftrug. Er sagte mir, was ich sagen sollte, Wort für Wort. Und ganz am Anfang hat das auch geklappt.

Später begann ich die Worte, die er mir aufgetragen hatte, abzuändern, sie in meine eigenen Worte zu fassen. Und mir war wesentlich wohler dabei, denn vorher war ich mir wie ein Roboter vorgekommen, der alles, was sein Schöpfer sagte, nachplapperte. Ich war ein Papagei gewesen.

Nun bin ich aber nicht gerne ein Papagei. Ich bin ich selbst. Und ich fühle mich viel stärker und wohler dabei. Da gibt es zum Beispiel ein paar Dinge, die ich aufgrund meiner Persönlichkeit einfach nicht tun kann. Kunden unter Druck setzen, wie es immer noch üblich ist, kann ich einfach nicht – ich komme mir dabei fürchterlich unhöflich vor. Ich schaffe das nicht. Ich versuche, eine offene und ehrliche Beziehung anzuknüpfen – das ist meine Art.

Diane Flis, Tamaroff Buick

Tun, was man gerne tut

Ein ganz einfacher Test. Stellen Sie sich einmal ganz hart die Frage: Tun Sie das, was Sie tun, gerne? Macht Ihnen Ihre Arbeit Freude? Lösen Sie gerne die Probleme Ihrer Kunden, helfen Sie ihnen gerne, das zu bekommen, was sie wollen?

Das sind Dinge, die Sie gerne tun müssen, wenn Sie zielbewußt verkaufen wollen. Wenn man das, was man tut, gerne tut, ist das ein Zeichen dafür, daß man das Ziel erkannt hat.

Ich glaube, es ist das, wozu ich bestimmt worden bin. Ich erkannte endlich, daß dies mein Platz im Leben ist und es schwer sein würde, das nicht zu tun. Wenn ich die Leute nach langem Hin und Her so strahlen sehe, weil sie endlich das Haus haben, das sie wollen, und wenn sie mir dann um den Hals fallen – dann bedeutet das für mich mehr als alles andere auf der Welt. Mehr als Geld auf der Bank.

Deshalb stehe ich am Morgen früh auf. Ich habe mit Menschen zu tun, und deshalb liebe ich meinen Beruf.

Eileen Tertocha von Skipper Morrison Realtors

Tun Sie, was Sie gerne tun, oder lernen Sie lieben, was Sie tun

Um die Erfüllung und Kraft zu erlangen, von der wir gesprochen haben, werden Sie eine Wahl treffen müssen. Sie können entweder tun, was Sie gerne tun, oder Sie können das lieben lernen, was Sie tun. Indem Sie lieben, was Sie tun, leben Sie so intensiv, daß sich Ihre Einstellung zu allen Dingen, insbesondere auch zu sich selbst, ändert. Und die Wahl, das zu tun, was er liebt, hat jeder Mensch. Es braucht nur ein bißchen Suchen, ein bißchen Befreiung und manchmal einen Sprung voller Vertrauen.

Es klappt aber nicht in jedem Fall, weil einige Leute tatsächlich einfach am falschen Platz sind. Sie müssen sich einen anderen Beruf suchen. Aber es wird bei den meisten von uns klappen, weil wir das tun, was wir tun wollen; wir brauchen nur einen kleinen Anstoß, um das Gefühl von Kraft und Energie zu bekommen, das zielbewußtes Arbeiten uns vermittelt.

Befähigte Leute machen einen Unterschied: Die North Carolina Branch Bank and Trust Company

Was mit Menschen geschieht, die im Geiste eine Checkliste durchgehen und beschließen, fortan zielbewußt arbeiten zu wollen, zeigt die folgende Geschichte. Und wie Sie sehen werden, sind die Veränderungen doch ziemlich drastisch.

Als wir die Veränderungen in der Branch Bank and Trust in die Wege leiteten, waren wir alles Leute, die innerhalb des Unternehmens mindestens drei oder vier Stufen unter der höchsten Ebene standen. Ich war ein Angestellter im mittleren Kader. Eines Tages trafen wir uns durch reinen Zufall beim Mittagessen und kamen bei unserem Gespräch zum einfachen Schluß, daß wir alle zwar viel Geld verdienten, aber weit davon entfernt waren, glücklich oder erfüllt zu sein.

Also beschlossen wir alle, zu kündigen.

Wir beschlossen, mit dem Direktor zu sprechen und ihm zu sagen, wir würden die Bank verlassen. Und genau das taten wir. Nicht etwa mit Drohgebärden, sondern ganz höflich und anständig. Wir sagten ihm, die Bank möge zwar gut für ihn sein, sie sei es aber nicht für uns; wir würden demnach alle in den nächsten zwei, drei Monaten kündigen, und wir wollten, daß er das wisse. Einigermaßen überrascht sagte er: »Das ist ja interessant. Was könnte ich denn ändern, damit Sie noch bleiben?«

Wir hatten zwar keine Liste aufgestellt, aber fünf Punkte hatten wir doch zusammengetragen: »Sie müssen das ganze Topmanagement ändern; Sie müssen das Verhältnis zum Aufsichtsrat ändern; Sie müssen unbedingt die Leute anders behandeln; Sie müssen Ihre Marketingstrategien ändern, und Sie müssen Ihre Mission und Ihre Weltanschauung vollkommen ändern.«

Er überlegte einen Augenblick und sagte dann: »Nun, wenn das alles ist, was Sie wollen – kein Problem.« Also blieben wir alle, und da begann es. Wir mußten hart arbeiten; wir brauchten viel Hilfe und änderten viele Dinge; aber so begann es.

Und der Clou ist, daß Ihr höchster Chef das alles weiß; er weiß genau, daß es auf lange Sicht nicht klappt, wenn die Mitarbeiter kein inneres Gefühl der Zufriedenheit haben, egal, was sie verdienen. Es ist wie der Kaiser ohne Kleider: Niemand hat ihm gesagt, daß er keine Kleider trägt, aber wenn Sie es ihm sagen, stellen Sie fest, daß er es weiß. John Allison, Direktor der BB&T

Allison und andere Mitglieder des Direktoriums von BB&T ließen sich mit ihrer Bank auf ein Experiment ein, das in drei Phasen ablief. Zunächst definierten sie ihr Ziel: *Den Kunden helfen, ihre finanziellen Probleme zu lösen.* Dann gaben sie allen Angestellten die Erlaubnis, auf dieses Ziel hinzuarbeiten. Und schließlich bestätigten und bestärkten sie stündlich und täglich – bei ihren Mitarbeitern, besonders aber auch bei den Kunden – dieses Gefühl, ein wichtiges Ziel zu verfolgen.

Und es begannen sich Dinge zu ändern. Wenn Menschen auf ein wichtiges Ziel hinarbeiten, geschehen viele positive Dinge, von denen viele unvorhersehbar sind.

Genauso war es mit dem Geschäftsergebnis der BB&T. Zu Beginn des »Experiments« wies die Bank bei einem branchenüblichen Anstieg von 10 Prozent eine Zuwachsrate von jährlich 8 Prozent aus. Als Folge der geplanten Umstrukturierung prophezeite die Direktion einen Anstieg der Zuwachsrate auf 12 Prozent – das hätte im Hinblick auf die 8 Prozent eine Steigerung auf 150 Prozent bedeutet.

Ich sage bewußt »hätte bedeutet«, denn in Wirklichkeit betrug die jährliche Zuwachsrate im Mittel der folgenden fünf Jahre nicht weniger als 31,7 Prozent pro Jahr. Das geschieht in einem Unternehmen, das ein vollkommen neues Spiel gestaltet und seinen Angestellten hilft, daß sie das tun können, was sie tun wollen: nämlich durch zielbewußtes Arbeiten und Verkaufen einen entscheidenden Unterschied machen.

Aller Anfang ist schwer

Wenn ein Unternehmen von der Größe einer Bank solche Verpflichtungen eingehen kann, was könnte dann ein einzelner Verkäufer da ausrichten! Definieren Sie Ihr Verkaufsziel, und erinnern Sie sich täglich daran. Schreiben Sie es sich auf einen Zettel, und stecken Sie diesen an Ihren Spiegel; tragen Sie es in Ihre Agenda ein; schreiben Sie es auf Ihr Briefpapier. Arbeiten Sie dann vertrauensvoll und zielbewußt. Genau wie bei der BB&T wird auch dieser einfache Schritt Ihre Verkaufstätigkeit beeinflussen. Und er wird sich in den Ergebnissen bemerkbar machen.

Checkliste für den Anfang

1. Definieren Sie Ihr Verkaufsziel, und stecken Sie es möglichst genau ab.
2. Rufen Sie es sich jeden Tag, jede Stunde oder vor jedem Geschäftsbesuch in Erinnerung.
3. Arbeiten Sie diesem Ziel entsprechend. Räumen Sie Ihr Ego aus dem Weg, und bleiben Sie auf das Ziel fixiert.

Das Ziel auch in harten Zeiten verfolgen

Lassen Sie mich dieses Kapitel mit einer kleinen Geschichte abschließen. Mein Vater, seines Zeichens ebenfalls Verkäufer, kannte das Motto »Andern helfen, zu bekommen, was sie wollen« und lebte ihm auch in den harten Zeiten der Depression in den dreißiger Jahren nach. Von Kentucky aus ging er im ganzen Südwesten des Landes auf Kundenbesuch, das hieß, daß er lange, staubige Straßen von Kleinstadt zu Kleinstadt bewältigen mußte. Er verkaufte Puppen. Aber er verkaufte sie mit einem Unterschied, der aus dem Verständnis dafür erwuchs, was seine Kunden wirklich wollten und brauchten. Er änderte das Spiel: Er verkaufte Puppen als Prämien.

Damals steckten alle die kleinen Geschäfte im Süden bis über die Ohren in Schwierigkeiten. Jahr für Jahr gingen Hunderte von ihnen ein. Mein Vater betrat ein Geschäft und redete mit dem Inhaber nicht über seine Puppen, sondern darüber, daß er ihm helfen wolle, seinen Umsatz zu steigern. Er schlug dem Besitzer vor, die Puppen seinen Stammkunden oder Großeinkäufern gratis abzugeben. Diese Idee fiel auf fruchtbaren Boden, und so schaffte mein Vater selbst in den schlimmsten Zeiten der Depression Provisionen von gegen 1000 Dollar pro Monat – was damals sehr viel Geld war.

Und all dies hatte er dem Ziel zu verdanken, daß er jenen Ladenbesitzern helfen wollte, die schweren Zeiten zu überleben – denn das war es, was sie alle unbedingt wollten.

Mein Vater erzählte mir, als Verkäufer könne man immer arbeiten und seinen Lebensunterhalt verdienen – ganz egal, wie schwer die Zeiten auch seien –, solange man nur versuche, die Probleme der Leute zu lösen. Solange man ihnen helfe, das zu bekommen, was sie wollen. Denn es werde immer Leute geben, die ein Problem haben, das gelöst werden muß, und es werde immer Verkäufer geben, die ihnen dabei helfen. Und es spielt keine Rolle, was Sie verkaufen, Puppen oder Autos; solange Sie sich darauf konzentrieren, die Probleme anderer Leute zu lösen, wird alles andere wie von selbst kommen.

Strategische Überlegung Nr. 2
Zusammenfassung
Denken Sie: Mein Ziel ist es, andern zu helfen, das zu bekommen, was sie wollen

Neugestalter des Spiels arbeiten mit einem ausgeprägten Gefühl für das, wer sie sind. Ihre Arbeit ist ein Ausdruck ihres tiefsten Selbst.
Neugestalter arbeiten zielbewußt.

Zielbewußt arbeiten erfordert die folgenden Verpflichtungen:
Die Verpflichtung, wichtige Dinge zu tun, auf ein wichtigeres Ziel als auf sich selber hinzuarbeiten. Aus sich herauszutreten.

Die Verpflichtung, Ihren Kunden »zu Diensten« zu sein.
Die Verpflichtung, Ihre einzigartigen Talente einzusetzen.

Wie anfangen

1. Definieren Sie Ihr Verkaufsziel. Definieren Sie *für Ihre Branche,* was es bedeutet, »andern zu helfen, daß sie bekommen, was sie wollen«.
2. Führen Sie sich Ihr Ziel täglich neu vor Augen. Schreiben Sie es auf, und hängen Sie den Zettel irgendwo auf, wo Sie ihn nicht übersehen können. Machen Sie es sich zur Gewohnheit, ihn zu lesen.
3. Arbeiten und verkaufen Sie zielbewußt. Vor allem in harten Zeiten. Wenn die Dinge immer schwerer werden, lösen Sie sich von der fixen Idee, dieses Geschäft jetzt einfach machen zu müssen, und denken Sie: »Wie kann ich diesem Menschen helfen, zu bekommen, was er will?«

Kapitel 7

Strategische Überlegung Nr. 3: Die Zukunft gestalten

Verkaufen in Phase III ist Kreativität

Kreativität. Weitblick. Diese zwei Eigenschaften sind für jeden erfolgreichen Verkäufer in Phase III unentbehrlich. Drücken wir es noch etwas deutlicher aus: Erfolg in Phase III hat mit traditionellen Maßstäben wie zum Beispiel mit der Anzahl Kunden, die Sie besuchen, nur sehr wenig zu tun. Die meisten der von uns befragten Verkäufer in Phase III besuchen weit weniger Kunden als ihre Kollegen – dabei sind sie aber in der Regel annähernd doppelt so produktiv. Denken Sie an das alte Klischee, wonach 20 Prozent der Verkäufer einer Firma 80 Prozent des Umsatzes erzielen? Richtig! Hinzu kommt aber, daß die 20 Prozent Verkäufer ihre 80 Prozent Umsatz *mit weniger Kunden* erreichen.

Der Unterschied ist der folgende: Verkäufer in Phase III verstehen, daß Verkaufen kein Spiel mit Zahlen ist. Beim Verkaufen geht es um Kreativität, Innovation, Ideen und Strategien. Es ist ein Denkspiel. Der Verkäufer in Phase III verbringt den weitaus größten Teil seiner Zeit mit Denken und Planen.

Denken

Etwas, was die Leute nervös macht, ist die Tatsache, daß ich sehr viel Zeit in meinem Büro verbringe. Sie fragen: »Warum sind Sie nicht draußen bei Ihren Kunden?« Sie verstehen nicht, daß der Löwenanteil der Arbeit darin besteht, zu planen und zu denken – all meine Gedanken zusammenzubringen. Für gewisse Tage in meiner Agenda darf meine Sekretärin keine Verabredungen treffen. Ich brauche Zeit zum Nachdenken und Vorbereiten.

Alan Braslow, Five Technologies

Nicht konkurrieren, sondern kreativ sein

Der Erfolg in Phase III hängt davon ab, ob Sie die innovativen Ideen haben, welche das Spiel so verändern, daß Ihre Konkurrenz außer Rang und Traktanden fällt und Sie langfristige Bindungen zu Ihren Kunden herstellen können.

Kreativität ist die Fähigkeit, sich die Zukunft, die Sie wollen, vorzustellen und dann zu verwirklichen. Das ist in der heutigen Zeit, in der sich alles so schnell verändert, so wichtig, weil die Fähigkeit zu Kreativität und Innovation die Neugestalter des Spiels von den anderen Verkäufern absetzen wird, die das alte Spiel mit immer geringerem Wirkungsgrad wiederholen.

Ein kreatives Unternehmen: Porsche

Ein Slogan von Porsche lautet: »Man kann zwar die Regeln ändern, nicht aber die Ergebnisse.« Die Resultate lassen sich durch Innovation und Kreativität ändern. Porsche war schon immer fähig, alte Regeln für ungültig zu erklären, rasch dazuzulernen und kreativ ein neues Spiel zu beherrschen, sobald Regeln geändert wurden. Gerade *weil* die Regeln immer wieder geändert haben, hat Porsche ständig ganz vorne bleiben können.

Peter Schutz, der Präsident von Porsche, kam letzthin mit seinem Führungsstab ins Pecos River Learning Center. Er erklärte uns, wie Porsche durch Kreativität sein Spiel ändern kann:

Unsere Erfahrungen in den Autorennen haben mir eines gezeigt: Wenn man bei Rennen – oder bei irgendeinem anderen Geschäft – die Bedingungen für alle ausgleichen will, dann braucht man nur ungefähr zehn Jahre lang die Regeln nicht zu ändern. Nach vier oder fünf Jahren kann sich dann nämlich jeder an fünf Fingern abzählen, was man als nächstes vorhat, und dann haben wohl alle ungefähr die gleichen Chancen.

Und unter solchen Bedingungen könnte eine Firma wie Porsche in der Tat nicht überleben. Wir würden von GM, Toyota und den anderen Großen zu Tode getrampelt, weil sie über mehr Mittel verfügen. Wir müssen also anders arbeiten: Wir haben die besten Leute und lassen sie kreativ und ohne unnütze bürokratische Behinderung arbeiten, falls sie so motiviert sind, daß sie gewinnen wollen. Und je mehr die Dinge ändern, desto mehr kann man gewinnen. Und wenn Ihr Plan darauf beruht, daß wir uns nur auf Veränderungen verlassen dürfen, werden Sie immer wieder gewinnen. Die Konkurrenz wird zwar nachziehen, aber sie wird einen nie einholen.

Über den Horizont hinaussehen

Information ist vergänglich. Was wir heute wissen, ist bestimmt wertvoll, aber es ist nicht alles. Bei Cray müssen wir Neuland erobern, um in unserer Branche ganz oben zu bleiben. Was wir in der Vergangenheit getan haben, ist für die Zukunft nicht gut genug. So ruhen wir uns nie auf alten Lorbeeren aus, sondern sehen uns nach neuen um. Die neuen Ideen sind die Zukunft.

Charles Breckenridge, Cray Research

Wie Peter Drucker sagte: »Die beste Art, die Zukunft vorauszusagen, ist, sie zu gestalten.« Und die Gestaltung der Zukunft beginnt mit Visionen, wie Peter Schutz von Porsche und Charles Breckenridge von Cray nur allzu gut wissen. Auch Fred Smith von Federal Express ist ein Meister dieses Faches. Wenn man sich mit seinen Mitarbeitern unterhält, sagen sie, Smith spreche von der Zukunft in ungefähr zehn Jahren, als ob sie die Gegenwart wäre. Die Möglichkeiten der Zukunft sind für ihn so lebendig, daß er sie als unwiderstehliche und mitreißende Realität sieht.

Fred Smith hat die Gabe der Vision, eine Eigenschaft, die alle Unternehmer besitzen und die das Geheimnis der Kreativität ist.

Sich das gewünschte Ergebnis vorstellen

Auch ich hatte seinerzeit meine Visionen, ohne es richtig zu realisieren, und sie halfen mir, das zu bekommen, was ich mein Leben lang gewollt hatte. Mein erstes Jahr als vierundzwanzigjähriger Versicherungsvertreter war recht gut. Ich nahm in der Jahresrangliste Platz zwei ein. Mein Erfolg war nicht unwesentlich darauf zurückzuführen, daß ich gelernt hatte, diese Kraft der Vision zu nutzen. Damals hielt ich sie eigentlich nur für Träume vom großen Erfolg. Ich nutzte sie zu Tagträumereien über das große Geschäft. Doch dann begannen meine Träume wahr zu werden. Mitten in einem wichtigen Verkaufsgespräch wußte ich plötzlich, was ich tun mußte. *Ich hatte diese Situation in meiner Phantasie schon durchgespielt.* Diese Fähigkeit half mir, das jüngste Mitglied des Millionen-Dollar-Clubs zu werden, indem ich in fünf Jahren Versicherungen im Wert von über 15 Millionen Dollar verkaufte (was heute längst nicht mehr reichen würde – aber damals!).

Wenn ich an den Beginn meiner Karriere als Redner denke, kann ich ihn fast unmittelbar auf den Einsatz dieser Fähigkeit zu Visionen zurückführen. Es war 1961, und ich hatte beschlossen, meine erfolgreiche Laufbahn als Verkäufer in eine ebensolche Karriere als Redner über das Verkaufen umzuwandeln. Mit ein bißchen Glück und sehr viel Hilfe von Bill Gove und Herb True, zwei Meisterrednern, bekam ich meine erste große Chance als Redner vor der Amerikanischen Vereinigung der Lebensversicherungsagenten in Denver.

Die gute Nachricht war, daß ich dieses Engagement bekam, und die *schlechte* Nachricht, daß ich dieses Engagement bekam. Vier Monate des Kümmerns, Schwitzens, Übens harrten meiner. Und trotz aller Bemühungen gelang es mir nicht, vor diesem Auftritt noch andere Engagements als Redner zu bekommen. Meine Premiere mußte also vor diesem kritischen Publikum stattfinden, das über meine Laufbahn als Redner entscheiden würde.

Das ganze Szenarium verlangte nach einer gut durchdachten Strategischen Überlegung.

Zunächst mußte ich dem Ereignis die ihm zukommende Bedeutung zumessen. Die 500 Dollar, die ich als Gage bekommen sollte, reichten da nicht aus. In jenem Saal in Denver würden über 1000 potentielle Kunden sitzen, die mich für eine Rede vor ihren eigenen Leuten buchen konnten. Ich schrieb meinem Auftritt also einen willkürlichen Wert von 100000 Dollar zu. Diese Zahl repräsentierte für mich die potentielle Buchungskraft des Publikums, und sie erregte nun wirklich meine Aufmerksamkeit.

Sodann war mir klar, daß ich ganz bewußt etwas anderes tun mußte, wenn ich die Monate bis zum bewußten Termin nicht voller Angst und Sorge verleben wollte. Einüben konnte ich meine Rede vor 1000 Zuhörern nun beim besten Willen nicht zu Hause vor meinem Spiegel.

Dann erinnerte ich mich der *Kraft der Visualisierung*. Das hieß für mich damals einfach, daß ich in Gedanken einen Film ablaufen ließ. Also produzierte ich einen 60 Sekunden langen Film von mir selbst, wie ich vor meinen Zuhörern im Brown Palace in Denver stand. Ich sah mich selbst sehr deutlich, und ich sah die Zuhörer sehr deutlich. Ich war großartig, und sie waren großartig. Wir verbrachten eine tolle Zeit miteinander. Und ich sah das Ende. Die Leute kamen auf die Bühne, streckten mir ihre Visitenkarten entgegen und baten mich, ihnen meine freien Termine und meine Honorarforderungen bekanntzugeben. Das war mein Film. Und ich spielte ihn von April bis September jede Nacht einmal ab, genau 60 Sekunden pro Nacht.

Ich war nie zuvor im Brown Palace gewesen, ja nicht einmal in Denver. Aber ich hatte den Samen dieser »Vision« ungefähr 150mal gesät, bevor ich den Saal dann wirklich betrat. Nacht für Nacht. Und als ich dann dort ankam, war der Saal genauso wie in meinem Film. Das Publikum war genau gleich wie in meinem Film. Ich hatte das Gefühl, absolut Herr der Lage zu sein und genau zu wissen, wie alles herauskommen würde. Ich hatte keine Angst und war nicht aufgeregt. Ich spürte ein starkes Vertrauen. Und nach der Rede kamen die Leute zu mir, streckten mir ihre Visitenkarten entgegen und baten mich, ihnen meine freien Termine und meine Honorarforderungen bekanntzugeben.

Dies war die Rede, die meine Karriere und in der Folge auch Wilson Learning lancierte.

Für mich aber war sie in erster Linie das Ereignis, das mir bewies, daß wir unsere eigene Zukunft gestalten können. Damals begriff ich, daß der *Prozeß der Visualisierung* die Resultate erbringt.

Der Prozeß der Visualisierung

Heute weiß man viel mehr über Visualisierung und den kreativen Prozeß. Und man weiß viel mehr über die entscheidende Rolle, welche das Unbewußte beim Erfolg spielt. Willis Harman, Autor des Buches *Die Kunst, kreativ zu sein,* hat mir geholfen, diesen Vorgang zu verstehen. »So unglaublich es scheint, mehr ist an der Sache nicht dran: Wir brauchen nichts weiter zu tun, als das Unbewußte bewußt mit dem richtigen Input zu programmieren, wonach dann Input plus Verarbeitungszeit wie bei einer mathematischen Formel den Output bewirken... Bildliche Vorstellungen sind die Sprache des Unbewußten. Dessen Macht wird unmittelbar durch den gezielten Einsatz geistiger Bilder und durch Visualisierungstechniken geweckt.« (Übers.: Erwin Schuhmacher)

Der LearJet

Bill Lear war der Vater des LearJet, ja der eigentliche Erfinder des Firmenflugzeugs und Mitgestalter der Geschäftsluftfahrt. Er war auch Inhaber von 150 anderen Patenten. In einem Interview im Jahr 1975 wurde er gefragt, woher er denn die Ideen für all seine neuen Produkte nehme.

»Zunächst schaffe ich ein Bedürfnis für ein Produkt, das noch nicht existiert. Ich trage alle Fakten über ein bestimmtes Thema zusammen und programmiere sie meinem Unterbewußtsein ein. Irgendwann nachher bekomme ich dann eine Antwort. Ich glaube, es gibt eine starke äußere Kraft, die mir die Antworten eingibt – nennen Sie sie Gott, Höchstes Wesen oder anders.« (Zitat aus »Business and Commercial Aviation«, Juni 1986)

Die vier Schritte

Der kreative Prozeß läuft in vier Schritten ab. Zuerst schlagen Sie den zündenden Funken, indem Sie sich fragen: »Was möchte ich sehen? Welches Ergebnis soll herausschauen?« Dann »schalten sie ab« und lassen Ihr Unterbewußtsein die Vision und die Lösung ausarbeiten. Ist die Vision da, folgt der dritte Schritt: Wiederholen Sie sie immer wieder, fügen Sie neue Einzelheiten hinzu, lassen Sie die Vision wie einen Film in Gedanken immer wieder ablaufen, bis Sie das Drehbuch, die Schauspieler und die Drehorte im Schlaf kennen. Wenn die Vision dann sozusagen lebendig geworden ist, kommen die ersten Schritte, um sie in die Wirklichkeit umzusetzen.

Eine Anmerkung zur Kreativität

Bevor wir weitergehen, müssen Sie sich absolut darüber im klaren sein, daß Kreativität nicht etwas ist, was man entweder hat oder nicht hat – ganz egal, was Ihre Lehrer einst sagten. Kreativität ist eine Fähigkeit, die Sie wie jede andere auch entwickeln können, zum Beispiel, indem Sie die geistigen Barrikaden niederreißen, die ihr im Weg stehen.

Die vier häufigsten Barrikaden sind:

Sich nicht der Tatsache bewußt sein, daß jeder Mensch Kreativität in sich hat; sie gehört zu den Gaben, die wir in die Wiege gelegt bekommen.

Nicht realisieren, daß wir alle viel mehr tun können, um unsere eigene Kreativität zu fördern.

Nicht bereit sein, immer wieder neue und bessere Ideen auszuhecken.

Angst, als dumm oder ganz anders angesehen zu werden. Es ist unser Ego, das kein Risiko eingehen will. Aber ohne Risiko gibt es keine Kreativität. Wenn Sie also lernen wollen, kreativer zu sein, müssen Sie gelegentlich Ihren Kopf aus dem Schneckenhaus herausstrecken. Manchmal ist Kreativität einfach die Rückseite der Medaille, auf deren Vorderseite die Dummheit steht.

Schritt 1: Den zündenden Funken schlagen: Was für ein Ergebnis möchte ich sehen?

Beim ersten Schritt in diesem Prozeß fragen Sie sich: »Was will ich? Was wäre das bestmögliche Ergebnis?« Machen Sie sich zu diesem Zeitpunkt noch keine Sorgen darum, ob etwas schon einmal dagewesen ist oder nicht, ob etwas technisch realisiert werden kann oder nicht, ob Sie Ihren Chef oder Ihre Firma dazu überreden können, mitzumachen. Jetzt geht es nur darum, Ihren Gedanken freien Lauf zu lassen. Kümmern Sie sich nicht um mögliche Probleme, stellen Sie sich nur *das optimale Ergebnis* vor. Wie würde es aussehen? Erschließen Sie mit Hilfe Ihrer Phantasie Neuland, und versuchen Sie, neue und andere Fragen zu stellen.

Was wäre, wenn ...?

Diese Worte können Ihnen helfen, den Funken zu schlagen: »Was wäre, wenn ...?« Wenn Sie es mit einer neuen Art von Geschäftsbeziehung versuchen würden? Wenn Sie ein Produkt abändern oder anpassen würden, das noch nie abgeändert oder angepaßt worden ist? Wenn Sie eine neue Kombination von Produkten oder Dienstleistungen anböten? Was geschähe dann? Was würde sich ändern? Wie würde Ihr Kunde davon profitieren? Wie würde Ihre Firma davon profitieren? Der Wissenschaftler in uns stellt einfache Fragen, für deren Antworten wir uns neue Lösungen ausdenken müssen. Albert Einstein sagte, er habe nur das große Talent gehabt, sehr einfache, aber folgenschwere Fragen zu stellen. Zum Beispiel die Frage: »Was wäre, wenn ...?«

In welchem Geschäft sind wir denn eigentlich?

Ein Beispiel dafür, wie der zündende Funke geschlagen werden kann: Porsche hat kürzlich eine neue Marktstrategie entwickelt. Alles begann mit der Begeisterung für eine neue Idee, die einfache Frage nämlich: »In welchem Geschäft sind wir denn nun eigentlich?« Und anschließend wurden die entsprechenden Informationen gesammelt, um die Frage beantworten zu können. Lassen wir Peter Schutz erzählen:

Nachdem ich bei Porsche angefangen hatte, versuchte ich schon bald einmal zu analysieren, was es denn mit der sogenannten Autorevolution auf sich hatte. Beispielsweise mit dem Frontantrieb, mit kleineren Reifen, einem geringeren Gewicht – lauter Neuheiten, in die Milliarden von Dollars investiert worden sind. Ich sah mir die Autos an und stellte überrascht fest, daß die heutigen Wagen von GM, Ford und Volkswagen nicht viel Ähnlichkeiten zu früheren Modellen aufweisen. Auf der anderen Seite schaute ich mir Mercedes, BMW und Porsche an und stellte fest, daß sich nichts geändert hatte. Ein Mercedes hatte nach wie vor den Motor vorn, den Antrieb hinten, vier Türen und einen Stern auf der Haube. Ähnliches galt für BMW, und dennoch waren beide Marken äußerst erfolgreich. Und so fragte ich mich, weshalb sie dieser Revolution nicht unterworfen waren. Und ich kam zum Schluß, daß ich zwei vollkommen verschiedene Dinge vor mir hatte.

Die Autos der ersten Gruppe sind meiner Meinung nach Maschinen, die auf Tatsachen aufbauen. Sie sind die Antwort auf Fakten unserer Umgebung, zum Beispiel auf Treibstoffkosten, durchschnittliche Familiengröße, durchschnittliche Länge der Fahrstrecke, durchschnittliche Größe der Einkäufe usw. Und da sich viele dieser Fakten in letzter Zeit stark geändert haben, haben sich auch die Autos verändert, welche ihnen Rechnung tragen.

Die Autos der anderen Gruppe hingegen, die ich einmal als »Nicht-Zweck-Fahrzeuge« bezeichnen möchte, bauen nicht auf Fakten, sondern auf Gefühlen auf. Sie beruhen auf den Gefühlen ihrer Fahrer und deren Umgebung. Und diese Gefühle waren nicht der gleichen Revolution unterworfen wie die obenerwähnten Fakten, und somit waren es auch die Autos nicht, welche diesen Gefühlen Rechnung tragen.

Daraufhin entwickelte ich eine Theorie, über die ich sehr oft gesprochen habe und die man auf einen kurzen Nenner bringen könnte: »Ein Porsche ist kein Auto.« Darin vertrete ich die Ansicht, ein Porsche sei etwas, was die Leute einfach haben wollen, auch wenn sie nirgendwo hinfahren müssen. Unsere Kunden sind begeisterte Autofahrer, und das hat gar nichts damit zu tun, daß sie irgendein Ziel erreichen müßten. Im Gegenteil, wenn sie kein Ziel haben, kann man ihnen keinen größeren Gefallen tun, als sie zu bitten, einen irgendwohin zu bringen. Wenn man sagt: »Mensch, ich muß unbedingt in die Stadt. Würdest du mich hinfahren?«, weiß man, daß sie gerne dazu bereit sind, weil sie nur auf diese Gelegenheit gewartet haben.

Ich entdeckte also mit einem »Aha!«, daß Porsche nicht Autos verkauft, sondern die besten Spielzeuge der Welt für Manager und Führungskräfte.

Schritt 2: Schalten Sie ab

Gehen Sie nun nicht den herkömmlichen Weg weiter. Der nächste Schritt ist nun, *nicht* über den Stand der Dinge nachzudenken. Lösen Sie sich von der Überzeugung, daß Kreativität zu diesem Zeitpunkt bedeutet, irgend etwas ganz Bewußtes zu tun. Häufig klappt es nämlich damit nicht. Wir wollen das Unterbewußtsein an unserem Problem arbeiten lassen, und das kann es weitaus am besten, wenn wir uns entspannen und »abschalten«. Mit der richtigen Unterstützung arbeitet das durch unsere Begeisterung aufgeputschte und mit den richtigen Informationen gefütterte Unterbewußtsein pausenlos an unserem Problem.

Tunnelsicht

Seymour Cray ist der Gründer von Cray Research, der Firma, welche die schnellsten Computer der Welt baut. Die unternehmerische Vision von Cray Research ist einfach: die schnellsten Computer der Welt bauen und verkaufen. Mit dieser Vision vor Augen fragen sich die Angestellten Tag für Tag: »Trägt das, was ich gerade tue, dazu bei, die schnellsten Computer zu bauen?« Lautet die Antwort nein, suchen sie eine andere Tätigkeit, die mit der Vision in Einklang steht.

Cray Research hat eingesehen, daß nicht Leute das »Wie« liefern, die in den vier Wänden ihrer Büros an einem Problem arbeiten. Folglich haben alle Mitarbeiter von den Ingenieuren bis zu den Verkäufern die ausdrückliche Erlaubnis, alles zu tun, was immer sie auch tun müssen – »abschalten« inbegriffen –, damit sie wirklich kreativ sein können.

Einem Gerücht zufolge soll sich Cray schon von Kindesbeinen an immer gewünscht haben, daß ein Tunnel unter seinem Haus hindurch verlaufe. Und jetzt ist er dabei, diesen Tunnel unter seinem Garten auszuheben. Er verwendet viel Zeit darauf, dafür kommen ihm dort seine guten Ideen. Wenn er dann wieder an seinem Schreibtisch sitzt, macht er sich entsprechende Notizen.

Mit der Vision, die schnellsten Computer zu bauen, vertraut Cray darauf, daß er Ideen und Lösungen finden wird. Während er an seinem Tunnel weitergräbt, kann er sein Denken »abschalten«, und dann kann sein Unterbewußtsein schöpferisch wirken.

Als ich zu Beginn der sechziger Jahre an meinem ersten Programm zur Verkaufsschulung arbeitete, hatte ich vollkommen falsche Vorstellungen darüber, wie dieser kreative Prozeß abläuft. Ich betrat mein Büro, schloß die Tür hinter mir, setzte mich hin und versuchte, Ideen zu haben. Aber es klappte nicht. Unglaubliche Mengen von Kaffee, Zeit und Papier gingen drauf – nur die Ideen wollten nicht kommen. Schließlich war ich vollkommen frustriert, weil nichts geschah, stand auf und ging weg. Und dann machte ich eine verblüffende Entdeckung. Ich legte mich zu Hause auf ein Sofa, »schaltete ab«, entspannte mich, hörte Musik und machte mir weder Gedanken noch Sorgen – und die Ideen sprudelten nur so hervor. So ist es mit der Kreativität.

Nehmen Sie sich also die Zeit, ein bißchen herumzuwerken und sich mit Nebensachen zu beschäftigen. Kreativität funktioniert nicht nach Fahrplan und nicht immer. Bleiben Sie nicht einfach an Ihrem

Schreibtisch sitzen, um das leere Papier vor sich anzustarren. Suchen Sie selbst einen Weg, wie Sie Ihr Unterbewußtsein freisetzen können.

»Kreativität hat weder mit Logik noch mit Vernunft viel zu tun. Wenn Mathematiker über die Umstände berichten, unter denen sie ihre großen Ideen hatten, dann erwähnen sie oft, daß der entscheidende Einfall absolut nichts mit dem zu tun hatte, was sie gerade taten. Entweder waren sie gerade unterwegs oder beim Rasieren, oder sie dachten an etwas völlig anderes. Der kreative Prozeß kann nicht willkürlich in Gang gesetzt werden, er läßt sich auch nicht durch angestrengtes Nachdenken herbeiführen. Tatsächlich scheint er gerade dann einzusetzen, wenn der Geist sich entspannt und die Gedanken frei herumschweifen.« (Morris Kline, *Scientific American*, März 1955; in Martin Gardner, »Aha! oder Das wahre Verständnis der Mathematik«.)

Vertrauen

Abschalten und die unbewußten Fähigkeiten entwickeln bedeutet, Vertrauen zu sich selbst zu haben. *Vertrauen Sie darauf, daß Sie kreativ sind, vertrauen Sie darauf, daß sich die Vision oder die Idee einstellen wird.* Glauben Sie daran, daß Sie kreativ sind, und geraten Sie nicht in Panik. Die Idee, die Vision kommt vielleicht nicht nach Fahrplan, aber sie wird kommen.

Bei vielen Menschen liegt die Barrikade hier, weil sie nicht mehr glauben, daß es geschehen wird, daß sie kreativ sind. Ihr Ego mischt sich ein und rät ihnen, diesen Blödsinn aufzugeben und lieber wieder an die Arbeit zu gehen. In diesem Fall können Sie nur eines tun: Bringen Sie diese Stimme zum Schweigen, und haben Sie Vertrauen in sich selbst.

Da liegen Sie eines schönen Morgens noch halb schlafend im Bett, und husch! – da ist sie. Das perfekte Ergebnis – die Verbindung, nach der Sie gesucht haben.

Es hört sich wirklich verrückt an, aber wenn ich auf dem Weg zu einem Kunden bin, fällt mir automatisch der erste Satz ein, mit dem ich das Gespräch eröffnen werde. Es ist merkwürdig. So oft fallen mir diese Dinge einfach irgendwie ein. Ich entspanne mich nur, gehe nochmals die Akten durch und denke über dieses oder jenes nach. Es ist unheimlich – irgendwie fällt mir einfach immer etwas ein.

Ann Spinazzola, NorthWestern Mutual Life

Schritt 3: Lassen Sie den Film in Gedanken ablaufen

Nun geht es darum, sich das Ergebnis mit sämtlichen Einzelheiten und lebendig wie »in einem Film in Gedanken« vorzustellen. Wie sieht es aus? Wenn Sie unterwegs zu einer Besprechung sind, versuchen Sie sich den Raum vorzustellen. Wie werden Ihre Gesprächsteilnehmer aussehen? Was werden sie sagen? Was denken? Einzelheiten sind von größter Bedeutung. Wie klingt etwas? Wie fühlt es sich an? Wie riecht es? Setzen Sie all Ihre Sinne ein.

Filme

Vor ein paar Wochen schloß ich ein großes Geschäft mit Bob Hope ab. Als es soweit war, wurden wir beide vor dem neuen Flugzeug aufgenommen, das ich eben übergeben hatte. Natürlich zeigte ich das Bild voller Stolz überall herum, und jemand erkundigte sich danach, wann die Aufnahme denn gemacht worden sei. Ich sagte: »Vor ungefähr vier

Monaten.« Er erwiderte: »Augenblick, ich habe gemeint, Sie hätten das Flugzeug erst kürzlich verkauft.« Ich erzählte ihm, ich hätte das Bild in meinem Geiste schon vor vier Monaten aufgenommen, als ich erstmals mit Bob Hope zusammenkam. Der Verkauf des Flugzeugs war eigentlich nur die Entwicklung des Films gewesen.

Hätte ich dieses Bild nicht vor meinem inneren Auge gesehen, hätte ich wohl die dazwischenliegenden notwendigen Schritte nicht unternommen, um das Geschäft zum Abschluß zu bringen.

Jay Messinger, Messinger and Associates

Ich sehe das Ergebnis vor mir – dieser Kunde wird hinausgehen und in einem Auto wegfahren. Ich tue nichts anderes, als nur immer an das zu denken. Ich sehe, wie mein Kunde einen Scheck ausstellt, wie er in seinem Büro sitzt und die Finanzierung regelt – das alles sehe ich.

Diane Flis, Tamaroff Buick

Genauigkeit und Wiederholung

Seien Sie so genau wie nur möglich. Stellen Sie sich in allen Einzelheiten vor, wie das optimale Ergebnis aussehen und funktionieren wird.

Nutzen Sie das Mittel der Wiederholung. Spielen Sie den Film in Gedanken immer und immer wieder ab. Machen Sie es sich zu einer richtigen Gewohnheit. Sehen Sie sich den Film jedesmal an, bevor Sie schlafen gehen oder nachdem Sie aufgewacht sind. Regelmäßig, immer und immer wieder.

Die Mannschaft der australischen 12-Meter-Yacht, die 1983 den Challenge Cup gegen die amerikanische Konkurrenz gewann, hatte sich zum Beispiel bei ihrer Vorbereitung ebenfalls der Methode der Visualisierung bedient. Jedes Mitglied der Besatzung sah sich in Gedanken immer wieder das Rennen, seine spezifischen Aufgaben und den Sieg an, Nacht für Nacht, fünfzehn Minuten pro Nacht – *zwei Jahre lang*. Das ist Wiederholung, und der Lohn war eben, daß es diesem Team zum ersten Mal überhaupt gelang, die Amerikaner zu schlagen.

Wiederholung ist einer der Schlüssel, welche die Kraft des menschlichen Geistes erschließt. Genauso wie unablässiges Üben bei sportlichem Tun die Muskeln stählt, so stärkt der wiederholte Ablauf eines Films in Gedanken die Kraft der Vision.

Der Ablauf der Vision

Schritt 1: Schlagen Sie den zündenden Funken. Fragen Sie sich: »Was möchte ich sehen? Welches ist das bestmögliche Ergebnis?« Tragen Sie alle notwendigen Informationen zusammen, nehmen Sie sich genügend Zeit, darüber nachzudenken, und halten Sie dann die verschiedenen Möglichkeiten auf dem Papier fest.

Schritt 2: Schalten Sie ab. Denken Sie nicht mehr darüber nach. Entspannen Sie sich. Vertrauen Sie darauf, daß die Vision sich einstellt. Lassen Sie ihr Unterbewußtsein die Informationen verarbeiten und mit dem von Ihnen gewünschten Ergebnis verbinden.

Schritt 3: Lassen Sie den Film in Gedanken ablaufen. Malen Sie ein möglichst lebendiges und detailliertes Bild des von Ihnen gewünschten Ergebnisses. Seien Sie so genau wie nur möglich. Visualisieren Sie in allen Einzelheiten, wie das optimale Ergebnis aussehen und funktionieren wird.

Wiederholen Sie, lassen Sie den Film in Gedanken immer und immer wieder ablaufen.

Schritt 4: Von der Vision zur Realität

Wenn wir diesen in allen Einzelheiten ausgearbeiteten Film einmal im Kopf haben, braucht es nur noch Einsatz und ein bißchen Verständnis für die Bedeutung der nun folgenden Schritte, damit wir ihn in die Wirklichkeit umsetzen können.

Engagement und Zielstrebigkeit

Als der spanische Entdecker Coronado die Neue Welt erreicht hatte, verbrannte er seine Schiffe und zwang so sich und seine Leute dazu, das neue Land zu erforschen – es gab keinen Weg zurück. Dieses Engagement, das auf Vertrauen in Ihre Vision, auf Ihrer persönlichen Kraft und auf viel positivem Selbstgespräch beruht, ist das erste, was es braucht, um Ihre Vision in die Wirklichkeit umzusetzen. Sie müssen sich hundertprozentig für Ihre Vision engagieren, um sie trotz aller Rückschläge und Frustrationen, die immer mit dem Wort »neu« verbunden sind, ans Ziel zu bringen.

Ein moderner Coronado

Seymour Cray von Cray Research baut sich jedes Jahr ein Boot, das er dann den ganzen Sommer hindurch segelt und am Ende der Saison verbrennt, damit er wieder ein neues bauen kann. Das klingt nach fürchterlichem Arbeitsaufwand, aber es steckt eine Strategie dahinter: Die Existenz des alten Bootes beeinflußt nämlich ganz einfach den Bau des neuen Bootes – im positiven oder negativen Sinne. Cray will, daß er sich für den Bau des neuen *Bootes engagieren muß. Er verbrennt also das Bekannte, um sich für seine neue Vision engagieren zu können.*

Den richtigen Weg einschlagen

Der berühmte Science-fiction-Autor Ray Bradbury sagte einst: »Zuerst springst du von der Klippe herunter, und dann baust du dir auf dem Weg nach unten deine Flügel.« Wenn Sie sich erst einmal hundertprozentig der neuen Vision verschrieben haben, ist es Zeit, hundertprozentig darauf zu vertrauen, daß Sie sich Ihre Flügel bauen und damit fliegen, bevor Sie am Boden aufschlagen.

Welches ist der erste Schritt? Sie haben diese unwiderstehliche Vision: Wie setzen Sie sie in die Wirklichkeit um? Nehmen wir an, Sie haben eine großartige Idee für eine ganz besondere Anwendung eines Produktes: Was nun?

Wenn Sie die Vision klar und deutlich vor sich sehen, schlagen Sie die beste Marschrichtung ein. Gehen Sie voran, auch wenn Sie noch nicht alle Antworten haben. Rechnen Sie nicht damit, daß Sie schon beim ersten Mal recht haben. Das Motto lautet: »Bereit, schießen, zielen.«

Durchtesten und Fehler ausmerzen

Wenn ich von Kreativität und Lernen spreche, frage ich in der Regel, wie viele von meinen Zuhörern schon einmal einen Computer programmiert haben. Meistens schießen ein paar Hände in die Höhe, und dann fahre ich weiter: »Wer schon einmal einen Computer programmiert hat, weiß etwas, was die anderen nicht wissen.« Ich wende mich an die Glücklichen und frage: »Was ist passiert, nachdem Sie das Programm geschrieben und in den Computer eingegeben haben?« Die Antwort lautet stets: »Es hat nicht funktioniert.« Was tun Programmierer dann? Regen Sie sich auf, suchen Sie sich einen andern Beruf, oder schmeißen sie das ganze Programm einfach weg? Weder noch, natürlich. *Sie haben gelernt, daß sie nicht damit rechnen dürfen, daß ein Programm schon beim ersten Mal läuft.* Sie machen sich daran, es durchzusetzen und die Fehler auszumerzen.

Mit einem klaren Ergebnis vor Ihren Augen unternehmen Sie den ersten Schritt. Danach testen Sie alles durch und merzen Fehler aus; aufgrund dessen, was Sie bei diesem ersten Schritt gelernt haben, schlagen Sie unter Umständen eine neue Marschrichtung ein.

Vergessen Sie nie: Ein Plan ist nur ein Beginn. Sie können sich Ihrer Marschrichtung nie sicher sein. Sie können im günstigsten Fall darauf hoffen zu wissen, wohin Sie unterwegs sind. Am Pecos River Learning Center pflegen wir mit unseren Kunden zu wetten, daß sie uns keinen einzigen Plan vorlegen können, der so funktioniert hat, wie er entworfen worden ist. Pläne werden immer geändert, verbessert und von der Wirklichkeit beeinflußt. Wenn wir von der Vision zur Realität übergehen, müssen wir die gleiche Wahrheit akzeptieren: Es gibt keine gerade Verbindung von der einen zur andern. Genau wie beim Navigieren muß man ständig den Standort neu bestimmen, Abweichungen feststellen und Kurskorrekturen vornehmen.

»Lernen wie« und »Gewußt wie«

»In einer Zeit drastischer Veränderungen«, schrieb Eric Hoffer, »sind es die Lernenden, denen die Zukunft gehört. Die *gelernt haben,* sind nur noch tauglich, in einer Welt zu leben, die nicht mehr existiert.«

Dieses Kapitel handelt eigentlich von einer weiteren Eigenschaft von Verkäufern in Phase III, von der Kreativität. Wir nennen sie auch »Lernen wie«. In Zeiten, in denen sich alles so rasch verändert, ist es die Fähigkeit, ohne die man nicht überleben kann: stets in die Rolle des Lernenden schlüpfen. Immer bereit, fähig und willens sein, das alte Spiel zugunsten des neuen aufzugeben, ja, ganz vorne mit dabeizusein, wo das neue Spiel erfunden wird. Der Konkurrenz voraus sein, manchmal sogar dem eigenen Unternehmen.

Wenn unsere Kunden immer mehr Innovation verlangen, können wir uns nicht bloß mit Reaktionen zufriedengeben. Wir müssen fähig sein, einen Sprung nach vorn zu tun. Kreativ und innovativ zu sein. Stets dazu bereit, nicht einfach zu sagen: »So sind die Dinge nun halt einmal«, sondern uns zu fragen: »Was wäre, wenn...?« Wer das Spiel ändert, versteht in seinem Innersten, daß Wissen der Feind des Lernens ist. Und daß Lernen der Schlüssel zur Kreativität ist.

»Gewußt wie« war das alte, »Lernen wie« heißt das neue Spiel.

Strategische Überlegung Nr. 3
Zusammenfassung
Denken Sie: die Zukunft schaffen

Verkaufen in Phase III bedeutet Kreativität, Innovation, Ideen und Strategien. Es ist kein Zahlenspiel, sondern ein Denkspiel.

In der heutigen Zeit, in der sich alles so schnell verändert, in der sich das Spiel und die Regeln so schnell ändern, wird die Fähigkeit zu Kreativität und Innovation die Neugestalter des Spiels von den anderen Verkäufern unterscheiden, die einfach das alte Spiel wiederholen.

Der kreative Prozeß

1. Schlagen Sie den zündenden Funken. Fragen Sie sich: »Was möchte ich sehen? Welches ist das bestmögliche Ergebnis?« Tragen Sie alle notwendigen Informationen zusammen, nehmen Sie sich genügend Zeit, darüber nachzudenken, und halten Sie dann die verschiedenen Möglichkeiten schriftlich fest.
2. Schalten Sie ab. Denken Sie nicht mehr darüber nach. Entspannen Sie sich. Vertrauen Sie fest darauf, daß die Vision sich einstellt. Lassen Sie Ihr Unterbewußtsein die Informationen verarbeiten und mit dem von Ihnen gewünschten Ergebnis verbinden.
3. Lassen Sie den Film in Gedanken ablaufen. Malen Sie ein möglichst lebendiges und detailliertes Bild des von Ihnen gewünschten Ergebnisses. Seien Sie so genau wie möglich. Visualisieren Sie in allen Einzelheiten, wie das optimale Ergebnis aussehen und funktionieren wird. Wiederholen Sie, spielen Sie den Film immer und immer wieder ab. Lassen Sie ihn immer wieder in Gedanken ablaufen, regelmäßig, jeden Morgen oder jeden Abend.
4. Von der Vision zur Realität. Wenn Sie die Vision klar und deutlich vor sich sehen, schlagen Sie die beste Marschrichtung ein. Testen Sie alles durch, merzen Sie Fehler aus, und lernen Sie aus den Fehlern.

Kapitel 8:

Strategische Überlegung Nr. 4: Das Team führen

Wie kann ein Verkäufer, der keine Machtposition einnimmt, bei einem Geschäft ein Team bilden, führen und managen? Nicht nur das formelle Team, sondern die informellen Teams. Wie bringt er die Leute verschiedener Abteilungen seiner Firma dazu, mit hundertprozentiger Unterstützung in seinem Team, an seiner Vision mitzuarbeiten? Wie schafft er das, wenn niemand ihm direkt unterstellt ist?

Wenn Sie keine Machtposition einnehmen, müssen Sie eben Einfluß, Einfühlungsvermögen und persönliche Ausstrahlung, kurz Führungseigenschaften, haben.

Vom einsamen Verkäufer zum Teamführer

Wenn die Geschäfte immer komplexer werden und immer mehr Leute daran beteiligt sind, wenn die Geschäfte immer häufiger im Teamwork abgewickelt und die Verkaufszyklen immer länger werden, hängt der Erfolg von den Führungseigenschaften des Verkäufers ab. Und diese Eigenschaften sind Vertrauen, Vision, Engagement, Mut und Verantwortung.

Diese Strategische Überlegung befaßt sich mit diesen Eigenschaften und dieser Art von Führung. Sie handelt davon, daß der Verkäufer umdenken muß. Er ist nicht mehr ein »Ein-Mann-Team«, das dort draußen ganz auf sich allein gestellt ist, sondern der Führer eines richtigen Teams.

Das Geschäft ist heute stark von Konkurrenzdenken geprägt; wir alle haben dort draußen Konkurrenten, die das gleiche Produkt verkaufen, welches das gleiche Problem löst. Wenn ich dort draußen ganz allein, der einzige Kontakt für meine Kunden bin, braucht es nur einen Verkäufer, der besser ist als ich, und schon hat er mir das Geschäft weggeschnappt. Oder ein Problem, das ich nicht, er aber wohl lösen kann. Wenn ich hingegen direkte Beziehungen aufgebaut habe zwischen der Person, welche die Aufträge erteilt, und der Person, die sie entgegenimmt, zwischen der Planungsabteilung meiner Kunden und der meiner Firma, dann muß mein Konkurrent meine ganze Firma aus dem Feld schlagen – und das ist ein ganz anderes Spiel.

Eric Carlson, Du Pont

Als Sportfanatiker sehe ich mich in der Rolle des Mittelfeldregisseurs, der seine Leute und den ganzen Geschäftsablauf für meine Kunden dirigiert. Als ich in diesen Bereich einstieg, war ich der einsame Verkäufer. Heute arbeiten in diesem Bereich sieben Verkäufer, die von vielen Leuten von der Firma aus unterstützt werden. Um einen solchen Bereich wirklich zu managen, muß ich nicht alles wissen – das habe ich schon lange gelernt. Was ich weiß, ist unwichtig. Aber ich muß wissen, was andere Leute wissen, vor allem die Spezialisten, die meine Kunden auf ihren Gebieten beraten. Und genau das ist es: Man kann nicht alles selber machen.

Don Walker, Wilson Learning Corporation

Ich muß es selbst tun, aber ich schaffe es nicht allein.

Diese Verschiebung vom Einzelgänger zum Führer eines Teams wurde mir erst kürzlich bei der jährlichen Verkaufsschulung eines mittelgroßen Unternehmens wieder deutlich bewußt. Wir hatten eben unseren Tag im Freien mit den berühmten Kletter- und Abseilübungen abgeschlossen und saßen nun beim Essen und Trinken am Lagerfeuer. Und wir diskutierten natürlich unseren Tag. Nach ungefähr einer Stunde meldete sich ein Teilnehmer zu Wort und berichtete, er habe den ganzen Tag lang immer wieder ein paar der Spitzenverkäufer beobachtet, um herauszufinden, wie sie sich im Verlaufe dieses Kurses von den anderen unterschieden. Dabei habe er bemerkt, wie diese Leute – insbesondere zwei Frauen, die zu den fünf Spitzenverkäufern des Unternehmens gehörten – ständig und immer wieder um Hilfe, Rat und Beistand gebeten hätten. Bis zu diesem Tag habe er geglaubt, Spitzenverkäufer seien eigentliche Solisten, und darum habe auch er sich in dieser Rolle versucht. Nachdem er nun aber einen Tag lang gesehen habe, wie seine »Vorbilder« Hilfe erbeten und auch bekommen hätten, sei er zu einer anderen Ansicht bezüglich Spitzenleistungen gekommen. Er begreife nun, daß es eine Stärke sei, wenn man imstande sei zuzugeben, daß man etwas nicht selbst könne. Er sehe nun ein, daß es die neue Rolle des Spitzenverkäufers sei, andere zu unterstützen und selbst Unterstützung anzufordern. Dieses Verständnis ist der Beginn des Umdenkens von »Ich« zu »Wir«, und das gehört zum neuen Spiel in Phase III.

Früher, bei dieser anderen Firma, herrschte intern ein schreckliches Konkurrenzdenken. Die Verkaufs- und die Fertigungsabteilung waren – klimagerecht – in den entferntesten Flügeln des Gebäudes unterge-

bracht, und es war Krieg. Es hieß immer: »Die Verkaufsabteilung verkauft etwas, und die Fertigungsabteilung sorgt dafür, daß es bestimmt nicht funktioniert.«

Heute ist alles anders. Jedes Geschäft ist das Ergebnis von Teamwork. Sie alle zählen zu meinem Team: vom Telefonverkäufer, der nur mich mit qualifizierten Kunden reden läßt, über die Mitarbeiter des technischen Dienstes, die dafür sorgen, daß wir auch halten können, was ich verspreche, und die Serviceleute, welche für die von mir versprochenen Leistungen nach dem Geschäftsabschluß zuständig sind, bis zur Entwicklungsabteilung, die den Vorsprung gegenüber unserer Konkurrenz gewährleistet. Ohne all diese Leute hätte ich wohl nicht die Kraft, die ich für Geschäftsabschlüsse brauche.

Teamwork ist der Schlüssel zu unserer Glaubwürdigkeit und zu unserem Erfolg. Wir alle haben Erfolg, weil wir uns echt bemühen, das zu liefern, was das wichtigste Mitglied des Teams, der Kunde nämlich, zu kaufen glaubt.

Zu viele Verkäufer sind Einzelgänger und kommen nie auf einen richtig grünen Zweig. Das wird mir oder meinen Kunden nicht passieren.

Alan Braslow, Five Technologies

Führungseigenschaften

Dies ist eine vollkommen andere Rolle, als sie die meisten von uns kennen, die im Verkauf »groß geworden« sind. Aber sie ist eindeutig einer der Schlüssel zum Erfolg in der Zukunft, und es spielt dabei überhaupt keine Rolle, *was* Sie verkaufen. Wenn Sie Chefverkäufer im Automobilhandel sind, haben Sie es mit den Leuten in Werkstatt und Büro und mit dem Finanzchef zu tun, und Sie wollen doch, daß all diese Leute nicht bloß ihre Arbeit tun, sondern sich hundertprozentig einsetzen, und vor allen Dingen wollen Sie nicht, daß sie gegen Sie arbeiten.

Der Unterschied wird darin bestehen, daß gewisse Verkäufer fähig sind, die Leute, mit denen sie zusammenarbeiten, zu inspirieren, zu motivieren und zu pflegen, während andere einfach Memos verschicken und Forderungen stellen. Und letztere sind bestimmt frustriert, wenn einfach rein gar nichts geschieht.

Und diesen Unterschied machen eben die Führungseigenschaften aus.

Führen in Phase III

Zuallererst müssen wir einen alten Mythos über Führungskräfte begraben. Dann schauen wir uns an, welche Eigenschaften sie haben und wie echte Führungskräfte denken und arbeiten. Sie beherrschen viele der Strategischen Überlegungen, die wir bereits angestellt haben. Sie wissen, wie sie ihr Ego in die Schranken weisen, zielbewußt arbeiten, Visionen haben und andere Leute damit inspirieren können. Und schließlich verstehen sie es, ein Team hundertprozentig zu unterstützen und sich von ihm unterstützen zu lassen.

Zuerst wollen wir also verstehen lernen, was Führen überhaupt bedeutet.

Der alte Mythos

Es gibt einen uralten Mythos um die Gründe und Motive, aus denen heraus Menschen eine Führungsposition anstreben. Bei Diskussionen mit Managern oder bei Manager-Workshops mache ich jeweils gern einen kleinen Test. Ich bitte die Teilnehmer, mir die Gründe zu nennen, weshalb Leute ihrer Meinung nach überhaupt Führungspositionen einnehmen möchten. Ich habe diesen kleinen Test schon unzählige Male veranstaltet, aber die Antworten sind unweigerlich immer die gleichen: Macht und Kontrolle. Daneben tauchen auch gelegentlich Begriffe wie »Geld«, »Status« und »Anerkennung« auf. Sie alle ordne ich der Kategorie von Menschen zu, die »bedient werden wollen«.

Als nächstes bitte ich die Leute dann, sich an irgendeine führende Persönlichkeit zu erinnern, die ihr Leben irgendwie beeinflußt hat, an einen bestimmten Lehrer, Trainer oder Vorgesetzten, und mir die Motive zu nennen, die ihrer Ansicht nach diese Person geprägt haben.

Und sie erinnern sich meist daran, daß eine solche Persönlichkeit offenbar vom Wunsche beseelt war, anderen Kraft zu geben, sie dazu zu bringen, mehr Möglichkeiten zu sehen und ihr Potential besser auszuschöpfen. Und in erster Linie wollten diese Führenden nicht bedient werden, sondern selber dienen.

Am Ende des Tests stehen die Leute dann in der Regel zwischen zwei diametral entgegengesetzten Ansichten, weshalb Menschen eine Führungsposition anstreben und was die führenden Persönlichkeiten, die ihr Leben beeinflußt haben, motiviert hat.

Mythos und Realität

Der Mythos besagt, effiziente Führungskräfte strebten nach Macht, Kontrolle und Bedientwerden. Die Realität aber zeigt, daß wirkliche Führungskräfte vom Wunsche beseelt sind, den Leuten zu dienen und ihnen zu Kraft zu verhelfen.

Wenn Sie das an den Zweck des Verkaufens erinnert, haben Sie vollkommen recht. Verkaufen und Führen hängen eng miteinander zusammen; es sind verschiedene Anwendungen ein und derselben Absicht, anderen Leuten dienstbar zu sein und sie zu ermächtigen.

Die Intentionen des Führens

Wenn Sie Führen – oder Verkaufen – überhaupt begreifen wollen, müssen Sie zuerst Ihre Intentionen ergründen, verstehen, aus welchen Gründen Sie führen oder managen wollen. Weil Sie nach Macht streben oder weil Sie Macht vermitteln wollen? Weil Sie bedient werden möchten oder selbst dienen wollen? Ist es nur ein rein egoistisches Spiel? Oder steckt der tiefere Zweck dahinter, daß Sie anderen helfen wollen, das zu bekommen, was sie wollen?

Führen in seiner reinsten und unwiderstehlichsten Form ist ohne positive Intentionen nicht möglich. Eine positive Absicht, Konzentration auf andere anstatt auf sich selbst, ist die Grundlage des Führens. Und ohne diese Grundlage sind alle Fähigkeiten, Techniken und Tricks eines Führenden verpuffte Liebesmüh; die Leute werden solche Widersprüche immer spüren, sie werden ihre volle Unterstützung versagen und immer irgendein Hintertürchen offenlassen.

Ist die positive Absicht aber vorhanden, werden sich all die Fähigkeiten und Eigenschaften, deren eine Führungskraft bedarf, fast wie von selbst einstellen. Genau wie beim Verkaufen bilden Absicht und Ziel die Grundlage, auf der alles andere aufbaut.

Das Team

Unser Team besteht aus den richtigen Leuten am richtigen Platz. Mein Mann und ich haben die Aufgabe, ihnen zu helfen, ihr volles Potential zu entwickeln und zu realisieren, daß sie in unserem Geschäft gleichberechtigt sind. Bloß weil ich verkaufen kann, heißt das noch lange nicht, daß ich jede Anerkennung und jedes Lob für mich einheimsen muß. Es ist wie bei den Mittelfeldspielern im professionellen Fußball. Die guten wissen, daß sie ohne ihre Mitspieler gar nichts wären. Und auch ich wäre ohne unser Team gar nichts.

Ann Spinazzola, NorthWestern Mutual Life

Die Eigenschaften von Führungskräften

Effiziente Führungskräfte haben offenbar vier Eigenschaften gemeinsam. Erstens kennen und nützen sie die Kraft der Vision. Zweitens verstehen sie es, die Vision andern mitzuteilen und zu vermitteln. Drittens sehen sie ihre Aufgabe darin, den Mitgliedern ihres Teams die Arbeit zu erleichtern, sie abzuschirmen und zu ermächtigen, damit jedes an seinem Bereich der Vision arbeiten kann. Viertens – und das ist sehr wichtig – liefern Führungskräfte das gute Beispiel. Sie inspirieren die Leute mit Integrität, Verantwortlichkeit, Geduld und Mut.

Erste Eigenschaft: Führen mit der Kraft der Vision

Warren Bennis, Autor des Buches *Führungskräfte: die vier Schlüsselstrategien erfolgreichen Führens* und diesbezüglicher Fachmann am Pecos River Learning Center, interviewte neunzig Führungskräfte aus allen Bereichen der Öffentlichkeit und der Privatwirtschaft. Eine Eigenschaft, die beinahe alle neunzig Befragten teilten, war die Fähigkeit, unwiderstehliche Visionen zu schaffen. Visionen, die andere Leute begeistern und zur Mitarbeit anregen. Sie sehen ein neues Produkt, eine neue Beziehung oder ein neues Unternehmen so klar vor sich, daß andere Leute einfach davon gefesselt werden. Warren sagt, Führungskräfte würden mit Visionen Aufmerksamkeit erzielen – jedermann packen und Spaß bereiten.

Führung durch Visionen bei Porsche

Peter Schutz, der Direktor von Porsche, half entscheidend mit, das Unternehmen in den frühen achtziger Jahren auf neue Wege zu führen. Peter ist nicht nur ein cleverer Geschäftsmann, sondern auch ein Führer – der die Kraft der Vision kennt und beim Führen einsetzt.

Ich übernahm meinen Posten bei Porsche im Januar 1981. Im Februar des gleichen Jahres erlebte ich in Sebring, Florida, mein erstes Sportwagenrennen. Und da war dieser Porsche 935, ein lärmendes, von Turbokraft angetriebenes Ungeheuer. Ich hatte vorher noch nie einen gesehen – und da beherrschten gleich fünfzehn von ihnen das Rennen vollkommen. Die Frage war nur, welcher der fünfzehn das Rennen gewinnen würde. Danach kehrte ich nach Deutschland zurück – ab und zu übermannen mich die Gefühle – und war aufgeregt wie ein kleiner Teenager.

Ich rief die Leute der Rennabteilung zusammen und erzählte ihnen, was ich erlebt hatte. Sie schauten mich nur so seltsam an und wußten, daß es Schwierigkeiten geben würde. Ihnen war klar, daß ich überhaupt nichts verstand, wenn mich schon ein solches Rennen derart in Aufregung versetzen konnte.

Auf die Frage, welches denn das wichtigste Rennen des Jahres sei, sagten sie, es sei das 24-Stunden-Rennen von Le Mans. Ich erwiderte: »Sehr schön. Wie werden wir dort abschneiden?« Sie erklärten, sie bereiteten den 924 GT dafür vor, hätten aber einige Probleme mit Dichtungen und anderen Dingen.

Schließlich erkundigte ich mich nach unseren Siegeschancen. »Herr Schutz«, hieß es, »Sie verstehen das offenbar nicht ganz. Der 924 GT ist nicht stark genug, um mit den Prototypen und den anderen Rennwagen mitzuhalten, und außerdem: Das ist nicht der Zweck des Rennens. Zweck ist es, die Dauerhaftigkeit und Zuverlässigkeit von Porsche unter Beweis zu stellen.«

Das war nun natürlich mein Stichwort. Ich sagte: »Nun, meine Herren, solange ich Präsident dieses Hauses bin, werden wir nie an einem Rennen teilnehmen, ohne es auch gewinnen zu wollen – das ist unsere Vision. Nun vertagen wir diese Sitzung. Seien Sie bitte morgen um zehn Uhr wieder hier, und legen Sie einen Plan vor, wie wir dieses Rennen gewinnen können.« Und das knappe zwei Monate – zweiundsechzig Tage – vor dem Rennen.

Dann geschah etwas Bemerkenswertes. Der Direktor unserer Forschungs- und Entwicklungsabteilung, der schon seit zweiunddreißig Jahren bei Porsche war und sein ganzes Leben in die Technik dieses Autos investiert hatte, nahm mich beiseite und sagte: »Herr Schutz, ich hoffe, Ihnen ist klar, daß der Auftrag, den Sie eben erteilt haben, in unserem Budget nicht vorgesehen ist.« Und ich erwiderte: »Wenn wir dieses Rennen gewinnen, wird uns kein Mensch je nach den Kosten fragen. Wenn wir verlieren, dann haben wir ein Problem, und wir werden damit fertig werden müssen.«

Nun, am folgenden Tag traf sich das Team wieder, und die Männer sagten, sie hätten nun alle Antworten. »Wir haben da ein paar Wagen vom Typ 936. Sie stehen im Porsche-Museum. Sie haben das Rennen einmal gewonnen. Natürlich sind sie nicht mehr einsatzfähig, aber wir haben da einen Motor entwickelt, der ursprünglich für Indianapolis bestimmt war. Auch dieses Projekt wurde seinerzeit aufgegeben, aber wir haben noch alle Bestandteile.« Sie müßten den Motor zwar noch von Alkohol- auf Benzinbetrieb umstellen, und sie könnten das Getriebe des Porsche 917 verwenden.

Und dann sagten sie: »Wenn wir das schaffen, haben wir vielleicht eine Chance.«

Dann läutete ein paar Tage später das Telefon, und eine Männerstimme sagte: »Herr Schutz, Sie kennen mich nicht. Mein Name ist Jackie Ickx. Ich fahre zwar keine Rennen mehr, aber ich habe Le Mans viermal gewonnen, und wenn an den Gerüchten, die mir zu Ohren gekommen sind, etwas Wahres dran ist, dann möchte ich meinen alten Wagen wieder fahren.« Innerhalb der folgenden achtundvierzig Stunden riefen die besten Langstreckenfahrer der Welt an und sagten, sie würden gern wieder fahren. Und – ganz nebenbei erwähnt – kein einziger von ihnen sprach über Geld. Nun, es ist halt so: Wenn man aufregende Pläne hat, bekommt man die besten Leute.

Wir schufen eine Vision, sie folgten uns – und wir gewannen dieses Rennen.

Aber damit noch nicht genug. Nach dem Jahr 1981 wurden alle Regeln geändert. Dies bedeutete, daß wir ein komplett neues Auto konstruieren mußten, den 956er, der nur ein paar wenige Wochen vor Le Mans 1982 fertig wurde.

Wir fuhren mit drei 956ern nach Le Mans. Sie trugen die Nummern 1, 2 und 3 – und genau in dieser Reihenfolge passierten sie nach vierundzwanzig Stunden das Ziel. Die letzte Runde absolvierten sie sogar hübsch nebeneinander in einer Reihe – einigermaßen unsinnig natürlich, aber sie wollten einfach ihre Überlegenheit demonstrieren.

Nach dem Rennen wurde ich von der Presse bestürmt: »Sagen Sie,

Herr Schutz, wie erklären Sie sich das? Drei brandneue, nicht erprobte Wagen, und Sie beherrschen dieses Rennen vollkommen. Wie erklären Sie das?«

Ich sagte: »Sie sehen das nicht richtig. Es stimmt zwar, die Wagen sind neu, nicht aber das Team. Es ist genau das gleiche Team, das letztes Jahr gewonnen hat.«

Zweite Eigenschaft: die Vision weitergeben

Führungskräfte verstehen es, ihre Vision in allen Einzelheiten ihrem Team weiterzugeben, so daß jedermann seine Rolle und seine Bedeutung innerhalb des Teams klar erfaßt. Jeder einzelne, vom Lehrling bis zum Firmenchef, versteht das Gesamtbild und seine Rolle, die er darin spielt.

Das ist *nicht* der Verkäufer, der mit dem größten Abschluß in der Firmengeschichte hereinplatzt und alle Abteilungen von der Buchhaltung bis zum Versand mit Anweisungen und Forderungen überrennt; solche Leute werden nur gerade beachtet – wenn sie Glück haben. Wahre Führungskräfte hingegen sehen Menschen, nicht Rollen. Sie arbeiten mit Menschen, nicht mit Titeln. Sie unternehmen alles, um nicht nur organisatorische, sondern persönliche Beziehungen aufzubauen.

Die Vision mitteilen

Ich bitte unsere Leute oft, auch das Gesamtbild im Auge zu behalten. Ich habe meine internen Kunden – die Mitarbeiter in der Buchhaltung, in der Administration und in der Entwicklungsabteilung – gepflegt. Sie sind für mich genausowichtig wie meine externen Kunden. Und aus diesem Grund teile ich auch meine Visionen mit ihnen. Sie müssen Ihre

Vision mit den Leuten teilen, mit denen Sie arbeiten. Es ist sehr wichtig, daß deren Ziel und deren Aufgabe mit Ihrem Ziel und Ihrer Aufgabe übereinstimmen, wenn Sie bei den Kunden sind.

Ihr Ziel ist es, ein Teamwork aufzubauen, das dem Kunden möglichst effizient dient.

Don Walker, Wilson Learning Corporation

Fragen, zuhören und respektieren

Einige der mündlichen Kommentare, welche Warren Bennis über Führungskräfte zu hören bekam, lauteten, daß diese Leute zuhören und Fragen stellen. Wenn sie kommunizieren, *kommunizieren* sie – und »reden« nicht einfach so daher. Führungskräfte fragen alle nach ihrer Meinung und ihrem Kommentar. Zudem respektieren sie die Meinung der anderen und sind stets bereit, bessere als die eigenen Ideen zu akzeptieren und zu nutzen. Und innerhalb des weiten Spielraums ihrer Vision lassen sie den anderen ihren Freiraum und lenken sie nicht. Sie lassen die anderen Leute eine möglichst große Rolle spielen.

Zwei wahre Geschichten

Sie sollen diesen Aspekt des Führens erläutern. Beide stammen von meinem Freund John Pound, einem Mitarbeiter der Anwaltskanzlei Montgomery and Andrews in Santa Fe, New Mexico.

Wie man einen Mitarbeiter nicht behandelt

Die Anwaltskanzlei, in der John arbeitet, sollte ihre erste, große Textverarbeitungsanlage erhalten, und das System einer großen amerikanischen

Computerfirma hatte gute Aussichten, das Rennen zu machen. Die für die Evaluation zuständige Arbeitsgruppe, der auch John angehörte, unterhielt Kontakte mit dem lokalen Vertreter, und alle mochten ihn sehr. Er stammte selbst aus New Mexico und wußte eben, wie die Dinge da so liefen – ein bißchen anders vielleicht als in den andern neunundvierzig Staaten.

Das Geschäft, das da in Aussicht stand, war aber so groß, daß die Computerfirma zur Präsentation ein Team von Außenstehenden aus der Regionalzentrale entsandte. Als diese Leute eintrafen, war von allem Anfang an klar, daß sie nicht mit ihrem lokalen Vertreter gesprochen und ihn nicht in ihre Strategie einbezogen hatten. Es war klar, daß der Teamleiter die Fäden in der Hand behalten, nichts dem Zufall überlassen und alles auf seine Art – das heißt auf die Art seiner Firma – durchführen wollte.

Obwohl eine lockere, abendliche Sitzung anberaumt worden war, erschienen die Computerleute geschniegelt in ihren dreiteiligen Anzügen. Die Vertreter der Kanzlei hingegen saßen in Jeans und Cowboystiefeln da. John erzählt, sie hätten sich des Eindrucks nicht erwehren können, daß es für diese Leute offenbar nur um eine weitere Präsentation ging und daß für sie einzig und allein die Dollarbeträge zählten.

Der Chefverkäufer der Computerfirma ließ den lokalen Vertreter während seiner ganzen Präsentation kein einziges Mal zu Wort kommen. Er saß einfach irgendwo im Hintergrund. Das Problem war nur, daß dieser lokale Vertreter eben zufällig mit den meisten Mitgliedern des Kundenteams gut befreundet war und daß diese selbstverständlich merkten, wie er einfach übergangen wurde.

Nebst verschiedenen anderen Gründen trug doch die Tatsache, daß dieser lokale Vertreter von den Mitgliedern »seines« Teams buchstäblich wie Luft behandelt worden war, auch ihr Teil dazu bei, daß die Anwaltskanzlei sich nach einem anderen Lieferanten umsah. Den An-

wälten gefiel die Art ganz und gar nicht, wie der Chefverkäufer seinen lokalen Vertreter schlicht und einfach übergangen hatte.

Ted Kennedy und die Gabe des Zuhörens

Kurz nach dieser Präsentation bekam John die Gelegenheit, im Rahmen der Kampagne für die Präsidentschaftskandidatur der Demokratischen Partei im Jahr 1980 mit Senator Edward M. Kennedy zusammenzuarbeiten. Kennedy wollte auf Tournee durch New Mexico gehen. Nun könnte man meinen, daß jemand, der in diesem Staat so gut bekannt ist wie Kennedy, sich in ein paar Reden zu Themen von nationaler Bedeutung äußern und dann weiterreisen würde. Kennedy aber kam an, rief alle demokratischen Bezirksleiter zu einer eintägigen Klausursitzung zusammen und erkundigte sich eingehend über staatliche und lokalpolitische Themen, Traditionen und Tabus – und er hörte aufmerksam zu. Namen, Orte, Themen: Alles nahm er auf.

Als er dann hinausging in diesen Staat, der so weit von Washington D.C. entfernt ist, daß man sagt, New Mexico habe mit dem Rest des Landes nur den Dollar gemeinsam, sprach er in seinen Reden über lokale Themen und lokale Kandidaten, die alle Zuhörer kannten. Er ging auf die lokalen Probleme und Unterschiede ein.

Senator Kennedy wußte, daß es die wichtigste Aufgabe von Führungskräften ist, zuzuhören, zu verstehen, Fragen zu stellen und dann die notwendige Unterstützung zu geben.

New Mexico spielte bei nationalen Wahlen politisch nie eine bedeutende Rolle. Dies machte Kennedys Engagement, seine Bereitschaft, zu lernen und zu verstehen – seine Führungseigenschaften – nur noch deutlicher spürbar. Er verlor zwar die Nomination als Präsidentschaftskandidat, aber er gewann die Primärwahlen in New Mexico.

Diese beiden Geschichten machen klar, was Führen wirklich ist. Führen ist nicht reden, ignorieren und herumbefehlen. Führen ist zuhören, mitfühlen, Fragen stellen und ermächtigen.

Versuchen Sie es einmal mit dieser Methode bei der nächsten Sitzung, die Sie leiten. Tun Sie, wenn die Traktandenliste einmal bereinigt und das Ziel der Sitzung bekannt ist, nichts mehr anderes als fragen und zuhören. Versuchen Sie, einfach helfend und klärend einzugreifen, anstatt die Sitzung zu leiten.

Sehen Sie in jedem Teilnehmer den Menschen, der etwas beitragen möchte, nicht einfach den Mitarbeiter aus der einen oder andern Abteilung. Hören Sie zu und versuchen Sie, alle Ideen zu verstehen, auch die, mit denen Sie nicht einverstanden sind. Respektieren Sie die Zeit der Leute, und beenden Sie die Sitzung zur vorgesehenen Zeit. Hören Sie zu und lernen Sie, was es über die »Lokalpolitik« und die »lokalen Eigenheiten« zu erfahren gibt. Ermächtigen Sie das Team.

Dritte Eigenschaft: Ermächtigung

Führungskräfte ermächtigen ihre Leute; sie helfen ihnen, ihr eigenes Potential zu entdecken – egal, was das Wachstum für den Führenden oder das Projekt bedeuten mag. Man könnte Führung sogar auf ein einziges Prinzip reduzieren: dafür sorgen, daß die Leute wachsen können, und ihnen helfen, die Hindernisse auszuräumen, welche diesem Wachstum im Wege stehen – gleichgültig, wohin dieses Wachstum sie auch führen mag.

Art Grayson von Grayson Pontiac in Knoxville, Tennessee, ist ein Beispiel für eine Führungskraft dieser Art. Ich traf ihn erstmals am Pecos River Learning Center, wo er mit all seinen Managern an einem Workshop zum Thema Teambildung teilnahm. Art wird

Ihnen sagen, daß der Erfolg seines Geschäftes für ihn zwar sehr wichtig ist, daß es ihm aber am meisten Freude bereitet, zu sehen, wie seine Leute wachsen, ihnen dabei zu helfen, ihnen zu erlauben, Fehler zu machen und aus ihnen zu lernen. Art hatte da zum Beispiel einen jungen Mann, der als Stellvertreter des Verkaufschefs arbeitete, sich in diesem Job aber offensichtlich nicht wohl fühlte. Er hatte so sehr Angst zu versagen, daß er überhaupt nichts leistete. Ohne ihm einen genauen Auftrag zu geben, sagte ihm Art, er solle hingehen und tun, was er für richtig halte, und er solle ruhig auch Fehler machen (Führungskräfte nehmen das Wort »Versagen« lieber nicht in den Mund). Art sagte: »Wenn Sie etwas falsch machen, sagen wir es Ihnen schon. Aber jetzt gehen Sie bitte hin und tun Sie, was Ihrer Meinung nach zu tun ist.« Art befreite diesen jungen Mann von allen selbstauferlegten Zwängen und brachte ihn auf den richtigen Weg – und seine Leistungen werden in der Tat immer mehr zu Spitzenleistungen. Unterstützen Sie die Leute, und sie werden wachsen.

Vierte Eigenschaft: In Sachen Mut, Ausdauer, Geduld und Verantwortlichkeit Vorbild sein

Eine weitere Eigenschaft, die den meisten der neunzig befragten Führungskräfte eigen war, beeindruckte Bennis: Sie alle *verkörperten* ihre Prinzipien. Sie redeten nicht von Mut, Geduld und Verantwortlichkeit, sie stellten sie selbst unter Beweis. Bennis hatte unter anderem auch Admiral Hyman Rickover, den »Vater« der amerikanischen Atom-U-Boot-Flotte, interviewt und erfahren, der Admiral habe acht Jahre und 250 einzelne Besprechungen überstehen müssen, bis die »Nautilus«, das erste atomgetriebene U-Boot, endlich gebaut werden konnte.

Bennis nannte das »couragierte Geduld« – eine klare Vision haben, sie den anderen Leuten mitteilen und dann persönlich den Mut und die Geduld aufbringen, sie trotz aller Rückschläge, zufälligen Ereignisse und Enttäuschungen zur Realität zu führen.

Was diese Eigenschaften so erfrischend macht, ist die Tatsache, daß sie heute – in dieser Zeit der Veränderung, der Komplexität und der Ambiguität – derart selten geworden sind. Führungskräfte, die nach diesen Werten leben und führen, ragen heraus. Sie flößen Vertrauen ein und motivieren zu Leistungen.

Rückblick: Die Eigenschaften der Führungskräfte

1. Führungskräfte schaffen eine Vision von dem, was sein könnte, um ihre Leute zu inspirieren und zu motivieren.
2. Sie verstehen es, ihre Vision einerseits in groben Zügen, anderseits auch in allen Einzelheiten zu vermitteln.
3. Sie erleichtern den Mitgliedern ihres Teams die Arbeit und schützen und ermächtigen sie, so daß jedes von ihnen an seinem Teil der Vision arbeiten kann. Sie helfen ihren Leuten zu wachsen.
4. Sie sind Vorbilder. Sie flößen ihren Leuten mit ihrem Mut, ihrer Integrität, Verantwortlichkeit und Geduld Vertrauen ein.

Die Geschichte von Art Grayson

Die neue vorbildliche Führungskraft läßt sich nicht durch das »Ich«, sondern durch das »Wir« motivieren. Und dafür ist Art Grayson mit seiner Geschichte, wie er vom Manager zum Führer wurde, ein klassisches Beispiel.

Vor einigen Jahren stellte Art eine Liste mit all den Aufgaben zusammen, die als Besitzer und Manager seines Autohandels auf ihn warteten. Dann ging er zu seinen Abteilungsleitern, um deren Listen mit seiner zu vergleichen. Dabei stellte er fest, daß sich seine Manager eigentlich um fast alle Dinge im alltäglichen Betriebsablauf kümmerten. Art sagt, damals habe er verstanden, daß seine Rolle geändert habe. Er beschloß, vom Manager zum Führer aufzusteigen, um in seinem Betrieb ein starkes Team aufzubauen. Also begann er Bücher über die Kunst des Führens zu lesen und damit zu experimentieren. Und dann unternahm er die notwendigen Schritte.

Schritt 1: Schaffen Sie eine Vision von dem, was sein könnte

Zuerst setzte sich Grayson mit seinen Abteilungsleitern zusammen und entwickelte gemeinsam mit ihnen eine Vision von dem, was werden sollte. Dabei kristallisierten sich drei Punkte heraus. Erstens: Sie wollten Leute fördern, neue Kräfte einstellen und ausbilden, die in diesem Geschäft wachsen konnten. Zweitens: Sie wollten alles tun, um ihre Kunden zufriedenzustellen. Drittens: Sie wollten die traditionell eher feindliche Beziehung Kunde-Verkäufer in eine vertrauensvolle Beziehung umwandeln.

Schritt 2: Vermitteln Sie Ihre Vision

Als nächstes beschloß Art, er müsse seine Manager zu einem starken Team zusammenschweißen. Also kam er mit ihnen für vier Tage ins Pecos River Learning Center. Art sagte, seine Leute hätten in diesen vier intensiven Tagen mehr Teamgeist entwickelt als vorher in fünf Jahren. Nach Ablauf der vier Tage war seinen Managern klar, daß sich gegenseitig unterstützen und vertrauen auch wieder etwas Spaß und Freude in den Betrieb hineinbringen würde.

Schritt 3: Ihre Leute ermächtigen

Nun begannen Graysons Leute, von ihrer Ermächtigung Gebrauch zu machen – mit seiner hundertprozentigen Hilfe und Unterstützung. An einer Sitzung wollten sie besprechen, was als nächstes zu tun sei. Diese Sitzung war auf eine halbe Stunde angesetzt – sie dauerte einen halben Tag. Es wurde beschlossen, auch die übrigen Mitarbeiter mit einzubeziehen. Sie setzten voll auf Risiko, schlossen den Betrieb für einen halben Tag und nahmen dann alle gemeinsam ein Nachtessen ein – um zu feiern, zu informieren und um Mitarbeit zu bitten. Für die Leute mit den weniger verantwortungsvollen Aufgaben bedeutet ein solches Ereignis, daß es den Führungskräften ernst ist. Deren Botschaft war: Wir wollen, daß alle zum Team gehören; wenn wir Erfolg haben wollen, müssen wir alle wachsen und uns entwickeln.

Schritt 4: Seien Sie ein Vorbild

Grayson ist ein Musterbeispiel, was die Vision, die Unterstützung und das Vertrauen angeht. Bis hinunter zu den kleinsten alltäglichen Geschäftsabläufen. Ein kleines Beispiel soll zeigen, wieviel Kraft dahintersteckt, wenn man als Beispiel vorangeht: Ein Kunde kaufte einen Mustang Baujahr 1979 mit einer einjährigen Garantie, für die eine besondere Firma geradestand. Nun machten sich bereits nach zehntausend Meilen Motorprobleme bemerkbar. Die Firma, welche die Garantie übernommen hatte, erklärte, der Motor sei einfach am Ende, es lägen keine Materialfehler vor, und somit würde sie für den Schaden nicht aufkommen. Grayson und sein Werkstattchef diskutierten den Fall und beschlossen, selbst die Verantwortung zu übernehmen und den Motor gründlich zu überholen. Integrität, Dienst am Kunden, mehr bieten: genau was wir gesagt haben. Aber die Geschichte ist hier noch nicht zu Ende. Grayson hatte einen neuen, zynischen Mechaniker angestellt, der vorher in einem Betrieb gearbeitet hatte, in-dem ein sehr hartes, feindseliges Klima herrschte. Dieser neue Mann hatte keineswegs die Absicht, sich der neuen Vision – oder Kultur – anzuschließen. Nun kann in einem kleinen Betrieb ein einziger Mitarbeiter mit einer solchen Einstellung ungeheuren Schaden anrichten. Als er aber sah, daß der Besitzer der Firma genau das meinte, was er sagte, auch wenn es für ihn Unkosten bedeutete, änderte er seine Meinung. Und dies nur, weil Grayson und seine Abteilungsleiter auch Vorbilder sind; sie handelten aufrichtig, integer und mutig. Art erzählte mir später, die Tatsache, daß dieser Mechaniker seine Meinung geändert habe, habe die Kosten für die Reparatur des Motors mehr als nur aufgewogen.

Art Grayson hatte eine Vision, unterstützte seine Leute bei deren Realisierung und zog sich dann zurück. Seine Absicht war es, seinen Leuten zu helfen, damit sie wachsen konnten. Das ist Führen.

Führen im Verkauf

Die gleichen Eigenschaften sind gefragt, wenn Sie ein Team durch einen Verkauf führen müssen. Sie schaffen die Vision, wie Sie das Geschäft sehen, teilen sie Ihren Leuten mit, ermächtigen Ihre Leute und helfen jedem, verantwortungsbewußt an seinem Teil der Vision zu arbeiten. Und schließlich legen Sie Ausdauer an den Tag, führen Ihre Leute mit Integrität, Mut und Geduld.

Es braucht Disziplin, vor allem für Verkäufer, die vorher verbissen hinausgingen und das Geschäft allein machten. Und es braucht ein Umdenken vom »Ich« zum »Wir«. Jetzt, wo das Geschäft immer komplexer wird, wo immer mehr Leute an immer größeren Geschäften über längere Zeiträume hinweg beteiligt sind, schaffen wir es nicht mehr allein – es ist unmöglich. Wir müssen uns vom »einsamen Verkäufer«, der ganz allein dort draußen ist und alles selber macht, zum Führer eines Teams wandeln, der es unterstützt und seinerseits von ihm unterstützt wird. Das ist Führen. Das ist die Eigenschaft des Verkäufers in Phase III.

Strategische Überlegung Nr. 4
Zusammenfassung
Denken Sie: Nicht den einsamen Verkäufer spielen, sondern ein Team führen

Der Mythos

Führungskräfte streben Macht und Kontrolle an, und sie wollen bedient werden. In Wirklichkeit beruht der Wunsch nach Führung auf einem Wunsch, anderen Leuten zu Diensten zu sein und sie zu ermächtigen.

Die Eigenschaften der Führungskräfte

1. Führungskräfte schaffen eine Vision von dem, was sein könnte, um ihre Leute zu inspirieren und zu motivieren.
2. Sie verstehen es, ihre Vision einerseits in groben Zügen, anderseits auch in allen Einzelheiten zu vermitteln.
3. Sie erleichtern den Mitgliedern ihres Teams die Arbeit und schützen und ermächtigen sie, so daß jeder an seinem Teil der Vision arbeiten kann. Sie helfen ihren Leuten zu wachsen.
4. Sie sind Vorbilder. Sie flößen ihren Leuten mit ihrem Mut, ihrer Integrität, Verantwortlichkeit und Geduld Vertrauen ein.

Das Entscheidende am Führen ist das Umdenken vom »Ich« zum »Wir«.

Kapitel 9:

Strategische Überlegung Nr. 5: Partnerschaften schließen

Wenn Sie Verkäufer in Phase III um eine Schilderung der Beziehung zu ihren Kunden bäten, wie diese sie sich vorstellten und auf die sie hinarbeiteten, bekämen Sie ungefähr folgende Begriffe zu hören: »gegenseitig fruchtbar«, »einfühlend«, »langfristig«, »strategisch«, »auf Gegenseitigkeit voneinander abhängig«. Wir brauchen dafür den Begriff »partnerschaftlich«. Verkäufer in Phase III sind Experten in Sachen Partnerschaft.

Der große Unterschied

Was »Partnerschaft« wirklich bedeutet, spüren Sie wohl am besten, wenn wir mitverfolgen, wie sich die Beziehung Kunde–Verkäufer im Laufe der Karriere eines Verkäufers verändert.

Verkäufer in Phase I sehen in ihren Kunden in erster Linie Gegner, die zwischen ihnen und ihrem Erfolg stehen. Die einzigen – und kaum jemals in Frage gestellten – Gedanken, die sie beschäftigen, lauten etwa: »Nur das Geld nehmen und abhauen!«, »Ich muß ihn einfach dazu bringen, den Kaufvertrag zu unterschreiben« oder »Die Kunden sind einfach gegen mich«.

Verkäufer in Phase II distanzieren sich von diesem »Feindbild«. Sie lösen Probleme. In der Regel aber nur ganz bestimmte Probleme. Verkäufer in Phase II müssen vollkommen sichergehen, daß das Problem ihrer Kunden ihren Lösungen entspricht. Passen die Teile der Kunden nicht in ihr Zusammensetzspiel, haben beide Seiten nichts miteinander zu schaffen. Verkäufer in Phase II müssen hingehen und Kunden mit den passenden Puzzle-Teilen suchen. Und weil sie nur dieses eine Problem sehen, verpassen Verkäufer in Phase II jede größere strategische Gelegenheit. Wenn dann auch noch diese auf sehr dünnen Beinen stehende Beziehung ins Wanken gerät und die Gespräche nicht den gewünschten Verlauf nehmen, verfallen viele Verkäufer in Phase II wieder dem alten »Feindbild« von Phase I und kämpfen um ihr nacktes Überleben.

Und nun kommen wir zu den Verkäufern in Phase III. Sie haben alle Regeln der Beziehung Kunde-Verkäufer komplett geändert. Wie ich schon im ersten Teil dieses Buches gesagt habe: Wenn wir mal von Titeln und Unternehmen absehen, ein paar Schritte zurücktreten und uns anschauen, was sich da in Phase III in einer solchen Beziehung abspielt, wäre es sehr schwer zu sagen, für wen denn ein Verkäufer in Phase III nun wirklich arbeitet, für seine Firma oder für seine Kunden.

Und genau das macht den Unterschied aus. Verkäufer in Phase III stehen so nahe bei ihren Kunden, verstehen und erahnen ihre Bedürfnisse so gut und gehen so geschickt auf sie ein, daß man in der Tat denken könnte, sie stünden auf der Lohnliste ihrer Kunden.

»Daran denken, wer ihr Gehalt bezahlt«

Stan Schmitt, Direktor der Entwicklungsabteilung von Du Pont, weiß eine herrliche Geschichte darüber zu erzählen, wie sogar Leute, die für Du Pont arbeiten, die Geheimnisse des Verkaufens mißverstehen können:

Ich kenne mindestens drei Fälle, in denen ein Abteilungsleiter oder Vizedirektor einen unserer Verkäufer auf Kundenbesuche begleitet hat. Die meisten dieser Leute halten sich selbst ja für sehr »kundenfreundlich«. Und dennoch wenden sie sich auf dem Rückflug nach Wilmington an den Vorgesetzten des jeweiligen Verkäufers und raten ihm: »Wissen Sie, sie sollten diesen Mann schon etwas mehr im Auge behalten, denn für meinen Geschmack kommt er seinen Kunden ein bißchen zu nahe. Sie sollten wirklich daran denken, wer ihr Gehalt bezahlt.«

Worauf Stan natürlich mit diebischer Freude zurückfragt: »Hm, ja wer bezahlt es denn nun eigentlich?«

Der strategische Vorteil

Was ist der Vorteil, wenn man sich so nahesteht, wenn man Partner ist und nicht nur ein Problem löst und dann weitergeht? Nun, der große Vorteil ist schlicht und einfach der: Verkäufer können nicht mit Partnern konkurrieren. Der Gelegenheitsverkäufer, der eine Lösung für den Augenblick verkauft, hat nichts gegen den Verkäufer zu bestellen, der eine langfristige, für beide Seiten fruchtbare Beziehung aufgebaut und gepflegt hat.

Natürlich braucht es strategische Geduld und eine ganz besondere Art von Aufmerksamkeit und Engagement, um eine Partnerschaft einzugehen. Ein Verkäufer muß sich ganz langsam in dieser Richtung weitertasten. Verkäufer in Phase III verstehen aber, daß eine im Hinblick auf die Konkurrenz derart vorteilhafte strategische Position jede Anstrengung und Mühe lohnt. Eine Partnerschaft sperrt jede Konkurrenz aus.

Neue Geschäfte mit – und auf Empfehlung von – alten Kunden

Ein weiterer Vorteil. Wie ich bereits erwähnt habe, wird der Erfolg in einer Zeit, in der das Verkaufen immer schwieriger und härter wird, für den Verkäufer und seine Firma davon abhängen, daß er mit – und auf Empfehlung von – alten Kunden weitere Geschäfte abschließen kann. *Kein einziger wird ohne diese Art von Geschäften Erfolg haben.* Das heißt, daß zufriedene Kunden wieder kommen, und es heißt, daß zufriedene Kunden den Verkäufer ihren Freunden und Bekannten empfehlen. Und das ist – vor allem bei guten Kunden – nur der Fall, wenn diese davon überzeugt sind, daß der Verkäufer positive Absichten hegt und auch später immer wieder für sie da ist.

Dabei spielt es keine Rolle, ob Ihre Kunden Unternehmen oder Einzelpersonen sind. Der Versicherungsvertreter sagt: »Ich bin nicht hier, um Ihnen eine Versicherungspolice anzudrehen, sondern um Sie Ihr Leben lang in finanziellen Dingen zu beraten.« Er ist ein Finanzpartner. Der Autoverkäufer sagt: »Ich bin nicht hier, um mit Ihrer Hilfe mein Soll für diesen Monat zu erreichen, sondern ich möchte Sie beraten, solange Sie ein Auto brauchen.« Er ist ein Transportpartner. Derartige Überzeugungen ändern das Spiel in diesen Branchen – und das muß so sein, wenn Verkaufen in Zukunft Erfolg haben soll.

Dazu müssen Sie natürlich zielbewußt und integer ans Werk gehen. Wenn Ihre Kunden dies bei Ihnen erlebt haben, wollen sie ihre Erfahrungen mit ihren Freunden, Verwandten oder Kollegen teilen. *Aber es kann nur klappen, wenn Sie voll und ganz dahinter stehen.* Vergessen Sie nicht, die Welt, in der wir leben, wird immer kleiner, und nichts verbreitet sich in unserer kleinen Welt schneller als schlechte Nachrichten – oder ein schlechter Ruf. Der kleinste Mangel an Integrität oder Kundenfreundlichkeit kann Sie schneller ruinieren als irgend etwas anderes. Das wichtigste, was wir vorzuweisen haben – viel wichtiger als ein Vorteil gegenüber der Konkurrenz, ein unerschöpfliches Wissen über unser Produkt usw. –, das ist unser Ruf, integer, aufrichtig und kundenfreundlich zu sein. Er allein macht alles möglich – eben auch ein neues Geschäft mit oder auf Empfehlung von unseren alten Kunden.

Ich arbeite auf so engem Raum, in einem so kleinen Nest – auch wenn Dallas natürlich eine Großstadt ist –, daß es jedermann in meinem Gebiet sofort erfahren würde, wenn ich jemanden mit einer Forderung hängenlassen würde. Dafür garantiere ich. Denn dieser Jemand kennt fünfzig andere Leute, die wiederum fünfzig weitere Leute kennen. Ich muß meinen Kunden unbedingt alle Informationen geben, die ich habe, und ich muß sicher sein, daß auch sie mir all ihre Informationen geben. Deshalb kann ich nicht für Leute arbeiten, denen ich nicht vertraue. Kein einziges Geschäft ist meine Karriere wert. Aber wenn ich den Leuten vertraue und sie mir vertrauen, existiert eine gegenseitige Beziehung, auf die wir immer wieder zurückkommen können.

Ann Spinazzola, NorthWestern Mutual Life

Denken Sie: gegenseitig fruchtbare, einfühlsame Beziehungen aufbauen

Die Grundlage einer Partnerschaft läßt sich in einem Satz zusammenfassen: gegenseitig fruchtbare, einfühlsame Beziehungen aufbauen. Was Sie verkaufen, tut nichts zur Sache; der Schlüssel zur Partnerschaft liegt im Aufbau einer gegenseitig fruchtbaren, einfühlsamen Beziehung. Denken Sie dabei vielleicht an eine heiße, kaum erlöschende Glut und nicht an ein kurzes Strohfeuer, das vielleicht eher ein Symbol für die traditionelle Art des Verkaufens ist. Fragen Sie: »Wie kann ich ›eine kaum erlöschende, heiße Glut‹ aufbauen? Wie können beide Seiten davon profitieren?« Versuchen Sie, sich in Ihre Kunden einzufühlen und sich zu fragen: »Was erwarten denn meine Kunden von dieser Beziehung?«

Nicht an heute, sondern an morgen denken

Zunächst muß ein Verkäufer über ein nur allzu schnelles Geschäft und eine allzu günstige Gelegenheit hinaussehen. Er muß von seinem kurzfristigen Denken abrücken und das weite Spektrum anderer Möglichkeiten erkennen. Das Problem hierbei ist nur, daß dieses kurzfristige Denken in vielen Branchen derart ausgeprägt und verbreitet ist, daß nur wenige Verkäufer die Chance haben, auch etwas anderes auszuprobieren.

In der Konsumgüterindustrie beispielsweise wird dem Verkäufer unablässig eingebläut, wenn er ein Auto oder einen Kleincomputer verkaufe, sei dies ein einmaliges, kurzfristiges Geschäft – die Geschichte vom Kunden, der wieder zurückkomme, sei ein

Märchen. Dieses kurzfristige Denken – der Druck, möglichst schnell ein Geschäft abzuschließen, um auf unseren Umsatz zu kommen – kann in unserem Beruf sehr negative Auswirkungen haben. Manchmal leidet die Beziehung darunter, manchmal die Qualität, und sehr oft unsere Fähigkeit, jene anderen – größeren – Gelegenheiten wahrzunehmen.

Vor einiger Zeit arbeitete ich in einem Workshop mit den Verkaufschefs eines Unternehmens aus der Freizeit- und Campingbranche. Während eines Seminars fiel mir auf, daß so ungefähr alle dreißig Minuten der eine oder andere von ihnen hastig aufstand, zum nächsten Telefon ging und in seinem Büro nachfragte, wie viele Bestellungen in den letzten paar Stunden eingegangen seien. Mir war klar, daß ich es mit zwanzig Verkaufschefs zu tun hatte, die auf das kurzfristige, schnelle Geschäft setzten. Und ihre Firma bestärkte sie noch darin. Von einer solchen Überzeugung loskommen ist – wie bei jeder Sucht – ungeheuer schwierig, und sie schadet natürlich dem künftigen Erfolg. Ein Verkäufer muß schon sehr mutig sein, um sich davon zu befreien und andere Möglichkeiten zu entdecken.

Versuchen Sie es folgendermaßen. Denken Sie an einen Kunden, mit dem Sie zur Zeit arbeiten – und es ist vollkommen egal, ob Sie nun Autos oder Computer verkaufen. Fragen Sie sich nun nicht: »Wie kann ich dieses Geschäft nur bis heute abend, oder bis Ende Monat, abschließen?« Sondern fragen Sie: »Wie könnte unsere Beziehung in drei Jahren aussehen? Oder gar in fünf Jahren?«

Was würden Sie anders machen, wenn eine drei- oder fünfjährige Beziehung Ihr Ziel wäre? Wie würde Ihr Kunde profitieren? Was hätten Sie davon? Was würde sich ändern? Wäre der Druck, ein schnelles Geschäft abschließen zu müssen, eventuell kleiner, wenn Sie mehr Geschäfte mit den gleichen Kunden anstrebten?

Könnten Sie besser arbeiten, wenn der Druck kleiner wäre? Würde das helfen, eine bessere Beziehung aufzubauen?

Eine Umstellung im Denken von kurz- auf langfristig kann Ihre Arbeitsweise grundlegend verändern.

Offensichtlich bedeutet »langfristig« in verschiedenen Branchen nicht das gleiche. Aber in welcher Branche Sie auch sind, die Gelegenheit, das Spiel – die Dauer und die Produktivität einer Beziehung – zu ändern, ist da. Eine solche Änderung kann Ihrem Geschäft vollkommen neue Möglichkeiten eröffnen.

Glauben Sie mir, ich weiß, was das bedeutet. Vor allem wenn Sie über Ihrer Quote für das nächste Quartal brüten. Ich habe das auch erlebt, und zwar aus allen Perspektiven: als Verkäufer auf Provisionsbasis in guten und schlechten Zeiten und als Geschäftsführer eines Unternehmens, das unter dem Druck von Quartalszahlen stand. Aber ich weiß auch, daß Erfolg auf lange Sicht davon abhängt, daß wir die Grenzen des kurzfristigen Denkens durchbrechen und uns darauf konzentrieren können, strategische, langfristige Partnerschaften aufzubauen.

Strategisch und langfristig denken

Verkäufer in Phase III denken viel, viel langfristiger. Sie haben sich in Gedanken zurechtgelegt – nicht nur mal kurz daran gedacht –, was in bestimmten Situationen irgendwann in der Zukunft zu tun ist. Und sie haben allen – dem einzelnen Kunden genauso wie der Geschäftsführung von Cray – ihre Rollen schon zugeordnet. Es ist nicht schwierig, mit kritischen Situationen fertig zu werden, denn sie sind alle schon Monate im voraus genau durchdacht worden. Das ist strategisches Denken.

Mike Wilhelm, Cray Research Western
Region, General Manager

Fassen wir noch einmal zusammen. Das Spiel auf lange Frist beherrschen beginnt mit Ihrem Denken. Lösen Sie sich von Kurzfristigem, halten Sie kurz inne und überlegen Sie, was Sie denn eigentlich am kurzfristigen Spiel motiviert hat. Fragen Sie sich dann, was Sie daran hindert, sich vom Kurzfristigen endgültig abzuwenden und auf das langfristige Spiel umzusteigen. Und wenn das alles klar ist, kommt der letzte Schritt – die Wahl. Und wer in Phase III mithalten will, wählt am besten das langfristige Spiel.

Autos verkaufen und langfristig denken

Ein hervorragendes Beispiel von langfristigem Denken als Änderung des Spiels liefert jene Industrie, die traditionsgemäß auf extrem kurzfristige »Strohfeuer« aus gewesen ist – die Autoindustrie.

Wenn Sie das lesen, denken Sie daran, daß Diane Flis im Jahr 300–350 Buicks verkauft und damit 250 Prozent über dem Schnitt der anderen Verkäufer liegt. Und das ist zu einem großen Teil auf ihre Fähigkeit zurückzuführen, Beziehungen zu ihren Kunden aufzubauen, die zwei oder drei Jahre in die Zukunft reichen. Wenn Sie verstehen, wie Diane arbeitet, werden Sie verstehen, wie sie das Spiel im Autoverkauf von einem kurzen »Strohfeuer« zu einer langfristigen Strategie geändert hat.

Das Ergebnis ist, daß jemand mit einem neuen Wagen wegfährt. Aber es beginnt damit, daß ich denke: Wie schaffe ich das? Woher kommt mein Geschäft? Vielleicht spaziert es nicht einfach hier zur Tür herein. Also muß ich selbst dafür sorgen.

Ich komme jeden Morgen mit einem Programm ins Büro. Ich schreibe mir Namen von Leuten heraus, mit denen ich schriftlich oder telefonisch Kontakt aufnehmen will, Leuten, bei denen ich mich wieder einmal melden oder denen ich dafür danken möchte, daß sie mich weiterempfohlen haben.

Bei alten Kunden melde ich mich mit einer handgeschriebenen Karte – seit sieben Jahren jedes Jahr zwei- oder dreihundert Karten. Das sind viele Leute, und ich brauche sehr viel Zeit dafür. Aber ich vergesse weder die Namen dieser Leute noch den Typ Auto, den sie gekauft haben, und dafür vergessen sie mich nicht. Ein paarmal pro Jahr gehe ich meine Kundenkartei durch, wenn ich diese Briefe schreibe. Und ich erinnere mich an die Leute, die nach sieben Jahren wieder gekommen sind und bei mir ein Auto gekauft haben, nur weil ich mir die Zeit genommen habe, ihnen jedes Jahr eine Karte zu schicken.

Nun, das sind alles Geschäfte, die ich mit oder auf Empfehlung von alten Kunden mache und von denen all die anderen Autoverkäufer nur träumen können. Sie verpassen einfach den Zug. Sie müssen sich mit den paar Kunden zufriedengeben, die zufällig durch die Tür hereinkommen. Einige dieser Leute sind seit zwanzig Jahren im Geschäft, und ich verkaufe dennoch mehr als sie. Der Grund ist, daß ich 80 Prozent meines Geschäftes mit alten oder von ihnen empfohlenen Kunden tätige.

Ich habe Leute gehabt, die vier oder fünf Jahre lang kein Auto gekauft haben, dann aber zu mir zurückgekommen sind, weil ich ihnen geholfen habe, sich fünf Jahre lang an mich zu erinnern. Nach fünf Jahren kamen sie zurück und kauften ein Auto.

Diane Flis arbeitet daran, langfristige, von Vertrauen geprägte Beziehungen zu ihren alten und zu potentiellen neuen Kunden aufzubauen. Und darin unterscheidet sie sich von den meisten ihrer Kollegen, die nur darauf aus sind, *heute* ein Auto zu verkaufen. Diane will gegenseitig fruchtbare, einfühlsame Beziehungen aufbauen, und es lohnt sich.

Gegenseitig fruchtbare, einfühlsame Beziehungen

»Gegenseitig fruchtbar« und »einfühlsam« hängen mit dem Zweck des Verkaufens zusammen: anderen helfen, das zu bekommen, was sie haben wollen. Es bedeutet, sich in die Lage seiner Kunden zu versetzen und sich zu fragen: »Wie sieht diese Angelegenheit denn von seinem Standpunkt aus? Was will er? Was wird er in drei oder in fünf Jahren wollen?« Es bedeutet, jegliches feindselige Denken für alle Zeiten zu vergessen und manchmal so zu denken und zu handeln, als ob Sie auf der Lohnliste des Kunden stünden (was Sie ja auch tun!), und das auch in harten Zeiten, *ganz besonders* in harten Zeiten.

Beziehungen managen

Gegenseitig fruchtbare, einfühlsame Beziehungen aufbauen bedeutet, dem Denken des »Strohfeuer«-Verkäufers zu entsagen und eine komplexere, raffiniertere Ebene zu erreichen. In einer Partnerschaft spielt der Verkäufer nicht nur für seine eigene Firma, sondern auch für die Beteiligten im Unternehmen seiner Kunden eine führende Rolle. Er leitet das Team und dirigiert alle Mitspieler durch die vertraglichen, juristischen und finanziellen Probleme, die zu erledigen sind.

Aber in seiner wichtigsten Rolle managt der Verkäufer die Beziehung, um die herum sich alles andere abspielt. Das bedeutet, daß er das Hauptziel nie aus den Augen verlieren darf und konstant auf ein hohes Maß an Vertrauen hinarbeiten muß.

Die Schlüssel zur partnerschaftlichen Beziehung

Es gibt drei Schlüssel zu einer intensiven partnerschaftlichen Beziehung, und ihnen widmet der Beziehungsmanager seine Aufmerksamkeit in allererster Linie. Es sind gemeinsame Werte, Einigkeit in Zweck und Vision und hundertprozentige Unterstützung.

1. Gemeinsame Werte

Eine der wirksamsten Methoden, eine Partnerschaft aufzubauen, besteht darin, ohne Umschweife auf die Überzeugungen der Firmen zu sprechen zu kommen, das heißt, gegenseitig zu erfahren, welche Werte beiden Seiten wichtig sind, darüber zu diskutieren und sich zu einigen.

Wenn Ihr Kunde – mit Ihrer Hilfe – entdeckt, daß beide Unternehmen grundlegende Werte wie zum Beispiel Qualität und gegenseitigen Respekt teilen *und auch praktizieren*, ist das äußerst wertvoll für den Aufbau eines soliden Fundaments, auf dem dann eine starke Partnerschaft errichtet werden kann.

Das ist die Gesprächsebene, die ich möglichst rasch erreichen will, wenn ich alte oder neue Kunden besuche.

Im Jahr 1968 beispielsweise kam Wilson Learning mit der Idee »Doppelsieg« auf den Markt. Wir waren der Meinung, beide Seiten – Verkäufer und Kunde – sollten von der Zusammenarbeit profitieren. Das war unsere Überzeugung, und die vertraten wir auch in unseren Kursen. Damals verhandelten wir gerade mit den für den Vertrieb zuständigen Leuten einer großen Autofabrik über ein umfangreiches Ausbildungsprogramm für Verkäufer. Als wir dann aber auf Werte zu sprechen kamen, wurde klar, daß es

Probleme geben würde. Ihre Leute, die mit den einzelnen Autohändlern arbeiteten, wollten unbedingt festlegen, welche und wie viele Autos diese bis wann verkaufen sollten. Sie waren nicht im geringsten daran interessiert, auch die Perspektive der Händler kennenzulernen. Die Bedingungen für einen »Doppelsieg« waren in dieser Beziehung eindeutig nicht gegeben.

Für beide Seiten war dies ein grundlegender Wertkonflikt, der immer wieder auftauchen und ein sinnvolles Programm zur Verkaufsförderung verunmöglichen würde. Wir respektierten zwar unsere Standpunkte, waren uns aber klar darüber, daß wir darin keine Einigung erzielen könnten. Und so verließen beide Parteien den Verhandlungstisch.

Fünfzehn Jahre später kam die gleiche Firma wieder zu uns zurück, weil sich nach radikalen Änderungen in der Autoindustrie ihre Werte vollkommen geändert hatten. Der »Doppelsieg« war nun ein wichtiges Element der Beziehung, welche die Firma mit ihren Händlern unterhalten wollte. Und so erinnerte man sich an Wilson Learning. Damit will ich folgendes sagen: Wenn beide Seiten gemeinsame Werte entdecken und sich auf dieser Ebene einigen können, erledigen sich damit automatisch verschiedene Faktoren, die sonst eine Geschäftsbeziehung stören können. Wenn Kunden spüren, daß wir die gleiche Wertskala haben, klären sich Fragen über unsere Absicht, unser Engagement und unsere Kompetenz fast von ganz allein, so daß wir direkt mit ihnen verhandeln können.

In einer langfristigen Partnerschaft müssen die elementaren Werte übereinstimmen.

Die gemeinsamen Werte einer Partnerschaft

In den Workshops zum Thema Teamarbeit, die wir am Pecos River Learning Center durchführen, haben sich fünf grundlegende Werte herauskristallisiert, welche für Partnerschaften genauso wie für Teams von entscheidender Bedeutung sind:

100 Prozent Vertrauen: Jeder versteht die Absichten des anderen und vertraut ihnen. Jeder setzt sich für eine gegenseitig fruchtbare Beziehung und gegenseitiges Vertrauen ein.

100 Prozent Verantwortung: Jeder übernimmt eine hundertprozentige persönliche Verantwortung für die Beziehung, für den Erfolg und für die Rückschläge.

100 Prozent Unterstützung: Jeder geht die Verpflichtung ein, Unterstützung zu geben und zu akzeptieren. Unser Slogan lautet: »Hundertprozentige gegenseitige Unterstützung über alle Fehler hinweg, bis wir es geschafft haben.«

100 Prozent Wahrheit: Keiner hält mit Informationen oder Meinungen zurück. Jeder ist bereit, über alles zu sprechen. Und das gilt ganz besonders auch für schlechte Nachrichten – Verzögerungen, Preiserhöhungen und Gerüchte.

100 Prozent Einsatz: Jeder setzt sich hundertprozentig für die Aufgabe ein. Keiner geht an eine Sitzung, um dann alle paar Minuten demonstrativ auf die Uhr zu blicken, weil er noch den einzigen direkten Zug nach Hause erwischen möchte.

Dies sind Ideale, Ziele, die erreicht und immer wieder überprüft werden müssen und an denen man sich festhalten kann, wenn die Dinge nicht wunschgemäß laufen. Das alles erfordert Übung, Rollenmodelle und unzählige kleine Schritte, aber wenn Sie einmal eine hundertprozentige Beziehung aufgebaut haben, ist es praktisch unmöglich, daß sich jemand anders dazwischendrängt.

Im Pecos River Learning Center geben wir den Teams die Möglichkeit, »versuchshalber« eine Woche lang mit diesen Werten zu arbeiten und ein Gefühl dafür zu bekommen, wie dramatisch diese Änderung sein kann.

2. Einigkeit in Zweck und Vision

Alle an der Partnerschaft Beteiligten – also sämtliche Mitglieder der Teams beider Unternehmen – müssen den Zweck der Partnerschaft klar erkennen und sich für die Vision engagieren. Alle müssen sich einig sein, wohin sie gehen wollen.

Zudem muß jedes einzelne Mitglied davon überzeugt sein, daß die Partnerschaft einem Zweck dient, der höher ist als nur ein Vertragsabschluß zwischen einem Verkäufer und einem Käufer. Alle müssen davon überzeugt sein, daß die Partnerschaft für beide Seiten auf lange Sicht einen Unterschied ausmachen wird. Und es ist die Aufgabe des Führers/Verkäufers, diese klare und unwiderstehliche Vision zu schaffen oder schaffen zu helfen.

In zahlreichen Partnerschaften, an denen ich beteiligt war, haben wir uns die Zeit genommen, sämtliche irgendwie daran beteiligten Leute an den runden Tisch zu bringen und jeden schildern zu lassen, wie er sich das optimale Ergebnis vorstellt. Wie würde die Beziehung in drei oder fünf Jahren aussehen? Wann und wie würden sie erfahren, ob ihre Erwartungen erfüllt werden?

Es überrascht mich immer wieder, was bei solchen Sitzungen herausschaut. Zum einen tauchen alle möglichen kreativen Ideen auf, und zum andern schweißen sie die Leute zu einer starken

Gruppe zusammen, die sich für eine gemeinsame Vision engagiert.

3. Hundertprozentige Unterstützung

In einer langfristigen Partnerschaft ändert sich die Rolle des Verkäufers: Er ist nicht mehr in erster Linie Verkäufer, sondern Helfer. Der Verkäufer in einer Partnerschaft kümmert sich aktiv in gleichem Maße um das Wachstum, die Gesundheit und Zufriedenheit sämtlicher Beteiligter.

Die Philosophie der Unterstützung

Eine Partnerschaft ist eine Ehe. Sie ist die höchste Stufe einer Beziehung mit einem Kunden, die ein Verkäufer meiner Meinung nach erreichen kann. In gewissem Sinne ist es eine sehr intime Beziehung, weil sie auf Vertrauen beruhen muß. Gegenseitiges Vertrauen muß die ganze Beziehung prägen... Der Unterschied zwischen dem Aufbauen einer Partnerschaft und dem reinen Verkaufen liegt darin, daß man sich in einer Partnerschaft nicht einfach kurz liebt und danach verschwindet, sondern daß man sich liebt und bleibt. Es ist ähnlich wie in einer familiären Beziehung. Das Brot Ihrer Kunden ist auch Ihr Brot. Wenn Ihre Kunden etwas spüren, spüren Sie es auch.

Es kommt zu einer innigen Kameradschaft, zu gegenseitigem Unterstützen und Verstehen, fast zu einer Art Liebe, weil man gemeinsam harte Zeiten überstehen kann. Die Beziehung ist von lebhafter Anteilnahme und Respekt für den andern geprägt.

All die Leute, mit denen ich zu tun habe, haben ihre Karriere im Auge, ich auch. Sie haben keine oder nur geringe Aufstiegschancen in ihrer Firma, wenn unsere Projekte nicht erfolgreich sind. Als Verkäufer in einer solchen Partnerschaft teilt man Freud und Leid. Wenn die Partner versagen, versagen auch Sie. Man verbleibt mit ihnen in der Partnerschaft – man hilft ihnen, ihre Fehler sind meine Fehler, ihr Erfolg ist mein Erfolg.

Don Walker, Wilson Learning Corporation

Was Sie zur Unterstützung Ihrer Partner tun können, kennt keine Grenzen. Aber es steht immer das gleiche *Denken* dahinter. Sie müssen Ihr Ego in den Griff bekommen und sicherstellen, daß Sie nach außen, auf das Wohlergehen der Partnerschaft und der einzelnen Beteiligten, nicht auf Ihr eigenes Wohl konzentriert sind. Sie müssen alle Beteiligten immer wieder fragen: »Wie kann ich helfen? Was brauchen Sie? Werden Ihre Erwartungen erfüllt?« Das ist Unterstützung.

Die Schlüssel zu einer partnerschaftlichen Beziehung

1. Gemeinsame Werte
2. Einigkeit in Zweck und Vision
3. Hundertprozentige Unterstützung

Die Partnerschaft Pillsbury–Kraft

Eine der interessantesten langfristigen und gegenseitig fruchtbaren Partnerschaften, die ich kenne, ist diejenige zwischen Pillsbury und der Kraft Inc. Tony Sherber, Vizedirektor und Verkaufschef der amerikanischen Lebensmittelabteilung von Pillsbury, seine Mitarbeiter und ein paar Verkäufer von Kraft waren kürzlich im Pecos River Learning Center zu Gast, und sie erzählten uns die Geschichte ihrer Partnerschaft.

Sie nahm ihren Anfang in den dreißiger Jahren in Louisville, Ken-

tucky. Damals hatte die Biskuitfabrik, die Pillsbury später übernahm, eben die Produktion von haltbaren Biskuits aufgenommen. Das Problem war nun, daß diese Biskuits ungekühlt nur relativ kurze Zeit genießbar blieben. Da die Belieferung der Detailgeschäfte in der ganzen Region damals ziemlich langwierig war, stellte dies ein ernsthaftes Problem dar. Die Fabrik selbst hatte nicht die Mittel, eine eigene Flotte von Kühlwagen auf die Beine zu stellen, und sah sich deshalb nach bereits existierenden Verteilsystemen und anderen Firmen um, die bereits Kühlwagen im Einsatz hatten. Die Lösung hieß Kraft Cheese Company. Kraft lieferte mit Kühlwagen Käse an Einzelhandelsgeschäfte in der ganzen Region. Die beiden Firmen gingen eine Partnerschaft ein, die mit der Zeit ein landesweites Ausmaß annahm und von Pillsbury nach Übernahme der Biskuitfabrik weitergeführt wurde.

Dramatische Erhöhungen der Materialkosten und ein heftiger Preiskampf begannen dann aber in den siebziger Jahren Tribut zu fordern. Der Marktanteil ging zurück, die Gewinne ebenfalls. So wie das Unternehmen gemanagt wurde, war die Zeit für eine Änderung gekommen.

Die Bühne war frei für einen Verkäufer in Phase III – einen Beziehungsmanager.

Ray Kimery brachte jahrzehntelange Erfahrung mit, als er bei Pillsbury den Bereich Tiefkühlprodukte übernahm. Aber er brachte noch etwas anderes mit. Ray gehörte zu den Menschen, die bei ihren Mitarbeitern ein Gefühl tiefster Loyalität wecken können. Wie Tony Sherber, selbst auch ein Mitarbeiter von Ray, erzählt, konnte er einen am Morgen früh klein und häßlich machen und am Abend nach der Arbeit auf ein Bier einladen. Ray war ein Führer. Man wußte immer, wo er stand, und respektierte seine Meinung – auch wenn man sie nicht mit ihm teilte. Ray war schon früh ergraut, und so war er in der ganzen Pillsbury-Gruppe nur als der »Graue Adler« bekannt.

Im Jahr 1980 bekam Ray die Aufgabe, das Kraft-Pillsbury-Geschäft zu reaktivieren. Nach einer sorgfältigen Analyse der Lage kam Ray zum Schluß, daß beide Unternehmen zuerst nochmals viel Geld und Arbeit in die Grundlagen investieren mußten. Das war die Strategie, die er beiden Partnern nahezulegen gedachte. Den ersten Erfolg verbuchte er bei Pillsbury. Er überzeugte den Verwaltungsrat, die Firma solle eine Pause einlegen, das heißt, zwei Jahre lang keinen zusätzlichen Gewinn aus der Partnerschaft mit Kraft ziehen. Dieses Geld sollte wieder ins Geschäft investiert werden. Sein nächster Clou – der nicht weniger schwer war – gelang ihm bei Kraft. Er bat die Firma nämlich, ihre ganze Beziehung zu Pillsbury zu ändern. Seit den dreißiger Jahren hatte Kraft als Verteiler von Pillsbury-Produkten fungiert. Kraft kaufte die Produkte von Pillsbury, schlug eine Gewinnmarge drauf und verkaufte sie an die Einzelhändler weiter.

Ray mußte Kraft davon überzeugen, daß Pillsbury nur im Geschäft bleiben konnte, wenn die Firma ihre Preise selbst festlegen und Kraft für ihre Dienstleistungen eine Kommission bezahlen würde – eine sehr wichtige Änderung und für Kraft ein ziemliches Risiko. Aber Ray war absolut überzeugt, daß mit seiner Strategie beide Unternehmen mehr verdienen und auf lange Sicht ihren Umsatz steigern könnten.

Er reiste sozusagen als Botschafter zwischen den beiden Firmen hin und her und bat sie, sich von der alten Geschäftsweise loszusagen, damit die Partnerschaft gedeihen könne. Das gewonnene Geld und die gewonnene Zeit wurden in neue Technologie, neue Produkte und Ray Kimerys »Gold-Standard« investiert – eine neue Qualitätsdefinition für gekühlte Teigprodukte.

Ray Kimerys Aufgabe war es, diese heikle Beziehung zu managen und sicherzustellen, daß während der Übergangszeit die Bedürfnisse beider Partner befriedigt wurden.

Das Risiko und die neue Partnerschaft machten sich bezahlt. Unter der Führung von Ray und seinen Mitarbeitern, die seine Vision verstanden, folgten für die Partner Pillsbury und Kraft nach elf Jahren stetiger Rückschläge fünf Jahre realen Wachstums.

Die Beziehung über alles stellen, die Bedürfnisse aller Partner befriedigen, langfristig denken und hundertprozentig integer sein. So dachte und arbeitete Ray Kimery, ein Verkäufer in Phase III, der eine Partnerschaft in Phase III aufbaute.

Strategische Überlegung Nr. 5
Zusammenfassung
Denken Sie: Partner sein, nicht Verkäufer

Der Schlüssel zu Partnerschaften liegt im Gedanken, gegenseitig fruchtbare, einfühlsame Beziehungen aufbauen zu wollen.

Schlüsselpunkte

1. Langfristig denken, sich fragen: »Wie könnte diese Beziehung in drei oder fünf Jahren aussehen?«
2. Ein gewiegter Stratege werden. Die strategischen Ziele Ihrer Kunden, ihre Entscheidungsprozesse, Firmenziele, Politik und Kultur kennenlernen.

Die Schlüssel zu einer starken Partnerschaft

1. Gemeinsame Werte. In einer langfristigen Partnerschaft müssen die elementaren Werte übereinstimmen.
2. Einigkeit in Zweck und Vision. Alle an der Partnerschaft Beteiligten – also sämtliche Mitglieder der Teams beider Unternehmen – müssen den Zweck der Partnerschaft klar erkennen und

sich für die Vision engagieren. Alle müssen sich einig sein, wohin sie gehen wollen.

3. Hundertprozentige Unterstützung. In einer langfristigen Partnerschaft ändert sich die Rolle des Verkäufers: Er muß nicht in erster Linie verkaufen, sondern helfen. Der Verkäufer in Partnerschaften ist aktiv und in gleichem Maße um das Wohlergehen, die Gesundheit und die Zufriedenheit aller besorgt.

Kapitel 10

Strategische Überlegung Nr. 6: Mehr bieten

Mehr bieten heißt die Erwartungen übertreffen – mehr tun, als das Pflichtenheft vorschreibt. Ich möchte dieses Kapitel mit einer Geschichte eröffnen, die mir jedesmal in den Sinn kommt, wenn ich über »Mehr bieten« nachdenke.

Die MacArthur-Strategie

Ich war in Japan bei Caterpillar-Mitsubishi, einem unserer großen internationalen Kunden, zu Besuch und saß mit einem der leitenden Angestellten dieses Unternehmens beim Abendessen. Wir unterhielten uns angeregt, und irgendwann im Laufe des Abends fragte ich ganz beiläufig, woher er denn eigentlich komme. Seine Antwort, »Aus Hiroshima«, fuhr mir durch Mark und Bein. Aber da wir uns so gut verstanden, wagte ich dann doch die Frage, ob er mit mir darüber sprechen möchte.

Er hatte nichts dagegen und begann also zu erzählen. Als die Bombe fiel, sei er weg, seine Familie aber zu Hause gewesen, und es habe dreißig Tage gedauert, bis man erste Nachrichten aus Hiroshima vernommen habe. Natürlich habe er angenommen, seine Familie sei umgekommen – und die Behörden hätten das auch bestätigt.

Wie sich herausstellte, hatten sich die Behörden aber ausnahmsweise einmal geirrt. Das Haus war wie durch ein Wunder unversehrt geblieben, und seine Familie hatte die Bombe überlebt. Unmittelbar danach verließ die Familie Hiroshima und entging so auch dem Strahlentod. Die andere Familie, die ihr Haus bezogen hatte, war der Strahlenkrankheit erlegen. An und für sich eine unfaßbar eindrückliche Erfahrung. Doch die Geschichte geht noch weiter, und dieser zweite Teil ist es eigentlich, der mich unweigerlich an dieses »Mehr bieten, die Erwartungen übertreffen« erinnert.

Mein japanischer Freund erzählte, nach dem Krieg hätten die Japaner dann eine absolute Überraschung erlebt. Nach der Kapitulation hätten die Japaner nämlich erwartet, daß sie von den Amerikanern mit äußerster Grausamkeit behandelt würden – weil sie in der Rolle der Besatzungsmacht früher genauso gehandelt hatten.

Doch was dann geschah, sei einfach absolut unglaublich gewesen. Die Amerikaner seien gekommen, hätten die Räumungsarbeiten in die Hand genommen, die Verletzten gepflegt und den Leuten zu essen gegeben – kurz, sie hätten so gehandelt, als ob es sich um ihre besten Freunde gehandelt hätte. Sie seien einfach verblüfft gewesen. »Und ich möchte, daß Sie folgendes wissen«, sagte er. »Unsere Beziehung zu den Vereinigten Staaten hat genau dort begonnen. In jenem Augenblick entstand ein tiefes Vertrauen. Wir bauten wieder auf und wurden Freunde, und unsere Länder sind eng miteinander verbunden – durch den Krieg.«

Für diese ganze Strategie – so berichtete er weiter – sei nicht Washington, sondern ganz allein General Douglas MacArthur verantwortlich gewesen. MacArthur habe die Beziehung Sieger–Verlierer vollkommen auf den Kopf gestellt, indem er die Erwartungen der Japaner übertroffen habe, und dadurch habe er einen mächtigen Verbündeten gewonnen.

Nichts Neues

Im Verkaufen ist das Konzept »Mehr bieten« keineswegs neu. Im Gegenteil, es bildet schon seit 1965 einen der Kernpunkte im Programm von Wilson Learning. Die meisten erfolgreichen Verkäufer leben danach. Der Unterschied ist nur der: Die meisten Verkäufer bieten nur gelegentlich – rein zufällig – mehr. Neugestalter des Spiels hingegen machen daraus etwas Alltägliches. Sie bieten ständig mehr. Die Frage »Wie kann ich mehr bieten?« gehört zu ihrem normalen Rüstzeug.

Ein bißchen mehr geben

Vom allerersten Tag an in diesem Geschäft glaubte ich daran, irgendwann würde ich belohnt werden, wenn ich das täte, was für meine Kunden richtig sei. Die Leute sagten: »Wie schaffen Sie das nur alles?« Und ich sagte: »Es ist eben das Richtige. Irgendwie werde ich schon meinen Lohn bekommen. Ich weiß nicht, wie, aber ich werde ihn bekommen.« Und schauen Sie mich an – ich habe recht gehabt.

Ich glaube, was ich tue, ist ganz einfach: Ich gebe den Leuten ein bißchen mehr, als sie erwartet haben. Und das ist wohl der Grund für meinen Erfolg.

Larry Mann, Aetna Life and Casualty

Das ist die Philosophie: mehr bieten. Oder wie es ein anderer Neugestalter des Spiels ausgedrückt hat: Mehr bieten heißt *immer* mehr tun, als das Pflichtenheft verlangt, um die Erwartungen der Kunden noch zu übertreffen.

Der Vorteil gegenüber der Konkurrenz

Mehr tun, als das Pflichtenheft verlangt, immer die Erwartungen der Kunden übertreffen: So können Sie am besten das Spiel gegenüber Ihrer Konkurrenz ändern. Wenn Sie die Erwartungen Ihrer Kunden übertreffen und die Konkurrenz im Glauben lassen, beim Spiel gehe es nur darum, die Erwartungen der Kunden zu erfüllen, haben Sie sie bereits vom neuen Spiel ausgeschlossen.

Natürlich wird sie nicht für alle Zeiten ausgeschlossen bleiben, denn diese Leute sind ja auch nicht auf den Kopf gefallen und werden früher oder später merken, was für ein Spiel Sie da spielen. Aber das ist unwichtig. Wichtig ist nur, daß Sie die Strategie begreifen, die hinter dem »Mehr bieten« steht. Wenn Sie sie verstehen und anwenden, können Sie das Spiel immer eine Nasenlänge vor Ihrer Konkurrenz ändern. Diese wird Ihnen zwar auf die Schliche kommen, Sie aber nie einholen.

»Mehr bieten« ist die Konkurrenzstrategie in Phase III.

Erkennen, wenn man sie sieht

»Mehr bieten« gleicht einigermaßen der Haltung des Obersten Gerichtshofes gegenüber der Pornographie: Pornographie ist schwer zu definieren, aber man erkennt sie, wenn man sie sieht. Deshalb haben wir Beispiele aus verschiedensten Bereichen zusammengetragen, um Ihnen zu zeigen, was »Mehr bieten« alles sein kann. Hinter allen Beispielen aber steht die Überlegung: »Wie kann ich die Erwartungen meines Kunden übertreffen?«

Mehr bieten im Immobiliengeschäft

Im allgemeinen versuchen wir, den Leuten den Umzug möglichst zu erleichtern, damit der Wechsel von einer Stadt zur andern so reibungslos wie möglich verläuft. Ich sage zu meinen Kunden: »Ich kümmere mich um all die tausend Einzelheiten. Sie können Ihre neue Stelle ruhig antreten, ohne an solche Dinge denken zu müssen.« Einzelheiten sind für mich sehr wichtig; es gibt so vieles, was ich für meine Kunden tun kann: die Finanzierung arrangieren, den Anschluß von Strom, Telefon, Wasser usw. veranlassen, die Versicherung benachrichtigen, den Innenarchitekten mobilisieren oder wichtige Adressen zum Beispiel von Ärzten und Zahnärzten besorgen.

Ich lasse meinen Kunden am Tag des Umzugs eine erstklassige Behandlung angedeihen. Dazu gehört ein gutes Essen für die Familie und für die Möbelträger. Dann kontrolliere ich regelmäßig jeden Tag, ob alles in Ordnung ist oder ob die Leute noch irgendwelche Hilfe benötigen.

Dadurch bekommen meine Kunden das Gefühl, es kümmere sich jemand um sie. Und das ist wichtig, denn sie wissen dann, daß sie in der neuen Stadt nicht allein sind und daß sie jemanden haben, an den sie sich Tag und Nacht wenden können.

Eileen Tertocha, Skipper Morrison Realtors

Mehr über Eileen, diesmal von einem ihrer Kunden.

Als Verkaufschef weiß ich echte Profis zu schätzen, und Eileen ist in der Tat ein Profi. Es ist eine wahre Freude, mit ihr zu arbeiten. Wir sind in elf Jahren sechsmal umgezogen, aber es war noch nie so angenehm wie bei diesem letzten Mal. Und das beste war eben, daß sich Eileen um all diese Kleinigkeiten gekümmert hat. Sie hat weit mehr als ihre Pflicht getan, als wir an einem Samstagabend feststellten, daß das Dach leckte. Innert kürzester Zeit stand Eileen mit dem Mann von der Versicherung und den entsprechenden Handwerkern im Schlepptau vor unserer Tür, um das Problem zu lösen. Diese zusätzliche Bemühung lange nach dem eigentlichen Geschäft beeindruckte mich wirklich. Seither benütze ich Eileens Beispiel immer bei der Ausbildung unserer neuen Verkäufer.

Was »Mehr bieten« nicht ist

Weil die Erwartungen der Kunden immer zunehmen, ist das, was wir heute mehr bieten, morgen schon Teil ihrer Erwartungen. Prompte Lieferung, eine Nachfrage nach Abschluß des Geschäfts oder gar ein persönlicher Besuch gehören nicht zum Konzept »Mehr bieten«. Das sind einfach gute (und nicht einmal überragende!) Dienstleistungen. Wenn man nur gerade eben die Erwartungen der Kunden erfüllt, wie dies 80 Prozent aller Verkäufer und Firmen heute tun, kann man nur Geschäfte machen und konkurrenzfähig sein, wenn man am billigsten offeriert. Das ist dieses Spiel mit dem Offerieren und dem anschließenden Hoffen, man habe das günstigste Angebot eingereicht, das nicht noch von einem niedrigeren Preis für ein vergleichbares Produkt geschlagen werde. Ein hartes und nervenaufreibendes Spiel.

Wie John Allison von der North Carolina Branch Bank and Trust sagte: Wenn man nicht niedrigste Preise offerieren kann – und das können die meisten von uns nicht –, muß man mindestens mehr bieten können.

Die drei Schritte, um mehr zu bieten

Vor jedem Kundenbesuch und jeder Besprechung müssen Sie sich als Verkäufer folgende strategische Überlegung machen: »Wie kann ich bei diesem Geschäft noch etwas mehr bieten?«

Damit Sie rasch eine Antwort zur Hand haben, müssen Sie vorher Ihre Hausaufgaben machen. Der erste Schritt zur Verwirklichung des Konzeptes »Mehr bieten« ist wiederum kreativer Natur. Sie müssen nochmals entdecken, in was für einem Geschäft Sie nun wirklich sind. Im zweiten Schritt zerlegen Sie das Gesamtbild in eine Reihe von kleinen Gelegenheiten, bei denen Sie mehr bieten können. Und im dritten Schritt müssen Sie schließlich all diese Gelegenheiten genau prüfen und sich die passendsten und kostengünstigsten aussuchen.

Wenn dieses Vorgehen Sie an den kreativen Prozeß erinnert, haben Sie recht. »Mehr bieten« und Kreativität gehen miteinander Hand in Hand.

Kreativität und »Mehr bieten«

Mehr bieten heißt kreativ denken, während man die Bedürfnisse seiner Kunden befriedigt. Wenn ich nicht kreativ denken kann, ist es schwierig, Dienstleistungen mit dem gewissen »Mehr« zu bieten, weil ich dann den Kunden und den Geschäftsablauf gleichermaßen mit Scheuklappen betrachte. Es ist, als würde man sagen: »Es gibt nur die eine Art, das zu erledigen. Es tut mir leid, aber unsere Bestimmungen lassen etwas anderes nicht zu.«

»Mehr bieten« bedeutet oft, daß man die firmeninternen Regeln übertritt. Es bedeutet, sich über kleinliche finanzielle Entscheidungen hinwegzusetzen. Gefragt sind langfristiges Denken, großzügige Ent-

scheidungen und große Gelegenheiten – Sie müssen Risiken eingehen. Es zählt nur, daß wir die Erwartungen unserer Kunden übertreffen. Sie wollen doch nicht, daß ein Kunde fragt: »Und wo bleibt denn nun diese Vielfalt? Wo haben Sie mehr geboten? Wo ist das kreative Denken dieses Unternehmens?«

Durch kreative, mehr bietende Dienstleistungen können Sie sich von Ihrer Konkurrenz absetzen. Und was noch wichtiger ist: Sie können damit die Bedürfnisse der Kunden befriedigen, oft weit über die anfänglichen Erwartungen hinaus.

Don Walker, Wilson Learning Corporation

Schritt 1: In welchem Geschäft sind Sie?

Erinnern Sie sich an den alten Spruch: »Wenn die Eisenbahngesellschaften begriffen hätten, daß sie im Transport- und nicht im Eisenbahngeschäft wären, dann wären sie heute noch im Geschäft.« Fähig sein, diesen Sprung zu wagen – zu verstehen, in welchem Geschäft Sie wirklich sind –, ist der erste Schritt zur Erkenntnis, was »Mehr bieten« alles bedeuten kann.

Wenn Sie Ihr Geschäft verstehen wollen, müssen Sie paradoxerweise zunächst einmal Ihr Produkt vergessen. Sie selbst sind ja nicht die Computer, die Autos oder die Dienstleistungen, die Sie verkaufen. Marcelo Gumucio, Vizedirektor der Marketingabteilung von Cray, sagt: »Sie verkaufen Träume, Sie verkaufen Ideen, und Sie verkaufen Lösungen; Produkte werden nur geliefert.«

Denken Sie also Marketing-orientiert, und fragen Sie sich: »Was kaufen meine Kunden eigentlich? Was brauchen sie wirklich?« Und wenn Sie die Antworten auf diese Fragen haben, wissen Sie auch, in welchem Geschäft Sie wirklich sind.

Eine Antwort auf einen Traum

Unsere Kunden haben Träume. Sie träumen davon, das Verhalten von Atomkernen zu simulieren und die Erdatmosphäre zu studieren. Sie träumen davon, ein hundertprozentig sicheres Auto zu konstruieren. Sie träumen davon, die Luftströmung um ein ganzes Flugzeug herum im Modell darzustellen, alternative Methoden zur Gewinnung von Erdöl zu untersuchen, das Wetter für mehrere Tage voraussagen zu können. Und so hat der Cray-Computer einen ungeheuren Reiz. Weil die Kunden wissen, was alles herausschauen kann. Stellen Sie sich vor, Sie könnten durch den Einsatz eines Cray-Computers 10 Prozent mehr Erdöl gewinnen – das würde für einen Kunden aus der Erdölbranche Milliarden von Dollars bedeuten! Unsere Kunden haben alle ihre Träume, und auf dieser Ebene arbeiten wir doch in Tat und Wahrheit.

Marcelo Gumucio, Cray Research

Jedes Produkt und jede Dienstleistung kann auf diese Weise angesehen werden. Einen meiner größten Durchbrüche im Versicherungsgeschäft erzielte ich zum Beispiel, als ich realisierte, daß ich nicht Versicherungen verkaufte. Ich begriff, daß ich in Wirklichkeit jenes tiefe Gefühl der Befriedigung verkaufte, das ein Mensch empfindet, wenn er weiß, daß für seine Angehörigen gesorgt ist. Als ich das einmal begriffen hatte, begann ich, in dieser Richtung mehr zu bieten und nicht einfach Versicherungen zu verkaufen.

Schritt 2: Vom Gesamtbild zu den kleinen Gelegenheiten

Wenn Sie einmal erkannt haben, in welchem Geschäft Sie wirklich sind, stellen Sie sich die nächste Frage: »Was kann ich tun, damit ich mehr bieten, die Erwartungen meiner Kunden übertreffen kann? Was kann ich tun, das mich in eine günstigere Ausgangslage als meine Konkurrenz bringt?«

Die Antwort lautet wiederum: Kreativ sein. Nehmen Sie sich alle Zeit der Welt, die Sie brauchen, schalten Sie ab, sorgen Sie dafür, daß Sie nicht gestört werden, und stellen sie voller Selbstvertrauen diese Frage. Die Antworten, auf die Sie kommen, sind vielleicht nicht weltbewegend, unter Umständen sogar äußerst einfach – so einfach, daß kein anderer in Ihrer Branche sie berücksichtigt.

Mehr bieten beim Autoverkauf

Ich schreibe meine gesamte Korrespondenz von Hand: ein Dankschreiben, nachdem der Kunde sein Auto abgeholt hat, ein Dankschreiben, wenn jemand hereingeschaut hat, ohne etwas zu kaufen, und ein Dankschreiben dafür, daß jemand hereingekommen ist und mir die Gelegenheit gegeben hat, ihm beim Kauf eines Autos zu helfen. Auch die Umschläge sind von Hand adressiert. Nichts läuft durch die Schreibmaschine oder den Computer.

Ich begann auch solche Dankschreiben zu verschicken, wenn Kunden nichts gekauft haben, bloß weil es mir Vergnügen bereitet hat, die Leute kennenzulernen. Es macht mir wirklich Spaß, mich mit ihnen zu unterhalten, und viele von ihnen haben sich wohl beim Weggehen überlegt: »Nun, auch wenn ich hier kein Auto gekauft habe, so war es wenigstens nett, mit ihr geplaudert zu haben.«

Was ich damit sagen will: Ich hasse diese Dutzendbriefe und Reklameschreiben – also verschicke ich keine an meine Kunden. Dafür bekommen sie etwas Handgeschriebenes und sagen überrascht: »Schau mal an!«

Diane Flis, Tamaroff Buick

Schritt 3: Die Gelegenheiten prüfen

Zuletzt müssen Sie nun prüfen, welche Ihrer Ideen realisierbar sind. Fragen Sie sich zum Beispiel: »Wie kann ich diese Idee meinen Kunden nahebringen? Kann ich es mir leisten, so etwas zu tun? Wieviel wird das kosten? Dupliziere ich vielleicht sogar eine Dienstleistung, die wir bereits bieten?«

Nach dieser Prüfung bleiben unter Umständen nur ein paar wenige Ideen übrig, aber diese sind dann zweckmäßig und realisierbar, und sie werden Ihnen helfen, die Erwartungen Ihrer Kunden zu übertreffen. Und das wird sich herumsprechen – das ist der Lohn, wenn man mehr bietet.

Mehr bieten im Personal- und Software-Sektor

Bevor ich bei Five Technologies begann, spezialisierte ich mich auf Lohnbuchhaltungssysteme für Großfirmen. Ich hatte einen Kunden in der Kosmetikbranche, der mit uns arbeiten wollte, und er war überzeugt, daß wir sein Problem lösen konnten. Aber er befürchtete sehr, unsere Firma könnte in Konkurs gehen oder übernommen werden (er hatte Angst vor einem zufälligen Ereignis) und dann seine bereits getroffene Entscheidung beeinflussen, so daß er am Ende hilflos dastehen würde. Ich sagte: »Wenn das geschieht, wenn ich feststelle, daß irgend etwas mit unserer Firma passiert, werde ich persönlich für eine andere Lösung sorgen. Sie werden dadurch überhaupt kein Problem haben.«

Alan Braslow, Five Technologies

Aber lassen Sie Vorsicht walten. Überlegen Sie sich beim Prüfen Ihrer Ideen auch immer, ob diese für Sie Mehrarbeit bedeuten. Manchmal wird das durchaus der Fall sein. Aber verwerfen Sie eine Idee nicht grundsätzlich nur, weil sie etwas Mehrarbeit erfordert. Denken Sie auch an den Gewinn. Denken Sie auch daran, welche Position auf dem Markt Ihnen das eintragen wird und wie diese Position Ihnen auf lange Sicht enorm viel Zeit, Energie und Geld ersparen wird. Das Konzept »Mehr bieten« ist genau wie »Partnerschaften eingehen« oder »Ein Team führen« eine Strategische Überlegung, die Ihnen nicht unbedingt Mehrarbeit eintragen, sondern ihnen helfen soll, die Arbeit zu erleichtern. Aber es braucht zuerst immer etwas Zeit, bis der Ball ins Rollen kommt.

Mehr bieten bei Supercomputern

Wir wollen nicht nur die Erwartungen der Kunden erfüllen, wir wollen diese Erwartungen übertreffen. Wir müssen also nebst erstklassigen Systemen und einem erstklassigen Service noch eine Reihe von anderen, vielleicht immateriellen Dingen liefern.

Ich möchte Ihnen ein Beispiel geben. Wir sammeln täglich Leistungsdaten über unsere Systeme, und einmal stellten wir bei einem Kunden fest, daß sein Computer – eine Maschine im Wert von 10 Mio. Dollar – nicht einwandfrei arbeitete. Wir ließen diesen Kunden wissen, sein Computer genüge unserm Leistungsstandard nicht, auch wenn er selber damit zufrieden sei. Einer unserer Vizedirektoren besuchte den Kunden, um die Angelegenheit abzuklären. Der Kunde sagte, er habe zwar schon ein paar kleinere Probleme entdeckt, aber wir sollten den Computer ruhig stehenlassen – mit diesen Problemen könne seine Firma ohne weiteres leben. Unser Vizedirektor wies dieses Ansinnen zurück und erklärte, wir nähmen dieses System zurück, weil wir damit nicht zufrieden seien, und würden es kostenlos durch ein anderes ersetzen. Unser Kunde war grenzenlos verblüfft.

Aber wir tun auch kleinere Dinge. Die meisten unserer Systeme werden ab dem Werk in Chippewa Falls, Wisconsin, ausgeliefert. Dazu gibt es ein Faß des bekannten Chippewa Leinenkugel-Bieres. Damit können unsere Kunden ein kleines Fest feiern. Wenn unser System geliefert wird, ist das ein ganz besonderes Ereignis für den Kunden. Und es ist ein besonderes Ereignis für unsere Leute, die es an Ort und Stelle installieren. Dieses kleine Bierfest trägt zu einer unglaublich engen Beziehung zwischen den Kunden und unseren Leuten bei.

Marcelo Gumucio, Cray Research

Rückblick: Mehr bieten

Schritt 1: In welchem Geschäft sind Sie eigentlich tätig? Entdekken Sie neu, in welchem Geschäft Sie eigentlich sind und was Ihre Kunden wirklich kaufen. Sehen Sie das Gesamtbild.

Schritt 2: Vom Gesamtbild zu den kleinen Gelegenheiten. Überlegen Sie sich jetzt, nachdem Sie wissen, in welchem Geschäft Sie sind, bei welchen Gelegenheiten Sie mehr bieten können.

Schritt 3: Prüfen Sie Ihre Ideen, und suchen Sie sich die passendsten und kostengünstigsten aus.

Mehr bieten bei Lebensversicherungen

Ich habe herausgefunden, daß die Leute, die das große Geld machen, nicht zum Arzt gehen wollen. Sie möchten sich zwar versichern lassen, aber es ist schwierig, sie zu einer vertrauensärztlichen Untersuchung zu bringen. Also tue ich folgendes: Wenn ein Kunde sich hoch versichert hat, lasse ich ihn mit einem Wagen abholen, zum Arzt fahren und nachher wieder ins Büro zurückbringen.

Ann Spinazzola, NorthWestern Mutual Life

Ideen, die mehr bieten

Neben diesen kleinen Gelegenheiten bieten Verkäufer in Phase III noch in zwei andern Bereichen mehr. Erstens im Bereich Beziehung, was die Begegnung von Angesicht zu Angesicht angeht. Und zweitens im Bereich Probleme, Pannen, verärgerte Kunden; da denken und handeln Verkäufer in Phase III einfach anders als andere Verkäufer. *Was sie tun, fällt unter das Konzept »Mehr bieten«.*

Zwischenmenschlich mehr bieten

Eine der eindrücklichsten Erfahrungen in Sachen »Mehr bieten«, für die Sie sorgen können, hat nichts mit Produkten, Dienstleistungen oder Geschäftsproblemen zu tun. Die eindrücklichste Art, in der Sie mehr bieten können, besteht darin, im Leben eines anderen Menschen auf persönlicher Ebene einen Unterschied zu bewirken. Ihr Kunde fühlt sich besser, weil er Sie kennengelernt und mit Ihnen ein Geschäft gemacht hat. Es ist dieses unerwartete Geschenk eines höheren Selbstwertgefühls. Denken Sie an eine Zeit, die Sie mit einem absolut ehrlichen und verantwortungsbewußten Menschen verbracht haben; mit einem Menschen, der sich nicht nur auf einer rein »förmlichen« Ebene um sie gekümmert hat (so ungefähr in der Art: »Hallo, wie geht es? Hübscher Anzug, hübsche Krawatte! Wie kann ich dieses Geschäft nun machen?«).

Nach einer solchen Begegnung hatten Sie ein ziemlich gutes Gefühl und, was noch wichtiger ist, ein gutes Selbstgefühl. Und solche Menschen gibt es nur sehr selten.

Seien Sie also für Ihren Kunden dieser Mensch. Schenken Sie ihm diese Erfahrung. Viele Punkte, die wir bis jetzt in diesem Buch besprochen haben – Zweck, Intention und Partnerschaft –, haben mit dieser Art Beziehung zu tun. Sie bedeutet Mehrarbeit, sie wird nicht immer zustande kommen – und manche Kunden werden sie schlankweg ablehnen. Aber wenn es klappt, wenn der Groschen fällt, dann haben Sie etwas Einmaliges, Besonderes und sehr Starkes geschaffen.

Mehr bieten beim Autoservice

Erinnern Sie sich an das letzte Mal, als Sie Ihren Wagen zur Inspektion brachten. War Ihnen nicht ganz wohl dabei? Trauten Sie den Leuten nicht so ganz, daß sie nur das feststellen und in Ordnung bringen würden, was wirklich in Ordnung zu bringen war? Das sind leider die normalen Erwartungen. Und es sind Erwartungen, die für einen Art Grayson leicht zu übertreffen sind:

Wir möchten so weit kommen, daß unsere Kunden, wenn sie ihren Wagen zum Service bringen, nur noch sagen müssen: »Erledigen Sie das.« Sie sollen die absolute Gewißheit haben, daß wir nur das finden und in Ordnung bringen, was in Ordnung gebracht werden muß, daß wir keine unnötigen Arbeiten ausführen. Und Sie sollen darauf vertrauen, daß wir das eine vom andern unterscheiden können. Und das alles zu einem fairen Preis. Wenn sie ihren Wagen dann abholen, wird er in einwandfreiem Zustand sein. Diese Art Service wollen wir bieten, diese Art Beziehung wollen wir mit unseren Kunden haben.

Art Grayson, Grayson Pontiac

Ein Beispiel aus meiner eigenen Küche, wie ich auf persönlicher, zwischenmenschlicher Ebene mehr bieten konnte. Ich war damals fünfundzwanzig Jahre alt und verkaufte – einigermaßen erfolgreich – Lebensversicherungen. Wie jeder Versicherungsagent Ihnen erzählen kann, haben Kunden *immer* Tausende von Gründen, weshalb sie keine Lebensversicherung brauchen und keinen Versicherungsagenten sehen wollen.

Nachdem ich wenigstens die Hälfte dieser Gründe kennengelernt hatte, wurde mir mit einem Mal bewußt, daß sie letzten Endes alle auf zwei Kernpunkte zurückzuführen sind: Die Kunden wollen sich auch in Gedanken nicht mit ihrem eigenen Tod befassen, und sie haben kein Verantwortungsgefühl ihren Nächsten gegenüber – aus welchen Gründen auch immer. Nun, das sind zwei harte Brocken, auf die man nicht bei einem ersten Besuch einfach so zu sprechen kommt.

Ich begann über dieses Problem nachzudenken. Ich überlegte mir, in was für einem Geschäft ich eigentlich war, wo ich mehr bieten und wie ich den Kunden meine Intention, über diese zwei Themen zu sprechen, am einfachsten mitteilen konnte. Die Idee, auf die ich schließlich kam, war sehr einfach, aber wirkungsvoll.

Damals hatte Earl Nightengale eine Platte mit dem Titel »Das seltsamste Geheimnis« aufgenommen. Es war eines jener seltenen Lieder, das sich sehr eindrücklich, aber schonend mit elementaren Problemen auseinandersetzte, zum Beispiel mit dem Sinn des Lebens und der Kraft des Selbst. Und so beschloß ich, mich dieser Platte zu bedienen. Sobald ich mit einem Kunden einen festen Termin verabredet hatte, schickte ich ihm diese Platte mit einer kurzen Bestätigung unseres Termins. Und wenn ich dann ein paar Tage später meinem Kunden gegenübersaß, lautete meine erste Frage: »Wie hat Ihnen Earl Nightengale denn gefallen?«

Und dann hörte ich nur zu. Diese einfache Platte schaffte es, Leute zu tiefen Reaktionen zu bewegen. Mit vielen Kunden führte ich ernsthafte Diskussionen über ihre elementaren Ängste, Hoffnungen und Erwartungen. Wir diskutierten Themen, die sie sonst nie mit einem Fremden diskutiert hätten, Dinge, über die viele von ihnen nicht einmal mit ihrem Ehepartner gesprochen hatten. Das einzige, was dabei nie zur Sprache kam, war das Thema Lebensversicherung. Aber letztlich wurden viele von diesen Leuten meine Freunde und Kunden.

Was habe ich mehr geboten? Natürlich die Platte, die ein Geschenk war. Aber was ich wirklich mehr bot, war das Zwischenmenschliche. Es erlaubte den Kunden, sich selbst in einem anderen Licht zu sehen. Es half ihnen, sich mit ernsten Themen in ihrem Leben zu befassen. Wir verlagerten die Beziehung von der rein »förmlichen« auf eine »bedeutungsvolle« Ebene. Nach diesen Diskussionen wußten die Kunden in der Regel besser, was sie wollten, und sie machten sich daran, es auch zu bekommen. Sie hatten das Gefühl, ihr Leben besser im Griff zu haben – und in vielen Fällen war der Kauf einer Lebensversicherung nur die natürliche Folge dieses Gefühls.

Leuten bei persönlichen Entscheidungen zur Verbesserung ihres Lebens zu helfen, das ist das höchste, was man mehr bieten kann. Und es ist etwas, was wir alle bieten können, wenn wir nur begreifen, daß es unsere Aufgabe ist, zu Diensten zu sein und die Erwartungen unserer Kunden auch hinsichtlich der Beziehung zu übertreffen.

Verkäufer in Phase III machen aus »förmlichen« Beziehungen bedeutungsvolle Beziehungen. Ein ehemaliger, sehr lieber Freund und Kollege von mir, Bob Donoghue, hatte dafür ein markantes Wort geprägt: »Liebe auf dem Markt.« Es geht um den gegenseitigen Respekt und die Sorge zwischen einzelnen Menschen. Es bedeutet, daß wir uns – beruflich und persönlich – um die Menschen kümmern, mit denen wir Geschäfte machen; und es bedeutet, daß wir da sind, um zu helfen. Das ist die Quintessenz unserer Bemühung, auch in Sachen Beziehung mehr zu bieten.

Mehr bieten bei finanziellen Dienstleistungen

Paul Studebaker von den Criterion Financial Services in Minneapolis versteht es ebenfalls meisterhaft, in Sachen Beziehung mehr zu bieten. Ich kenne Paul seit zwanzig Jahren. Ganz am Anfang war er unser Agent für Hausrats- und Unfallversicherungen und entwickelte sich dann zu einem professionellen Berater in verschiedensten Dingen, die finanzielle Risiken in sich bergen. Paul unterscheidet sich aber von anderen durch sein großes Engagement und seine enge Freundschaft. Er tut, als ob meine Familie seine Familie wäre. Er vermittelt uns das Gefühl, wir seien seine einzigen Kunden – aber Paul ist ein sehr erfolgreicher Geschäftsmann. Er hat die Beziehung als Versicherungsagent in eine Beziehung als fürsorglicher Berater umgewandelt. Es ist klar, daß es sein Ziel ist, sich um uns zu kümmern, nicht uns eine Versicherung zu verkaufen – und das übertrifft unsere Erwartungen.

Was ist das Problem, und wie kann ich helfen?

Was tun Sie, wenn ein Problem auftaucht? Wenn ein Kunde sich ärgert und aufregt? Da gibt es zweifellos verschiedene Möglichkeiten – aber nur eine übertrifft die Erwartungen aller Kunden.

»Wo immer es ein Problem gibt: Ich bin da.«

Shinichi Yamamoto arbeitet seit fünfundzwanzig Jahren in einer Vorstadt von Tokio als Autoverkäufer. Seit zwanzig Jahren gehört er regelmäßig zu den erfolgreichsten Mazda-Verkäufern in Japan.

Nun werden Autos in Japan vielleicht auf eine etwas andere Art verkauft als in den USA oder in Europa. Als frischgebackener Mazda-Verkäufer bestieg Yamamoto nämlich seinerzeit jeden Tag einen Zug, fuhr etwa fünfundzwanzig Kilometer weit weg und machte sich dann zu Fuß auf den Rückweg, wobei er überall an die Türen klopfte, um sich und Mazda vorzustellen. Und diese Art von Hingabe und Arbeit zahlte sich offensichtlich aus.

Heute macht Shinichi Yamamoto genau wie Diane Flis von Buick den Großteil seiner Geschäfte mit oder auf Empfehlung von alten Kunden. In der Tat gingen die meisten der letzten dreitausend Wagen an eine Stammkundschaft von rund 800 Personen. Das bedeutet, daß Yamamoto jedem seiner Kunden durchschnittlich annähernd drei Wagen verkauft hat. Wenn Sie verstehen, wie Yamamoto denkt und arbeitet, verstehen Sie auch die Loyalität seiner Kunden zu ihm. Und da kommt eben auch »Mehr bieten« ins Spiel.

Yamamoto hatte schon mehrmals einen Kunden besucht, der noch nie ein Auto besessen hatte. Und der Mann hatte nach wie vor nicht die Absicht, ein Auto zu kaufen, obwohl er Yamamoto allmählich kannte und ihm vertraute. Ein paar Monate später tauchte der Mann aber doch beim Autohändler auf, fragte nach Yamamoto und erzählte ihm, er sei nun bereit, ein Auto zu kaufen. Nach einer Probefahrt und längeren Verhandlungen wählte er einen Wagen aus und unterschrieb den Kaufvertrag.

Nun brannten aber in der folgenden Nacht das Haus und das Geschäft jenes Kunden bis auf die Grundmauern nieder. Kaum hatte

Yamamoto am folgenden Morgen von diesem Unglück gehört, fuhr er unverzüglich hin und half seinem Kunden, aus Schutt und Asche zu retten, was noch zu retten war.

Yamamoto erzählt, sein Kunde sei zunächst völlig schockiert gewesen, als er unter den Helfern seinen Autoverkäufer entdeckt habe. Doch bei den gemeinsamen Aufräumarbeiten konnte Yamamoto den Mann überzeugen, daß er nochmals von vorn anfangen und Haus und Geschäft wieder neu aufbauen könnte. Der Kunde war sichtbar gerührt, bat aber Yamamoto dennoch, seinen Vertrag für den bestellten Mazda zu annullieren, und versprach, er kaufe den Wagen sicher, sobald er es wieder geschafft habe. Und Yamamoto willigte ohne Zögern ein.

Und das hat sich ausgezahlt. Innerhalb eines einzigen Jahres hatte der Kunde nämlich sein Geschäft wieder aufgebaut – und kaufte nun den Mazda. Und seither hat dieser Kunde bei Yamamoto über dreißig Personen- und Lieferwagen gekauft, und zudem schickt er auch all seine Verwandten und Bekannten, die ein Auto brauchen, zu ihm.

In Japan will es die Tradition, daß Loyalität – zum Beispiel die Loyalität eines Verkäufers zu seinem Kunden – sehr wichtig ist und die Geschäftsbeziehung sehr stark prägt. Ich habe gelernt, daß ich meine Loyalität am besten unter Beweis stellen kann, wenn ein Kunde in Schwierigkeiten ist. Sobald ich so etwas erfahre, versuche ich, möglichst schnell bei ihm zu sein, um ihm helfen zu können.

Shinichi Yamamoto

Wenn Probleme auftauchen, Dinge nicht rund laufen und Kunden verärgert sind, bieten sich enorme Gelegenheiten. Aber Sie müssen nachdenken und mehr bieten.

Andere Feuer

Es mag viele echte Brände geben, aber es wird auch immer jene anderen Feuer geben – jene Pannen, jene Verzögerungen bei den Lieferterminen, jene Fehler in den Rechnungen. Sie sind einfach die Folgen einer zunehmend komplexen Geschäfts- und Verkaufslandschaft. Und wir haben jeweils die Wahl, ob wir ein solches Feuer als Krise oder als Chance betrachten wollen.

Die Chance ist deshalb so groß, weil es nichts gibt, was einen Kunden mehr an einen Verkäufer bindet, als wenn letzterer lange nach dem Geschäftsabschluß mitten in einem Sturm auftaucht und sagt: »Ich weiß, daß Sie ein Problem haben, daß die Dinge nicht so laufen, wie Sie erwartet haben. Meine Aufgabe ist es, dafür zu sorgen, daß Sie bekommen, was Sie wollen.«

Probleme

Nach dem Geschäftsabschluß ist es unsere Aufgabe, das Produkt zu liefern und uns um allfällige Probleme zu kümmern. Viele Verkäufer lassen von diesem Augenblick an nichts mehr von sich hören und sehen. Sie haben ihren Auftrag in der Tasche, irgendwann werden sie die Provision dafür bekommen – und damit gehört ihr Kunde der Vergangenheit an.

Wenn ich einem potentiellen Kunden Referenzen gebe, bitte ich ihn immer, er solle sich unbedingt auch erkundigen, wie Alan Braslow nach Abschluß eines Geschäftes noch präsent sei – ob er zu dem stehe, was er versprochen habe, ob er auf der Seite des Kunden stehe oder ob er etwas vermasselt habe. Ich gebe zu, daß es in der Art unseres Geschäftes liegt, daß auch wir Fehler machen. Aber wo bin ich dann? Bin ich dort, wo der Kunde mich braucht?

Ich werde dort sein, auf der gleichen Seite des Tisches wie mein Kunde, und ich werde mit den Serviceleuten unseres Kunden sprechen. Ich stehe für den Kunden ein, weil wir nicht gebracht haben, was wir hätten bringen sollen. Meine Kunden wissen, daß ich ihr Ombudsmann bin.

Es ist ganz einfach: Sie sind moralisch verpflichtet, sich um diesen Kunden, um seine Probleme und Sorgen, zu kümmern. Vergessen Sie nicht, dieser Kunde läßt Sie mit Ihrer Familie in den Urlaub fahren und bezahlt Ihre Miete. Natürlich, Sie arbeiten für Ihre Firma, Sie sind deren Angestellter, und Sie werden von ihr bezahlt – aber eigentlich arbeiten Sie doch für Ihren Kunden –, und nur allzu viele Unternehmen vergessen das.

Alan Braslow, Five Technologies

»Ich bin Ihre Autoverkäuferin.« Genau das sage ich zu meinen Kunden. Ich stehe auf ihrer Seite gegen die Firma, gegen ihren Inhaber ... Es ist wichtig, daß sie das wissen, wenn sie mit einem neuen Auto wegfahren; sie müssen wissen, daß sie mich anrufen können, wenn sie etwas brauchen. Ich sage zu ihnen: »Und wenn Sie nur die Toilette hier bei uns nicht finden – kommen Sie um alles in der Welt zu mir und fragen Sie mich. Ich bin für Sie da, ich bin Ihre Autoverkäuferin.«

Wenn ich ein Auto verkaufe, sage ich zum Kunden: »Wir sähen es natürlich alle gern, wenn Sie mit Ihrem Auto keine Probleme hätten. Aber wenn Sie doch eins haben, dann ist unsere Werkstatt unser Spital. Ich möchte, daß Sie sich da auskennen und sich wohl fühlen.« Ironie des Schicksals: Bei einer Sitzung vor einer Woche sprachen sich die anderen Verkäufer einstimmig dafür aus, Kunden nie die Werkstatt betreten zu lassen; sie würden dort mit einer üblen Sprache konfrontiert, und vielleicht würden gerade am gleichen Modell, das sie kaufen wollten, Reparaturen durchgeführt. Für mich ist das ein Witz, denn heutzutage weiß doch jedermann, daß Autos manchmal Probleme haben und repariert werden müssen. Und da ist es doch meiner Meinung nach besser, wenn man sich damit befaßt, bevor es soweit ist, und den Leuten zeigt, wie diese Probleme gelöst werden.

Der Punkt ist doch der: Wenn man mit Leuten so umgeht, erzählen sie es all ihren Freunden und Bekannten. Sie sagen: »Ja, ich hatte ein Problem, und mein Auto war nicht perfekt. Aber Diane hat das alles für mich erledigt.« Ich begleite sie zum Werkstattchef, nehme sogar selbst die Reparaturaufträge an – das tue ich sehr oft.

Diane Flis, Tamaroff Buick

Wenn Sie das nächste Mal einen wütenden Kunden am Telefon haben oder hören, daß ein Kunde nicht zufrieden ist, denken Sie bloß nicht: »Du mein Gott, wie kann ich mich da rausmogeln?« Im Gegenteil. Beweisen Sie ihm dann Ihr Verantwortungsgefühl, Ihre Unterstützung und Ihr Engagement. Tun Sie alles nur Mögliche; setzen Sie sich mit aller Kraft dafür ein, daß sein Problem gelöst wird und daß Ihr Kunde mehr als nur zufrieden ist. Wenn Sie so handeln, wird es Ihnen in den meisten Fällen gelingen, aus einem potentiellen Problem eine gute Gelegenheit zu machen.

Das Team, das mehr bietet

Auch bei Teamverkäufen und Partnerschaften kann »Mehr bieten« wichtig sein. Als Führer des Verkaufsteams und als Mitglied einer Partnerschaft gehört es mit zu Ihren Aufgaben, ein Team zu bilden, das mehr bietet. Sie können ein paar Leute Ihres Teams oder sogar nur eine einzelne Person damit beauftragen, sich mit folgender Frage zu befassen: »Wie können wir innerhalb dieser

Beziehung und bei diesem Geschäft mehr bieten – und damit auch weiterhin die Erwartungen unserer Kunden übertreffen?«

Als Verkäufer und Teamleader ist es Ihre Aufgabe, darauf zu achten, daß mehr geboten wird. Nehmen Sie die Ideen auf, welche Ihr Spezialteam vorlegt. Sorgen Sie dafür, daß sich das ganze Team darauf konzentriert. Jeden Tag sollte die Frage auftauchen: »Wie können wir mehr bieten?« Stellen Sie diese Frage am Ende jeder Besprechung. Diese Art von Teamdenken und ein engagiertes Team, das wirklich mehr bieten will, werden sich bezahlt machen. Es kann gar nicht anders sein.

Dann tue ich noch etwas. Ich gehe jeden Morgen in der Pause mit einer Tasse Kaffee in die Werkstatt. Dort treffe ich dann in der Regel zehn oder zwölf Kunden, die mit ihrem Wagen da sind. Ich schaue mir ihre Reparaturaufträge an, spreche mit ihnen über ihre Probleme, kaufe ihnen eine Tasse Kaffee und so weiter. Nur fünf Minuten lang dort sein und zeigen, daß man sich um sie kümmert – daran erinnern sie sich.

Aber viele Autoverkäufer sagen: »Ich gehe nicht in die Werkstatt, Mensch, die Leute da drin sind ja verrückt. Ich will doch nicht mit anhören, wie diese Autobesitzer schreien und toben. Und vielleicht treffe ich sogar einen Kunden, der ein größeres Problem hat und es dann mir in die Schuhe schieben will, weil er glaubt, ich hätte ihm ein schlechtes Auto verkauft.«

Diese Leute sitzen auf dem falschen Dampfer.

Diane Flis, Tamaroff Buick

Rekapitulieren wir

»Mehr bieten« beginnt mit positiven Intentionen. Wenn Sie sich einmal vorgenommen haben, Erwartungen zu übertreffen und mehr zu bieten, haben Sie soeben das Spiel und Ihren Beruf geändert. Sie haben das, was Sie tun, viel interessanter gemacht – und das wird sich in hohem Maße auf Ihre Kunden (und auf Sie selbst!) auswirken.

Beim letzten Schritt geht es nun darum, Ihre Ideen in die Tat umzusetzen. Fragen Sie sich vor jedem Kundenbesuch und vor jeder Besprechung: »Wie kann ich mehr bieten?« Setzen Sie diese Frage zuoberst auf Ihre geistige Checkliste.

Halten Sie nach dem Verkauf oder der Sitzung eine »Manöverkritik« ab. Fragen Sie: »Wo habe ich mehr geboten? Wie habe ich die Erwartungen meines Kunden übertroffen? Was hätte ich anders anpacken können?«

Nehmen Sie sich die Zeit für Rückschau und Kritik. Seien Sie selbst Ihr bester Anwalt und Kritiker. Beim Kritisieren kann man unglaublich viel lernen. Das ist die Gelegenheit, bei der Sie die Macht des Konzeptes »Mehr bieten« wirklich begreifen können.

Es läuft doch auf eine einfache Tatsache hinaus: Wenn Sie nicht mehr bieten, könnte doch jeder das verkaufen, was Sie verkaufen – auch Ihr Konkurrent. Mehr bieten bedeutet, daß Sie den Unterschied ausmachen. Und wenn Sie es richtig anstellen, wird nie jemand gegen Sie ankommen können.

Milliken, das Unternehmen, das mehr bietet

Milliken & Co. in Spartanburg, South Carolina, ist eine Textilfabrik mit einem Umsatz von 2 Milliarden Dollar und zudem einer unserer besten Kunden. Diese Firma war es auch, die als erste im Bereich Marketing mehr bieten wollte. Und ihre Vertreter zeigen uns bei Wilson Learning heute noch immer wieder, was »Mehr bieten« wirklich bedeutet.

Lassen wir John Rampey die Geschichte dieser Firma erzählen. Milliken unternahm Ende der siebziger Jahre gewaltige Schritte, um eine Firma zu werden, die mehr bietet. Sie genoß als Fabrik schon einen hervorragenden Ruf, aber die Direktion beschloß, den Kurs zu ändern – sich viel intensiver am Markt zu orientieren und sich an ihn anzupassen.

Eine der ersten Entscheidungen war es, den Begriff »Qualität« neu zu definieren und darin nicht nur die Produkte, sondern alle Dienstleistungen einzuschließen, die die Firma ihren Kunden bot. Und dazu gehörte auch der Bereich Marketing, in dem Milliken neue Wege beschreiten und mehr bieten wollte.

Die meisten Kunden von Milliken sind kleine Firmen, die aus Milliken-Stoffen Kleider anfertigen. Kleine Firmen mit kleinen Gewinnmargen und begrenzten Mitteln in einer Branche, die sich sehr schnell ändert und hart umkämpft ist.

Die Frage, die sich Milliken in Sachen »Mehr bieten« stellte, lautete: »Wie können wir unseren Kunden helfen, besser zu arbeiten? Was können wir tun, damit sie mehr Erfolg haben und konkurrenzfähiger sind?«

Diese Fragen lösten einen Schwall von innovativen Ideen aus. So entwickelte Milliken zum Beispiel das Programm »Gewinnbringende Partnerschaften«, das den Kunden eine Vielzahl zusätzlicher Dienstleistungen bot.

Einen Beratungsdienst, der den Kunden bei der Bewältigung ihrer Produktionsprobleme hilft, von Empfehlungen der optimalen Auftragsgrößen bis zu Ratschlägen für die Näherinnen.

So wird der Stoff zum Beispiel in Ballen hergestellt, und es können von Ballen zu Ballen minime Farbunterschiede auftreten, die von bloßem Auge kaum festzustellen sind. Das ist kein riesiges Problem, solange nicht ein Hosenbein aus einem, das andere aus einem anderen

Ballen angefertigt wird. Aus diesem Grund entwickelte nun Milliken ein System, mit dem die Farben gemessen und verglichen werden können. Und dieses System stellt Milliken seinen Kunden zur Verfügung. So können die Kunden nun eine Jacke in der einen und eine Hose in der anderen Fabrik anfertigen lassen in der Gewißheit, daß in einem Vertriebszentrum alle Teile der Farbe entsprechend assortiert werden.

Ein anderes Kundenproblem, das Milliken erkannte, war ein Informationsengpaß. Die Kunden bestellten bei Milliken Ware und bekamen sie auch, aber sie mußten auf die Frachtpapiere warten, bis sie genau wußten, was und wieviel wo abgeholt werden konnte. Also baute Milliken ein elektronisches Informationsnetz auf, an das alle Kunden angeschlossen sind und das ihnen direkten Zugang zu sämtlichen Daten über Bestellung, Rechnungen usw. verschafft. Zudem arbeitet Milliken an einem vollelektronischen Auftragsdienst, und auch die mächtige Datenbank mit Informationen über sämtliche Aspekte der Bekleidungsindustrie und des Einzelhandels steht allen Kunden zur Verfügung.

Neben dem Programm »Gewinnbringende Partnerschaften« organisiert Milliken in Spartanburg auch sogenannte Qualitäts-Workshops für die leitenden Angestellten der Kundenfirmen. Es handelt sich dabei grundsätzlich um die gleichen Workshops, durch die Milliken auch fünftausend eigene Angestellte geschleust hat, und Milliken hilft den Kunden dann, ihre eigenen Qualitätsprogramme zu erarbeiten.

Die Milliken-Verkäufer können auf all diese Dienstleistungen zurückgreifen und ihren Kunden damit mehr bieten. Aber etwas anderes ist noch viel wichtiger: Sie haben die ausdrückliche Genehmigung, jederzeit die Erwartungen ihrer Kunden zu übertreffen. Hat zum Beispiel ein Milliken-Kunde Probleme mit der Verarbeitung eines bestimmten Stoffes, nimmt ein Milliken-Verkäufer einen entsprechenden Fachmann mit, um das Problem dieses Kunden zu lösen.

Denken Sie an die Vorteile hinsichtlich Konkurrenzfähigkeit. Die Kunden haben sofort und leicht Zugang zu Bestellungs- und Marketinginformationen. Milliken und seine Kunden legen bei Qualitätsfragen den gleichen Maßstab an und sprechen die gleiche Sprache. Die Kunden kommen zu Milliken, um Geschäfts- und Produktionsprobleme zu lösen; die Verkäufer haben die ausdrückliche Bewilligung, Lösungen zu suchen, bei denen sie mehr bieten können, damit auch ihre Kunden erfolgreicher sind.

Das ist Geschäftsstrategie: Zielbewußtsein (andern helfen zu bekommen, was sie wollen) und mehr bieten, und zwar auf allen Stufen des Unternehmens, vom Direktor bis zu den Verkäufern.

Denken Sie daran: »Mehr bieten« ist die Strategie in Phase III, um die Konkurrenz aus dem Feld zu schlagen.

Strategische Überlegung Nr. 6
Zusammenfassung
Denken Sie: Wie kann ich die Erwartungen meiner Kunden übertreffen?

1. Halten Sie inne, und analysieren Sie Ihr Geschäft. Machen Sie sich ein Gesamtbild davon. Was kaufen Ihre Kunden wirklich? In welchem Geschäft sind Sie wirklich?
2. Wenn Sie das Gesamtbild einmal haben, zerlegen Sie es in eine Reihe von kleinen Gelegenheiten, bei denen Sie mehr bieten können, um über die Aufgaben ihres Pflichtenheftes hinauszugehen und die persönlichen Erwartungen Ihrer Kunden zu übertreffen.
3. Prüfen Sie all diese Gelegenheiten ganz genau. Unterziehen Sie sie einer Aufwand-Ertrag-Prüfung. Mit welchen läßt sich die größte Wirkung erzielen? Welche verschaffen Ihnen den größten positionsmäßigen Vorteil?

Erweitern Sie die Beziehung über die rein »förmliche« Ebene hinaus. Die eindrücklichste Art, in der Sie mehr bieten können, besteht darin, im Leben eines anderen Menschen auf persönlicher Ebene einen Unterschied zu bewirken. Fragen Sie sich: »Wie kann ich erreichen, daß sich meine Kunden besser fühlen?« Geben Sie ihnen das unerwartete Geschenk eines höheren Selbstwertgefühls.

Spüren Sie Probleme auf. Es gibt nichts, was einen Kunden mehr an einen Verkäufer bindet, als wenn letzterer lange nach dem Geschäftsabschluß auftaucht, wenn Probleme auftreten, und hundertprozentig dafür einsteht, daß diese gelöst werden. Das übertrifft alle Erwartungen.

Kapitel 11

Strategische Überlegung Nr. 7: Alle Mittel einsetzen

Bisher haben wir uns mit Innovationen und mit der menschlichen Seite im Verkauf befaßt. Dabei ging es um strategisches Denken, Innovation, Partnerschaft, Führung und »Mehr bieten«, um Strategische Überlegungen, die das Verkaufsspiel ändern. Jene Verkäufer, die sie konsequent durchziehen, sind die Leader in ihrer Branche – nicht nur umsatzmäßig, sondern auch in bezug auf persönliche Erfüllung. Sie werden immer in einer Welt des Überflusses arbeiten, weil die Kunden immer Neuerer, Partner und Führer suchen, die mehr bieten.

Was bedeutet das heute für mich?

Wenn Ihnen heute ein Zettel mit der Mitteilung »Sofort Neuerungen einführen, Partnerschaft bilden, führen und mehr bieten« auf den Schreibtisch flattern würde, dächten Sie wohl, die Woche müsse ab heute drei Tage mehr haben, damit Sie wenigstens einige dieser Anweisungen ausführen könnten. In einer Geschäftswelt, die ohnehin schon komplex und von Konkurrenz geprägt ist, klingt das alles nach Mehrarbeit.

Um sicherzugehen, daß es bei diesen Strategischen Überlegungen nicht um *Mehr*arbeit geht, müssen wir uns ein Kapitel lang eingehend mit dem Verkaufen in Phase III befassen. Wie können wir das alles schaffen, wo doch die Konkurrenz immer größer wird und wir immer mehr Zeit und Energie aufwenden müssen?

Ich möchte Ihnen eine neue Arbeitsweise, ein neues Spiel vorschlagen. Jahrelang haben die meisten von uns im Verkauf immer mehr und mehr gearbeitet, immer mehr Kunden besucht und eine endlose Reihe von einzelnen kleinen Geschäften gemacht, von denen jedes immer mehr Zeit, mehr Anstrengung und mehr Konkurrenzkampf bedeutet hat. Wir haben – wie man so schön sagt – nach dem Gesetz des Durchschnitts verkauft: Wer nur genügend Kunden besucht, muß irgendwann ein Geschäft machen.

Sand und Schmieröl

Clair Strommen, der Verwaltungsratspräsident der Lutheran Brotherhood, einer Lebensversicherungsgesellschaft mit Sitz in Minneapolis, erzählt eine kleine Geschichte aus einer Zeit, in der er noch eine eigene Agentur hatte. Einer seiner Vertreter führte in einem Jahr rund 3000 Telefongespräche, sprach in der Folge bei 100 potentiellen Kunden vor und erzielte einen unglaublichen Umsatz. Er hatte sein Einkommen verdreifacht. Als Clair ihm dazu gratulierte, meinte er bloß: »Aus Ihrer Perspektive mag das großartig aussehen, aber ich bin 2900mal abgewiesen worden. Noch ein solches Jahr, und ich bin weg vom Fenster.«

Das ist manchmal das Ergebnis des alten Spiels. Und der Punkt dabei ist laut Clair der folgende: Die herkömmliche Art, interessierte Kunden zu finden und mit ihnen in ein persönliches Gespräch zu kommen, ist äußerst aufreibend. Clair vergleicht eine Agentur mit den

Zahnrädern eines Getriebes. Nach der alten Geschäftsmethode würde man Sand ins Getriebe streuen, bis schließlich alle Teile vollständig abgenützt sind. Was gefragt wäre – und daran hat Clair lang, hart und erfolgreich gearbeitet –, ist ein System, das nicht Sand, sondern Schmieröl ins Getriebe laufen läßt.

Und genau das ist das Ziel beim Einsatz aller Mittel: bewirken, daß die Maschine glatt und rund läuft; mit weniger Aufwand bessere Ergebnisse erzielen.

Im neuen Spiel gilt es, Methoden zu finden, mit denen man mühelos arbeiten und mit möglichst wenig Aufwand ein Maximum erreichen kann. Am besten denken Sie ein bißchen wie Tom Sawyer. Ein wenig überlegen und strategisch planen, und schon bringen Sie jede Menge Leute dazu, daß sie den Zaun streichen, und Sie brauchen nicht in der Hitze zu stehen und die Arbeit selbst zu tun.

Geometrisch denken

Alle Mittel einsetzen heißt Wege finden, wie man andere Leute dazu bringen kann, daß sie beim Tünchen des Zaunes helfen. Es geht dabei um eine ganz bestimmte Art des Denkens und Handelns: ständig alle Mittel einsetzen, um aus allem, was wir tun, auch aus unserer Zeit und Energie, aus jedem Geschäft und jeder Idee, das Maximum herauszuholen. Es bedeutet, nicht mehr, sondern cleverer zu arbeiten, indem man den Gesetzen der Effizienz folgt.

Alle Mittel einsetzen heißt nicht linear, sondern geometrisch denken. Ein Verkäufer, der linear denkt, spricht bei einem Kunden vor, bleibt dann am Ball, bis dieses Geschäft unter Dach und Fach gebracht ist, und beginnt dann mit dem nächsten Kunden wieder ganz von vorn.

Geometrisch denken heißt eine strategische Beziehung zu einem aussichtsreichen Kunden aufbauen und dann mit Referenzen und Empfehlungen aus dieser ersten Beziehung heraus zwei neue Beziehungen schaffen, aus denen vier weitere Beziehungen hervorgehen usw. Das ist viel leichter, effizienter und somit auch gewinnträchtiger als eine endlose Reihe fruchtloser Anrufe oder Besuche.

Aus nur einer Idee für einen Vortrag …

Geometrisch denken bedeutet, diese eine, eindeutig ausbaufähige Idee zu entwickeln, sie anzuwenden, dann nochmals zu überdenken und auf möglichst viele Situationen zuzuschneiden.

Ich zum Beispiel begann mit einem einzigen Vortrag – einer einzigen Idee – über den Verkauf. Daraus entwickelte ich dann Sales Sonics, einen Weiterbildungskurs für Verkäufer. Mit Hilfe von ein paar sehr wichtigen Kunden entstand daraus Counselor Selling und schließlich die Wilson Learning Corporation. Und sie ist heute eine internationale Firma mit einem Umsatz von über 50 Mio. Dollar, die mehr als hundert verschiedene Anwendungen unserer Beratungsdienste anbietet. Und das alles läßt sich auf den einen Vortrag, die eine, ausbaufähige Idee zurückführen. Das heißt nicht, daß nicht viele begabte Leute viel Zeit und Energie investieren mußten. Aber diese Zeit und Energie wurde innerhalb einer Firma ein- und in eine ganze Reihe von Ideen mit einem riesigen Potential umgesetzt.

Eine Art Hebelgesetz

Archimedes, der berühmte griechische Mathematiker und Physiker, sagte einst: »Gib mir einen Punkt, wo ich stehen kann, und ich setze die Erde in Bewegung.« Das ist das Grundprinzip des Hebelgesetzes: durch Einsatz geeigneter Instrumente mit möglichst wenig Aufwand Ergebnisse erzielen. Und im Verkauf sind strategisches Denken und Ausnützen aller Möglichkeiten die geeigneten Instrumente.

Genau wie »Mehr bieten« ist auch »Einsetzen aller Mittel« ein zusätzlicher Schritt, der sich sehr bezahlt machen kann. Genau wie die Frage »Wie kann ich mehr bieten?« sollte auch die Frage »Wie kann ich das durch Einsatz der geeigneten Mittel bewirken?« zu einem alltäglichen Ritual – zu einem vollkommen natürlichen Bestandteil Ihres Denkens werden.

Dieser Einsatz aller Mittel kann auf vier Arten eine wichtige Rolle spielen. Wir können sehr viel Zeit und Energie einsparen, indem wir erstens mit einem absoluten Minimum an Aufwand möglichst effizient arbeiten; zweitens geschickt neue Kunden suchen; drittens ein ganzes Kundennetz aufbauen und viertens uns auch nach dem Abschluß eines Geschäfts noch um die Kunden bemühen.

Idee Nr. 1: Ein persönlicher strategischer Plan

John Wanamaker, der große Warenhausboß in Philadelphia, sagte einst, die Hälfte seiner Reklame sei keinen Pfifferling wert – nur wisse er nicht, welche Hälfte. Am einfachsten können wir uns selbst auf ein höheres Niveau bringen, indem wir feststellen, wann wir effizient sind, und dann herausfinden, wie wir *über längere Zeit hinweg effizient sein* können.

Die 80/20-Regel

Wir haben die 80/20-Regel ja bereits kennengelernt: 80 Prozent aller Geschäfte werden von nur 20 Prozent der Verkäufer abgeschlossen. Eine andere Interpretation der gleichen Regel besagt: Normalerweise würden 80 Prozent Ihrer Ergebnisse von 20 Prozent Ihres Tuns bewirkt – 20 Prozent von Ihrer Aktivität, 20 Prozent von Ihren Kunden und ebenfalls 20 Prozent von Ihrem Denken. In manchen Fällen mag sich das Verhältnis ein wenig verschieben, aber dennoch wollen wir doch den Löwenanteil unserer Zeit auch auf unsere 20 Prozent Anteil verwenden. Das bedeutet, daß selbst die vollkommen Unorganisierten unter uns planen, Prioritäten setzen und Unwichtiges einfach *aufgeben* müssen. Wir wollen nicht die meiste Zeit damit verbringen, uns großartig mit Kleinigkeiten herumzuschlagen. Unser Ziel ist es, einen persönlichen strategischen Plan auszuarbeiten und durchzuführen, der es uns erlaubt, möglichst produktiv zu sein.

Eine persönliche Einsatzkontrolle

Mein Freund Dick Leider, der als Berater in Berufs- und Lebensfragen in Minneapolis arbeitet, sagt: »Zeige mir dein Scheckbuch und deine Agenda, und ich sage dir, was deine Prioritäten im Leben sind.« Und genau das ist der erste Schritt, den auch Sie tun müssen, um herauszufinden, welche 20 Prozent Sie leisten müssen. Kontrollieren Sie, was Sie derzeit tun! Stellen Sie fest, wie Sie Ihre Zeit verbringen und wofür Sie Ihr Geld ausgeben. Wenn Sie eine Sekretärin haben, geben Sie ihr Ihre Agenda und lassen Sie sich einen monatlichen Tätigkeitsbericht zusammenstellen. Finden Sie heraus, worauf Sie sich konzentrieren. Nur allzu oft zeigt sich dabei, daß wir unsere Zeit gern auf angenehme (bekannte und risikofreie) Dinge verwenden, anstatt uns mit effizienten, wichtigen und entwicklungsfähigen Dingen zu befassen.

Kontrollieren Sie sich selbst.

1. Stellen Sie eine Liste mit Ihren Tätigkeiten zusammen, die von der Büroarbeit über strategische Denkpausen bis zu den Kundenbesuchen alles umfaßt, was Ihre Zeit und Energie in Anspruch nimmt.
2. Ordnen Sie mit Hilfe der folgenden Fragen diese Liste nach Prioritäten:
   a) Welche drei von all Ihren Tätigkeiten bringen Ihnen etwas ein?
   b) Welche Dinge könnte eine Hilfsperson, beispielsweise ein Telefonverkäufer, effizienter erledigen als Sie? (Überlegen Sie sich folgendes: Wenn Sie Ihre Zeit mit 50 Dollar pro Stunde bewerten und Sie eine Hilfsperson für 15 Dollar pro Stunde einstellen können, gibt es viele Dinge, auf die Sie verzichten und dabei erst noch Geld sparen können.)
   c) Was müßten Sie aufgeben, damit Sie sich ausschließlich auf Ihre drei Tätigkeiten konzentrieren können?
3. Halten Sie sich an die gesetzten Prioritäten! Experimentieren Sie zwei Wochen lang, und konzentrieren Sie sich ausschließlich auf Ihre drei Tätigkeiten. Werten Sie dieses Experiment dann aus. Haben Sie mehr erledigt? Haben Sie in bezug auf Ihre Arbeit ein besseres Gefühl? Haben Sie das Gefühl, die

Dinge besser im Griff zu haben? Sind Sie produktiver, mehr in »Phase III« gewesen?

Natürlich müssen wir alle gewisse »Routinearbeiten« erledigen, zum Beispiel den Papierkram. Und es ist unser Ziel, diese Arbeiten einerseits auf ein Minimum zu reduzieren und uns andererseits der Prioritäten und Möglichkeiten, die wir haben, ganz klar bewußt zu werden. In einer Zeit, in welcher das Verkaufen immer komplexer und unsere Zeit immer wertvoller wird, müssen wir alles, was wir tun, sozusagen filtrieren, das heißt fragen: Ist das wichtig? Ist das Absicht? Sind das meine 20 Prozent? Falls nein, warum tue ich es dann?

Der Härtetest

Wenn Sie Ihre 20 Prozent einmal haben, lautet die nächste Frage: *Leisten* Sie nun auch wirklich Ihre 20 Prozent? Haben Sie alles aufgegeben oder delegiert, was nicht zu Ihren 20 Prozent gehört? Dabei läuft es fast immer auf die Frage hinaus: Was sind Sie bereit aufzugeben, damit Sie bekommen, was Sie wollen? Es ist genau so, wie wenn Sie Ihre Garderobe räumen und alle Kleider wegwerfen, die Sie ein halbes Jahr lang nicht mehr getragen haben. Geben Sie alles auf, was nichts bringt.

Stellen Sie sich also immer wieder die Fragen: »Leiste ich meine 20 Prozent? Konzentriere ich mich auf meine drei Hauptaufgaben?« Maximale Ergebnisse mit minimalem Aufwand – das bedeutet alle Mittel einsetzen.

Sich Hilfe besorgen

Wenn Sie Ihre Zeit und Energie optimal einsetzen wollen, müssen Sie manchmal zu eher unkonventionellen Dingen greifen: Fordern sie Hilfe zur Erledigung der restlichen 80 Prozent an, damit Sie sich voll um Ihre 20 Prozent kümmern können.

Eines meiner aufregendsten Erlebnisse war, daß ich meine Firma überzeugen konnte, ich brauche einen Assistenten oder eine Assistentin. Das war gar nicht so leicht, denn es gab da eine ganze Menge politischer, emotionaler, psychologischer, finanzieller und historischer Gründe, weshalb meine Firma hätte ablehnen können.

Ich hatte vom kleinsten Gebiet mit den am wenigsten aktiven Konkurrenten ins größte Gebiet mit den aktivsten Konkurrenten gewechselt. Aber ich stellte plötzlich fest, daß ich viel zu viel Zeit im Büro absaß, Akten durcharbeitete, das Telefon bediente und Papierkram erledigte. Ich hatte kaum mehr Zeit, hinauszugehen und Kunden zu besuchen. Also stellten wir eine Assistentin ein; ich erklärte mich bereit, ihr 5 Prozent meiner Kommissionen als Bonus abzutreten, und es war großartig. Ich konnte ganz anders arbeiten und endlich wieder tun, was wirklich wichtig war: hinausgehen und mich mit meinen Kunden treffen. Dieses Konzept eines Teams von Verkäufer und Assistent gilt nun als Pilotprogramm, von dem, sofern es klappt, vielleicht auch andere Vertreter profitieren können.

Kathy Monthei, Delta Dental Plan

Mein Bürochef – ein wichtiges Mitglied meines Teams – schlug vor, ich solle mich zu meinen Kunden chauffieren lassen. Zuerst war mir bei diesem Gedanken nicht ganz wohl, aber dann beschloß ich doch, es zu versuchen – und es hat wirklich geholfen. Jetzt kann ich unterwegs

Akten studieren, Telefongespräche erledigen, Bänder anhören; ich kann mich konzentrieren und muß mich nicht ums Fahren kümmern. Bevor ich mir einen Wagen samt Chauffeur leistete, setzte ich meine Zeit überhaupt nicht effizient ein, wenn ich auf Kundenbesuch ging. Jetzt kann ich viel produktiver arbeiten, und mein Streß hat spürbar abgenommen.

Ann Spinnazola, NorthWestern Mutual Life

Idee Nr. 2: Kunden suchen – der umgekehrte Trichter

Beim alten Spiel stellte man sich den Vorgang des Kundensuchens als Trichter vor. Oben steckt man einen Haufen möglicher Kunden hinein, und zur Belohnung für diese Anstrengung kamen unten dann ein paar sehr aussichtsreiche Kunden heraus, die wirklich etwas kauften.

Abb. 7: Trichter-Diagramm

Bei diesem Szenarium ist es Aufgabe des Verkäufers, den Trichter immer mit genügend Material zu füllen – Kunden suchen ist also ein sehr arbeitsintensiver Prozeß, der sehr viel Zeit und Energie verschlingt. Und natürlich wurden die meisten »möglichen« Kunden nur selten gute Käufer.

Die Verkäufer eines unserer High-Tech-Kunden in Japan zum Beispiel machen Tag für Tag bis zu hundert ergebnislose Besuche, rasen treppauf, treppab durch Tokios Wolkenkratzer und klopfen an Türen, ständig in der Hoffnung, irgendwo einen Termin für eine Präsentation zu bekommen. Zweifellos ein Extremfall, aber er beruht doch auf der alten Überzeugung »Mehr Leute aufsuchen, mehr Geschäfte machen«, bei der Aktivität mit Leistung verwechselt wird.

Ich möchte Ihnen einen anderen Vorschlag machen.

Kunden durch Kunden bekommen

Ein Kunde braucht nicht nur Ihr Produkt oder Ihre Dienstleistung und hat die Mittel, Ihre Lösung zu kaufen, sondern er kann Ihnen *immer* durch weitere Aufträge oder Empfehlungen zu weiteren Geschäften verhelfen. Folglich lautet die Strategie nicht mehr: »Wie kann ich dieses Geschäft zum Abschluß bringen?«, sondern: »Wie kann ich dieses Geschäft abschließen, und wie kann mir dieses Geschäft – oder diese Beziehung – zu weiteren Geschäften verhelfen?«

Und die Moral: Gehen Sie *nie* auf kurze, einmalige Geschäfte aus. Vergessen Sie diese! Sie sind Ihre Zeit und Energie einfach nicht wert. Das klingt sehr nach »Elfenbeinturm«, besonders wenn Sie neu im Verkauf oder neu in einer Firma sind. Aber das ist das

Ziel, das Sie verfolgen sollten. Der Aufbau einer zufriedenen Stammkundschaft, auf die Sie dann immer wieder zurückgreifen können, ist eine der höchsten Prioritäten im Geschäftsleben.

Stellen Sie sich – selbst wenn Sie Konsumartikel verkaufen – nur einmal vor, wie es wäre, wenn Sie sich den größten Teil Ihrer Zeit um Kunden kümmerten, die Ihnen zu weiteren Geschäften verhelfen könnten. Wie wäre es, wenn Sie nur Ihre alten Kunden – Ihre alten Beziehungen – pflegen könnten, statt darauf warten zu müssen, daß ein neuer Kunde hereinkommt oder Ihnen eine neue Kundenliste auf den Schreibtisch flattert.

Diese Strategie erfordert allerdings einen vorgängigen Selektionsprozeß, bei dem Sie festlegen, wer Ihre potentiellen Kunden sind. Planen Sie eine sorgfältig durchdachte Strategie, die Sie zur gewünschten Beziehung bringt – und dann durchziehen!

Hier ein Vorschlag für einen derartigen Selektionsprozeß:

Kann ich mit meinem Produkt (meiner Dienstleistung) für meine potentiellen Kunden ein Problem lösen?
Verfügen diese wohl über die erforderlichen Geldmittel?
Wäre eine Partnerschaft mit ihnen für mich wünschenswert?
Kann eine gute Beziehung zu ihnen mir weitere Geschäfte einbringen, auch wenn ich dieses Geschäft nun nicht mache?

Wir drehen den Trichter um. Sie füllen nun oben weniger, dafür *vorselektionierte* und damit aussichtsreichere Kunden ein, die Ihnen unten viel mehr Geschäfte einbringen. Sie gehen nicht mehr hektisch, sondern strategisch wohlüberlegt auf Kundenjagd. Genau wie bei einer strategisch planenden Firma entscheiden Sie nun bereits im voraus, wer Ihre wichtigsten Kunden sein sollen, und dann verwenden Sie Ihre Zeit und Energie – Ihre 20 Prozent – darauf, sich um diese Schlüsselkunden zu kümmern. Sie werfen nicht mehr einfach blind ein Netz aus und hoffen, es bleibe ein fetter Hecht drin hängen.

Abb. 8: den Trichter umdrehen

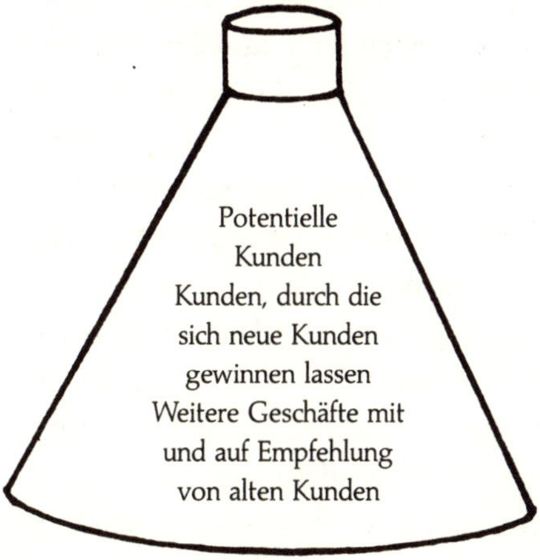

Als ich um 1973/74 meine Laufbahn als Immobilienhändlerin begann, machten wir gerade die einzige Rezession durch, die Atlanta je erfaßt hat. Da die meisten Firmen bei der Versetzung ihrer Angestellten sehr große Zurückhaltung übten, war der Immobilienmarkt sehr flau. Um überhaupt etwas zu tun zu haben, beschloß ich, mir eine Kundschaft bei größeren Firmen aufzubauen und mich nicht im Konkurrenzkampf in der Stadt aufzureiben, wie das die meisten meiner Berufskollegen taten. Damals kümmerten sich nur wenige Immobilienhändler um Firmenkunden und den damit verbundenen Markt. In der Zeit nach meiner Entscheidung rief ich Tag um Tag in allen größeren Firmen in der Gegend an – erfolglos. Ich erinnere mich noch, daß ich die Oldsmobile-

Abteilung von GM gut zwei Dutzend Male anrief, bevor ich die erste Empfehlung bekam.

Heute mache ich 95 Prozent meiner Geschäfte mit Firmenkunden.

Eileen Tertocha, Skipper Morrison Realtors

So denken und arbeiten Verkäufer in Phase III. Sie besuchen weit weniger Leute, als es in ihrer Branche üblich ist. Aber sie bekommen von jedem einzelnen ihrer Kunden weit mehr Aufträge, als es in ihrer Branche üblich ist, weil sie verstehen, was es mit ihren 20 Prozent auf sich hat. Sie werden immer weiterempfohlen, sie sind immer auf weitere Geschäfte mit bereits bekannten Kunden aus, und ihre Stammkunden – inzwischen gute Freunde – sind die ersten, an die sie mit neuen Ideen herantreten.

Es ist der ewig gleiche Kreislauf. Weil sie weniger Kunden aufsuchen, haben sie mehr Zeit und Mittel, um ihre strategischen Kunden – ihre Partner – zu pflegen, was sich auf ihre Produktivität auswirkt, was ihnen wiederum erlaubt, weitere Geschäfte mit ihren Partnern zu machen – usw. Aber Neugestalter des Spiels müssen irgendwann einsehen, daß es beim Verkaufsspiel nicht um Zahlen, sondern um Produktivität geht.

Es beginnt damit, daß Sie der Versuchung widerstehen, dem kurzen, schnellen, einmaligen Geschäft nachzujagen. Suchen Sie das Geschäft, das Ihnen mehr Geschäfte einbringen kann, und überlassen Sie den Rest jenen Verkäufern, die das »Gesetz des Durchschnitts« spielen wollen.

Ohne Empfehlungen bin ich tot. Denn ich arbeite ausschließlich mit Empfehlungen. Das heißt, ich sorge dafür, daß mir meine Kunden helfen, neue Kunden zu finden und mit ihnen Kontakt aufzunehmen. Mit anderen Worten: Wenn nicht ein Kunde mir sagt, ich solle jeman-

den anrufen, dann rufe ich nicht an. Es ist mir egal, wieviel Geld diese andere Person macht oder was sie tut. Ich muß zuerst empfohlen werden. Und wenn jemand mich anruft, weiß ich, daß einer meiner Kunden mich empfohlen hat, weil niemand einfach Ann Spinazzola im Branchentelefonbuch nachschlägt, mich anruft und sagt: »Ich glaube, heute brauche ich eine Versicherung.«

Ann Spinazzola, NorthWestern Mutual Life

Idee Nr. 3: Ein Kundennetz aufbauen

Wenn einmal eine Beziehung angeknüpft ist, soll es Ihr erstes Ziel sein, innerhalb Ihrer Kundenfirma oder mit den Partnern und Freunden Ihrer Kunden ein richtiges Netz aufzubauen.

Damit meine ich, daß Sie möglichst viele Leute kennenlernen und diesen die Gelegenheit geben sollten, Sie kennenzulernen. Arbeiten Sie mit »internen Empfehlungen«. Ein gutes Netz besteht aus Leuten aus der gesamten Firmenlandschaft und aus allen Stufen des Organigramms. Denken Sie daran: Organigramme sind Schnappschüsse eines beweglichen Ziels. Vor allem in turbulenten Zeiten werden Firmen reorganisiert, Leute befördert, neu eingestellt oder entlassen.

In einer langfristigen Beziehung mit einem Kunden, die ja anzustreben ist, steigen viele Mitarbeiter, die am Anfang ganz unten auf dem Organigramm zu finden sind, mit der Zeit immer weiter auf. Sie werden in Positionen befördert, wo sie Ihnen in fünf Jahren helfen oder schaden können, je nachdem ob sie Sie kennen, mögen und Ihnen vertrauen.

Von der Chefetage bis ganz hinunter

Während des Verkaufszyklus bekommt es ein Verkäufer mit unzähligen Einzelpersonen zu tun, die für den Entscheidungsprozeß »unwichtig« sind. Diese Leute brauchen genauso wie andere auch ihre Informationen, aber sie können nicht mitreden – und folglich übersieht man sie leicht. Sie dürfen aber auf keinen Fall vergessen, daß Sie eine langfristige Beziehung aufbauen wollen, und wenn Sie jetzt jemanden beleidigen, könnte sich das später bitter rächen. Aber auch das Umgekehrte ist wichtig: Wenn Sie diesen Leuten jetzt helfen, sind sie vielleicht später einmal da, um Ihnen zu helfen.

Chuck Breckenridge, Cray Research

Jede Beziehung ist wichtig, weil man nie weiß, ob und wann man diese Leute später wieder antrifft. Sie lernen sie jetzt vielleicht ganz unten kennen, in vier oder fünf Jahren sind sie aber unter Umständen schon ins mittlere Management aufgestiegen, und in weiteren zehn Jahren sind sie vielleicht in die Chefetage eingezogen. Sie haben nicht mehr nur beratende Stimme, sondern Entscheidungsbefugnis. Es ist deshalb sehr wichtig, alle Leute gleich respektvoll und freundlich zu behandeln. Es ist auch wichtig, daß Sie sich bei jedem Kunden, den Sie kennenlernen, gleichermaßen um seine Probleme und deren Lösung kümmern.

Don Walker, Wilson Learning

Ein japanisches Netz

Ein Verkäufer, der mit einem solchen Netz riesigen Erfolg hat, ist Yoshitaka Suzuki von der Nihon Electric Company (NEC) in Tokio. Er hat praktisch nur einen Kunden, eine große Tokioter Firma, die mit Effekten handelt. Suzuki knüpfte diese Beziehung

1978 an und steigerte seinen Umsatz von damals praktisch Null auf konstante rund 20 Millionen Dollar pro Jahr. Und das nur dank einem umfangreichen Netz. Suzukis Ziel ist es, für sich und NEC immer mehr Freunde zu gewinnen. Gegenwärtig kennt er ungefähr dreihundert Leute in verschiedenen Abteilungen und Filialen seiner Kundenfirma. Und was genauso wichtig ist: Diese Leute kennen ihn und bringen ihn gedanklich automatisch mit Lösungen im EDV-Bereich in Verbindung.

Wenn man Suzuki zuhört, wie er über den Aufbau eines Kundennetzes spricht, hört man einem Meister zu. Es begann damit, daß er einen Mann kennenlernte, der damals in der Firmenhierarchie sehr weit unten stand. Ein paar Monate später verkaufte Suzuki diesem Mann einen kleinen Computer, mit dessen Hilfe er in der Firma eine gewisse Aufmerksamkeit auf sich ziehen konnte. In der Folge lernte Suzuki andere Leute kennen, die ebenfalls einen Computer von NEC haben wollten, und so weiter. Bald schon war Suzuki auf der Stufe ganzer Abteilungen angelangt und stellte den Direktor von NEC dem Direktor seiner Kundenfirma vor. Und so ergaben sich nach Suzukis Worten aus dem Verkauf eines einzigen kleinen Computers die nächsten tausend Geschäfte – und der Mann, dem er jenen allerersten Computer verkauft hatte, ist heute geschäftsführender Direktor und immer noch ein Freund von Suzuki; sie haben sich beide in der Firma nach oben gearbeitet.

Zur Zeit arbeitet Suzuki an der Dokumentation seines Kundennetzes und plant die nächste Stufe seiner Strategie. Er bringt alles zu Papier, damit er alles seinem Nachfolger übergeben kann, wenn er selber in seiner Firma eine Stufe höher klettert.

Idee Nr. 4: Nach dem Verkauf: Empfehlungen und weitere Geschäfte

Jedes Geschäft, das Sie tätigen, jedes Problem, das Sie lösen, jeder Kunde, der über Ihr Tun begeistert ist, stellt eine Gelegenheit dar, die unter Einsatz der entsprechenden Mittel genutzt werden kann. Und am besten ist die Gelegenheit meistens, nachdem ein Geschäft abgeschlossen worden ist – ja sogar erst, nachdem der Kunde Ihr Produkt oder Ihre Dienstleistung schon eine Weile benützt hat. Dann ist aber der Zeitpunkt gekommen, ein weiteres Geschäft anzubahnen oder um eine Empfehlung zu bitten.

Dazu braucht es aber zwei Dinge. Sie müssen sich wieder melden, und Sie müssen bitten. Wenn ich vor Verkäufern über das Thema »Nach einem Geschäftsabschluß« spreche, bitte ich alle Zuhörer, die sich nach einem erfolgreich abgeschlossenen Geschäft wieder bei ihren Kunden melden, die Hand zu heben. Normalerweise reagieren ungefähr 5 bis 10 Prozent. Dann erkundige ich mich, wieso nicht mehr von ihnen noch einmal anrufen oder sogar persönlich vorsprechen. Und ich bekomme meistens die gleiche Antwort: »Ich tue das nicht, weil es da vielleicht ein Problem gibt. Das Produkt oder die Dienstleistung könnte die Erwartungen des Kunden nicht erfüllen. Und wer will schon mitten in ein Problem hineinplatzen?«

Diese Überzeugung allein hält schon viele Verkäufer davon ab, nur nach dem Telefon zu greifen, und damit verpassen sie eine riesige Chance.

Ich habe ein Problem und brauche Ihre Hilfe

Die beste Gelegenheit der Welt, um Hilfe zu bitten, bietet sich dann, wenn man gerade jemand anderem geholfen hat. Ob Sie nun die makellose Lösung verkauft oder sich erst nach dem Geschäft mit hundertprozentigem Engagement und hundertprozentiger Verantwortung um den Kunden und sein Problem gekümmert haben, Sie werden nie eine bessere Gelegenheit haben, ihn um Hilfe zu bitten. Es ist so einfach und bringt so viel. Leute wollen Leuten helfen, die ihnen geholfen haben. Aber Sie müssen dem Kunden helfen und ihn dann darum bitten.

Wie Verkäufer bezahlt werden

Als nächstes müssen Sie verstehen, daß wir für unsere Arbeit nicht nur mit Geld, sondern auch mit weiteren Aufträgen und Empfehlungen bezahlt werden. Jedes Geschäft, das Sie abschließen, ist eigentlich viel mehr wert als nur gerade dieses Geschäft. Zu Beginn der sechziger Jahre veranstaltete ich im ganzen Land offene Seminare, und es kostete mich viel Mühe, dafür jeweils genügend Leute aufzutreiben. Aber jeder Teilnehmer bedeutete mir mehr als nur ein Geschäft. Wenn ich nämlich meine Sache gut machte, würde ich die Erwartungen der Teilnehmer übertreffen, und diese Leute würden mir neue Kunden und neue Gelegenheiten bringen. In Gedanken pflegte ich der Chance auf ein weiteres Geschäft oder eine Empfehlung, die jeder einzelne Teilnehmer darstellte, einen gewissen Wert in Dollar zuzuordnen. Das half mir, mich zu konzentrieren, und es motivierte mich, immer zu fragen. Nochmals: Wenn Sie Leuten helfen, wollen sich die Leute für diesen Gefallen revanchieren – sofern Sie darum bitten.

Alter Kunde – neues Geschäft

Wenn Leute ein zweites Mal kommen und wieder ein Auto kaufen, kann man das Spiel spürbar abkürzen, denn Sie kennen mich bereits und vertrauen mir. Und ich weiß ungefähr, welche Farbe ihnen gefällt, wie ihr erster Wagen ausgestattet war und wofür sie ihr Auto brauchen. Ich rufe sogar oft Leute an und sage: »Wissen Sie, das neue Modell ist ganz Ihr Stil, ich glaube, es würde Ihnen gefallen. Kommen Sie doch einmal vorbei, wenn Sie Zeit haben, dann können Sie es probefahren.« Der Punkt ist der: Die Leute kennen mich und vertrauen mir. Einem Kunden schickte ich einmal einfach einen Katalog und schrieb dazu: »Hier ist der neue Buick-Katalog. Kommen Sie vorbei, und bestellen Sie sich Ihren neuen ›Park Avenue‹. Ich weiß doch, daß Sie spätestens am 1. Januar einen neuen brauchen.« Aus seiner Firma gingen fünf Bestellungen ein.

Diane Flis, Tamaroff Buick

Kunstvoller Einsatz aller Mittel

Lassen sich mit dieser Idee grundsätzlich neue Geschäfte machen?

Walter Hailey aus Mesquite, Texas, ist einer meiner ältesten Freunde. Wir begannen beide in der Versicherungsbranche und machten uns ungefähr zur gleichen Zeit selbständig. Walter ist die 1,70 m kleine lebendige Verkörperung des Prinzips: »Alle Mittel einsetzen!« Ich traf Walter erstmals 1964, als ich auf Vortragstournee war. Jedesmal wenn ich im Südwesten der Staaten sprach, war Walter unter den Zuhörern, und er kaufte immer zehn bis fünfzehn Exemplare des Buches, das ich jeweils verkaufte.

Eines Tages fragte ich ihn, was er denn mit all diesen Büchern mache. Seine Antwort: »Ich verschenke sie.« Und das sagt schon einiges über Walter aus.

Damals arbeitete Walter für eine kleine Versicherungsgesellschaft, die Lone Star Life. Einer der Gründe, weshalb ich Walter so gut mag, ist darin zu suchen, daß er den Traum wohl jedes Verkäufers, den ich je kennengelernt habe, verwirklicht hat. Eines schönen Tages wurde er so wütend auf seine Firma, daß er einfach hinging und sie mit allem Drum und Dran aufkaufte.

Dann, vor ungefähr zehn Jahren, verkaufte Walter die Lone Star Life für 78 Millionen Dollar an K Mart weiter. Jetzt wollen Sie mehr über Walter Hailey wissen, oder täusche ich mich da? Ich fragte Walter einmal, wann er Millionär geworden sei. Seine Antwort: Im Alter von siebzehn Jahren – es habe nur eine ganze Weile gedauert, bis er das Geld gehabt habe.

Abgesehen davon, daß Walter sehr aufgeweckt und redegewandt und – wie er selber sagen würde – Texaner ist, versteht er es wie kaum ein zweiter, alle Mittel einzusetzen, um aus Ideen etwas zu machen. Sobald er eine Idee hat, fragt er sich: »Lassen sich mit dieser Idee grundsätzlich neue Geschäfte machen? Wie kann ich daraus etwas machen? Wer kann das sonst noch brauchen?« Walter beherrscht es meisterhaft, die großen Gelegenheiten aufzuspüren, eine Lösung auszuarbeiten und diese dann so lange zu verfeinern, bis sie leicht verständlich und verkäuflich ist. Dann bringt er sie auf den Markt, lebt für sie und verkauft sie, bis der Markt gesättigt ist. Und dann erst befaßt er sich mit der nächsten Idee, um auf gleiche Weise etwas daraus zu machen.

Walter sucht mit seinen 20 Prozent ununterbrochen nach Ideen, mit denen sich bei entsprechendem Einsatz aller Mittel neue Geschäfte machen lassen.

So schuf er zum Beispiel ein Versicherungspaket für Lebensmitteldetaillisten und brachte alle Geschäftsinhaber in einem Versicherungspool zusammen, in dem sie als Partner gemeinsam das Risiko tragen. Und das mit der Zeit im ganzen Land.

Er versteht es auch meisterhaft, Beziehungen zu nutzen. Walter rief früher unzählige Male leitende Angestellte größerer Firmen im Südwesten an, und immer hieß es: »Wer ist nur dieser Kerl aus Mesquite, Texas?« Es war beinahe unmöglich, einen ersten Termin zu bekommen.

Damals hatte er einen Freund namens Bud Wilkinson, seines Zeichens Coach der Football-Mannschaft der University of Oklahoma. Bud war eine nationale Sportgröße und wurde in jedem Teil des Landes buchstäblich beinahe vergöttert. Und so stieg Walter mit Bud ins Geschäft ein. Er rief wieder bei leitenden Angestellten von größeren Firmen an und sagte ihnen, Bud Wilkinson wolle mit ihnen sprechen. Und das konnte und wollte natürlich kaum einer ablehnen. Und zufällig tauchte dann eben Walter in Buds Begleitung auf, und wenn die beiden erst einmal in einem Büro drin waren, legten sie gemeinsam los. Aber es war Bud Wilkinson und Walters Begabung, eine Beziehung geschickt einzusetzen, welche den Ball ins Rollen gebracht hatte.

Ein wichtiges Nachwort zu diesem Thema: Es ist so typisch für Walter, daß er nicht nur seine Beziehung zu Bud ausnutzte, sondern gleichzeitig auch Bud half, dessen Talent und Ruf in finanziellen Erfolg umzusetzen. Bud brauchte Walter genauso, wie Walter Bud brauchte. Der Einsatz aller Mittel zahlt sich am besten aus, wenn er innerhalb einer gegenseitig fruchtbaren Partnerschaft erfolgt.

Natürliche wirtschaftliche Beziehungen

Natürliche wirtschaftliche Beziehungen sind das, was Walter sucht. Er fragt nicht: »Wen kennen Sie sonst noch, der ein ähnliches Problem hat, das ich lösen kann?« Er fragt vielmehr: »Wer hat eine natürliche Beziehung zu jemandem, der ein Problem hat, das wir lösen könnten – eine Beziehung, durch die wir *für sie kaufen können,* anstatt ihnen die Lösung zu verkaufen?«

Walters Hausarzt, Dr. David McMahon, hatte zum Beispiel ein Problem mit seiner Berufsrisikoversicherung, weil die Beiträge sehr rasch in die Höhe schnellten. Er bat Walter um eine Lösung. Und prompt stellte Walter mit Jack Murphy, seinem Partner, eine Firma auf die Beine, welche für die Ärzte in Texas die Versicherungen abschloß. Was sie in Texas begonnen hatten, vermittelten sie durch Beziehungen anschließend auch an die Ärzte in anderen Staaten der USA, und heute profitieren achtzehntausend Ärzte in vierzig Staaten von dieser Dienstleistung, und die Firma, welche die Risikoversicherungen für ihre Kunden abschließt, wächst in alle Himmel hinauf.

Walter und seine Partner haben das gleiche Konzept – natürliche wirtschaftliche Beziehungen nutzen – auf acht andere Branchen übertragen und dabei einige hundert Millionen Dollar gemacht. Das ist der Vorteil natürlicher wirtschaftlicher Beziehungen.

So prüfen Sie, ob sich durch eine Idee weitere Geschäfte anbahnen lassen:

Wer brauchte Ihre Idee und kennt sie? Wen kennen Sie schon, der an dieser Idee interessiert wäre? Welche Beziehungen haben Sie schon, die helfen könnten, Ihre Idee den richtigen Leuten vorzutragen?

Welche natürlichen wirtschaftlichen Beziehungen existieren bereits? Über was für wirtschaftliche Beziehungen verfügen Sie, die Sie einsetzen könnten? Wer sind die Kunden Ihrer Kunden? Wie könnten Sie dafür sorgen, daß die Beziehung Ihres Kunden zu seinen Kunden mehr bietet? Wie könnten Sie die Kosten für diese Kunden senken oder ihnen mehr bieten?

Vergessen Sie nie, alle Mittel einzusetzen

Wenn das Geschäft immer komplexer, Ihre Zeit für Sie immer teurer und für Ihre Kunden immer wertvoller wird, können Sie Ihre Bemühungen nur vervielfachen, indem Sie alle möglichen Mittel einsetzen. Und damit das klappt, müssen Sie Ihren Denkhorizont erweitern.

Fragen Sie immer: Wie kann ich das unter Einsatz aller Mittel bewerkstelligen? Wer kann sonst noch daraus Nutzen ziehen? Wer muß sonst noch von dieser Idee wissen?

Versuchen Sie dann, mit alten Kunden neue Geschäfte zu machen, oder bitten Sie sie um Empfehlungen. Ein zufriedener Kunde ist ein Mittel, das nur darauf wartet, eingesetzt bzw. wieder angerufen zu werden. *Betrachten Sie es als argen Fehler, diesen Anruf zu unterlassen.* Bitten Sie Ihre besten Kunden, Sie weiterzuempfehlen, bitten Sie sie, für Sie anzurufen und Briefe zu schreiben. Denken Sie an Tom Sawyer – bitten Sie Ihre Freunde, Ihnen beim Streichen des Zauns zu helfen.

Achten Sie schließlich sehr genau darauf, daß Sie Ihre Zeit nicht in Dinge investieren, mit denen sich keine neuen Geschäfte machen lassen. Konzentrieren Sie sich auf Ihre 20 Prozent. Kein Geschäft, keine Idee, keine Beziehung sollte an Ihnen vorübergehen, ohne den berühmten Filter durchlaufen zu haben.

Immer an den Einsatz aller Mittel denken ist eine Disziplin und birgt – genau wie das Konzept »Mehr bieten« – ein ungeheures Potential. Man muß sich daran gewöhnen, aber wenn man es einmal geschafft hat, bedeutet es, daß Sie ab sofort nicht härter, sondern cleverer arbeiten.

Strategische Überlegung Nr. 7
Zusammenfassung
Denken Sie: Wie kann ich das durch Einsatz aller Mittel bewerkstelligen?

Alle Mittel einsetzen bedeutet mit den richtigen Instrumenten bei minimalem Aufwand das Maximum herausholen.

1. 80 Prozent Ihrer Ergebnisse gehen auf 20 Prozent Ihrer Bemühungen zurück. Setzen Sie Prioritäten, entdecken Sie Ihre 20 Prozent. Geben Sie die übrigen 80 Prozent auf. Verwechseln Sie Tätigkeit nicht mit Leistung.
2. Rufen Sie nur Kunden an, durch die Sie unter Einsatz aller Mittel mit sehr hoher Wahrscheinlichkeit neue Geschäfte anbahnen können; Kunden, mit denen Sie immer wieder ins Geschäft kommen; Kunden, die Sie persönlich weiterempfehlen. Vergessen Sie rasche, einmalige Geschäfte.
3. Bauen Sie innerhalb Ihrer Kundenfirma ein Netz auf. Schaffen Sie eine breite Hilfsbasis. Halten Sie nach neuen internen Kunden Ausschau.

4. Melden Sie sich nach einem abgeschlossenen Geschäft wieder bei Ihren Kunden. Bitten Sie sie um persönliche Empfehlungen.
5. Prüfen Sie, ob sich durch Ihre Ideen neue Geschäfte anbahnen lassen und ob schon natürliche wirtschaftliche Beziehungen existieren. Lassen Sie sie durch den Filter laufen:

   Wer braucht Ihre Idee und weiß, daß jemand sie braucht?
   Wen kennen Sie schon, der an dieser Idee interessiert wäre?
   Welche Beziehungen haben Sie schon, die helfen könnten, Ihre Idee den richtigen Leuten vorzutragen?
   Wer brauchte Ihre Idee, kennt sie aber noch nicht?
   Welche natürlichen wirtschaftlichen Beziehungen existieren bereits?
   Wer übt wirtschaftlich gesehen auf wen Einfluß aus?
   Wie könnten Sie diese Beziehung nutzen?

6. Vergessen Sie nie, alle Mittel einzusetzen! Fragen Sie immer: Wie kann ich das unter Einsatz aller Mittel bewerkstelligen? Wer braucht diese Idee sonst noch? Wer kann sonst noch Nutzen ziehen?

Teil III

Frauen, Manager und das neue Spiel

In diesem letzten Teil müssen wir uns mit den Folgen dieses Umbruchs im Verkauf für zwei ganz spezielle Gruppen von Lesern befassen – nämlich für die Verkäuferinnen und die Verkaufschefs.

Einer der wichtigsten demographischen Faktoren der letzten dreißig Jahre war die enorm wachsende Zahl der Frauen in der Arbeitswelt. Sie verändert die Art, das Ziel und sogar den Zweck des Geschäftes. Und doch haben viele Frauen das Gefühl, ihre Arbeit führe sie in eine Art Sackgasse und sie hätten keinen Anteil an den dramatischen Veränderungen, die sich in unserer Wirtschaft abspielen. Der Beruf der Verkäuferin könnte in dieser Hinsicht manches ändern. Viele Frauen haben dies bereits entdeckt, und sie prägen diesen Beruf immer stärker mit. Der Titel von Kapitel 12, »Die natürliche Überlegenheit der Frau«, ist dem wegweisenden Buch des Anthropologen Ashley Montagu entnommen. In diesem Kapitel befassen wir uns mit den natürlichen Fähigkeiten – vor allem auf dem Gebiet der Beziehungen –, welche die Frauen in den Verkauf mitbringen, und wir wollen sehen, was der Verkauf karrierebewußten Frauen in Zukunft zu bieten hat.

Auch für Verkaufschefs wird vieles neu sein, wenn sie Verkäufer in Phase III zu managen haben. Mit den alten Methoden – viele Leute einstellen, schauen, wer von ihnen überlebt, autokratisch führen und keine Ahnung haben, wie man Verkäufer fördert – werden sie immer mehr Schwierigkeiten bekommen.

In Phase III werden sie vollkommen neue Strategien anwenden und ganz anders reagieren müssen, wenn sie ein hochleistungsfähiges Verkaufsteam bilden, führen und pflegen wollen.

Kapitel 12

Die natürliche Überlegenheit der Frau

Wenn man mir ... die Frage stellte, auf was man nach meinem Dafürhalten den besonderen Wohlstand und die wachsende Kraft dieses Volkes zurückführen müsse, so antwortete ich: Es ist die Überlegenheit seiner Frauen.

Alexis de Tocqueville,
Über die Demokratie in Amerika, 1840

Ich war Lehrerin. Ich unterrichtete Hauswirtschaft, Lebenskunde und ähnliche Fächer. Ich war ledig und kam mit meinem Geld nie so ganz zurecht. Also überlegte ich, wie ich an Abenden und Wochenenden mein Einkommen ein wenig aufbessern könnte – den Lehrerberuf wollte ich nicht aufgeben, weil ich wirklich gerne unterrichtete. Da schlug mir ein Freund vor, es doch mit Versicherungen zu versuchen. Ich dachte, das wäre vielleicht etwas einfacher als ein Nebenjob als Kellnerin oder Verkäuferin in einem Warenhaus. Damals verschwendete ich noch keinen Gedanken darauf, wie sehr ich in diesem Beruf Menschen helfen könnte. Mir ging es nur darum, ein bißchen mehr Geld zu verdienen. Nach einigen Erkundigungen war mir klar, daß nur die NorthWestern Mutual Life für mich in Frage käme. Also ging ich hin, stellte mich vor und wurde prompt eingestellt.

An meinen ersten beiden Arbeitstagen unterrichtete ich immer noch, denn meine Arbeit bei der Versicherung sollte ja bloß ein Teilzeitjob sein. Nun, an diesen beiden ersten Tagen im Verkauf verdiente ich 1000 Dollar pro Tag. Da hatte ich eine Stelle mit einem Jahresvertrag, war Vorsteherin einer Abteilung und verdiente bloß 15000 Dollar im Jahr! Also marschierte ich nach diesen beiden ersten Tagen in die Schule, kündigte und sagte: »Ich will nur noch verkaufen.«

Ann Spinazzola, NorthWestern Mutual Life

Dieses Kapitel befaßt sich mit dem Thema Frauen im Verkauf. Ich habe es eigens für Frauen geschrieben, die in einen Beruf einsteigen möchten, in dem sie besser verdienen und mehr Freiheit haben als in den meisten andern und in dem sie ausschließlich aufgrund ihrer Leistung bezahlt werden. Kein anderer Beruf in der Wirtschaft bietet eine Entlöhnung, die mehr von der Leistung abhängig wäre, und kein anderer Beruf ist so sehr auf die natürlichen Talente angewiesen, die Frauen da einbringen können.

Dies gilt besonders, wenn wir uns den Beruf in fünf oder zehn Jahren anschauen. Verkaufen wird dann noch mehr im Rampenlicht stehen und noch angesehener sein. Die meisten sehen, daß ihre Verkäufer einen ihrer größten Werte darstellen. Niemand weiß besser, was die Kunden heute und in Zukunft wollen, als die Leute, die da draußen mit ihnen arbeiten. Selbst nicht ganz so exzellente Firmen – jene, die in ihren Verkäufern stets eher eine Last als einen Wert gesehen haben – wachen allmählich auf und verstehen, wie wichtig Verkäufer sind. In den nächsten zehn Jahren wird Verkäufer der Beruf *par excellence* sein. Die Firmen werden die notwendige Zeit und das Geld aufbringen, um ihre Verkäufer auszubilden, und in den meisten Firmen wird der direkteste Weg zu den Spitzenpositionen über den Verkauf führen.

Sie dürfen mir ruhig glauben, so war es früher nicht – aber so wird es sein müssen, wenn Firmen den Wechsel zu Phase III überleben wollen. Wenn Überleben bedeutet, nahe bei den Kunden zu sein, dann sind es zweifellos nicht die Verwaltungsexperten, die sich dazu eignen. Es werden Leute in die Chefetagen einziehen, die da draußen gelebt haben. Wie ich die Zukunft sehe, kann es in zehn Jahren durchaus normal sein, daß Verkaufserfahrung für jeden Posten im oberen Management unabdingbar ist. Tom Peters und Nancy Austin beurteilen in ihrem Buch »Leistung aus Leidenschaft« diesen Trend als entscheidend für die Qualität eines Unternehmens. Ihre Studie hat ergeben, daß bei den kundenfreundlichsten Firmen »Verkäufer die Spitzenpositionen einnehmen, ja geradezu beherrschen ... Mindestens 50 Prozent der besten von vielleicht fünfzig Managern haben einen großen Teil ihrer Laufbahn im Verkauf gearbeitet.«

Für mich ist klar, daß es keinen Beruf gibt, in dem heute – mehr als je zuvor – mehr los ist, mehr Spannung herrscht und mehr Gelegenheiten warten als im Verkauf. Und das gilt ganz besonders für Frauen.

Das Bild ändert sich

Ich habe Tausende von Vorträgen vor Verkäufern gehalten, und so bis gegen Ende der siebziger Jahre bestand meine Zuhörerschaft fast ausschließlich aus Männern. Viele Leute glaubten – und glauben auch heute noch –, daß Verkaufen ein Männerberuf ist. Der ideale Verkäufer besaß »männliche« Eigenschaften: Er war konkurrenztüchtig, hart und aggressiv. Es war ein Männerklub, eine Welt, in der Frauen kaum eine Rolle spielten.

Die Aussage, dies ändere sich – habe sich geändert –, wäre eine Untertreibung. Ich will Ihnen ein einziges Beispiel geben: Zur Zeit, als ich dieses Buch schrieb, im Sommer 1986, waren acht der zehn besten Verkäufer bei Wilson Learning Frauen. Insgesamt 40 Prozent unserer Mitarbeiter – auf allen Stufen – sind Frauen.

Natürlich würden wir uns deswegen nur allzugern mit Federn schmücken, aber wir haben in der Tat ganz einfach nur Leute eingestellt, die gute Leistungen erbrachten und in unser Unternehmen paßten. Tatsache ist, daß die Wirtschaft sich infolge der wachsenden Zahl von Frauen im Verkauf radikal verändert.

Dabei handelt es sich um eine grundlegende Veränderung, und sie ist ein wahrer Segen.

Frauen als Kunden

Eine der Veränderungen, die viele Firmen zum Umdenken zwingt, ist die Tatsache, daß es immer mehr weibliche Kundschaft – mit größerem wirtschaftlichem Potential – gibt als je zuvor. Und dies gilt sowohl im Firmenbereich wie im Konsumgütermarkt. Firmen aller Branchen überlegen sich, daß Frauen nicht bei Firmen kaufen, die sich den Anschein eines reinen Männerklubs geben. Deshalb bemühen sich viele, ein Gleichgewicht herzustellen und herauszufinden, was, wie und warum Frauen kaufen. Und Frauen im Verkauf werden dabei eine sehr wichtige Rolle spielen.

Frauen und Kaufkraft

Eine neuere Studie hat gezeigt, daß Frauen 80 Prozent aller Kaufentscheidungen treffen, entweder selbständig oder zusammen mit ihrem

Ehemann oder irgendeinem andern männlichen Berater. Sie hat auch ergeben, daß dies ein riesiger Markt ist, welcher der Autoindustrie Jahr für Jahr entgeht.

Frauen sind berufstätig, verdienen ihr eigenes Geld, kaufen ihre eigenen Autos, um ins Geschäft und die Kinder zur Schule zu fahren; es ist ihr Auto, und sie treffen die Entscheidungen. Frauen sind eindeutig besser informiert. Sie klären die Finanzierungsmöglichkeiten ab, verschaffen sich Informationen über Wagentyp und technische Einzelheiten. Sie interessieren sich nicht nur für Ausstattung und Farbe. Das war einmal!

Und dennoch sind diese Veränderungen noch längst nicht überall erkannt worden. Ich zum Beispiel war erst dreiundzwanzig, als ich mir mein Haus kaufte. Ich war in der Lage, eine beträchtliche Anzahlung auf den Tisch zu legen, und konnte mir monatliche Zahlungen von 1000 Dollar leisten. Ich war vom Potential her also eindeutig eine Spitzenkundin. Ich fuhr in einem brandneuen Buick bei der Überbauung vor, trug 300 Dollar teure Cowboystiefel, elegante Jeans, ein frisch gebügeltes Hemd und eine Weste; es war Samstag, also stürzte ich mich nicht groß in Toilette. Und ich brachte die Leute nicht dazu, sich für mich zu interessieren und mir die Häuser zu zeigen. Es hieß nur: »Kommen Sie mit Ihrem Mann wieder!« oder »Wo sind Mama und Papa?«. Es hieß: »Da stehen die Modelle. Rufen Sie mich, wenn Sie etwas sehen, was Ihnen gefällt.« Ich war entsetzt. Und ich kaufte schließlich ein Haus durch Vermittlung eines Bauherrn. Das ist Wahnsinn. Unglaublich, wie viele Vorurteile da existieren.

Diane Flis, Tamaroff Buick

Die demographische Beschaffenheit des Marktes ändert sich; es wird keine »männlichen Reservate« mehr geben. Die Frauen spielen jetzt schon und in Zukunft noch vermehrt eine wichtige Rolle im Management, im Verkauf und in den Grundlagenwerten von Firmen und Markt.

Es sind zwar schon einige Frauen im Verkauf tätig, aber ich meine, es müßten noch viel mehr sein... Ich glaube, daß da ein gewaltiges Potential brachliegt. Und die Aussichten sind so phantastisch. Marion McGeary zum Beispiel nahm 1984 bei der NorthWestern Mutual Life bei den Frauen mit einem Umsatz von ungefähr 10 Millionen Dollar die zweite Stelle ein, und dabei war sie erst seit eineinhalb Jahren im Geschäft. Das Potential ist also vorhanden. Ich glaube, viele Frauen wollen das einfach nicht wahrhaben und es nicht versuchen.

Ann Spinazzola, NorthWestern Mutual Life

Am eigenen Leib erfahren

Ich spreche aber auch aus persönlicher Erfahrung. Ich habe vier erwachsene Töchter und eine Schwiegertochter, die alle zusammen im Geschäft sind. Zwei sind im Verkauf, die drei anderen im Management tätig. Mit den Augen eines Vaters habe ich miterlebt, wie sie hart arbeiteten, in die männliche Bürokratie eindrangen, durchhielten und es schafften.

Was meine Töchter kürzlich gemeinsam fertiggebracht haben, verrät mir mehr über das Potential der Frauen im Geschäftsleben als alles andere, was ich in meiner beruflichen Laufbahn erlebt habe. Die fünf, die übrigens sehr unterschiedliche Ausbildungen genossen haben, kamen aus allen Gegenden des Landes zusammen, um die Leitung und das Management unseres Pecos River Learning Center zu übernehmen.

Ich hatte eigentlich einen Direktor, einen Mann natürlich, einstellen wollen. Aber diese fünf Frauen griffen einfach ein, schufen die Vision, arbeiteten als Team zusammen, bauten die Organisation auf, unterstützten sich gegenseitig und stellten ein entwicklungsfähiges Unternehmen auf die Beine, wo die meisten in Ehren ergrauten Geschäftsleute bloß den Kopf geschüttelt und alles als unmöglich bezeichnet hätten.

Wenn also noch mehr Argumente erforderlich gewesen wären, um mich zu überzeugen, dann hätten es die vergangenen zwei Jahre, in denen ich diese fünf Frauen beobachtet und mit ihnen zusammengearbeitet habe, mit Sicherheit geschafft. Frauen sind eine starke Kraft auf dem Markt und werden es bleiben – und das keinen Augenblick zu früh.

Drei Gründe für den Einstieg in den Verkauf

Doch zurück zum Thema. Weshalb sollte eine Frau überhaupt in den Verkauf einsteigen? Ich möchte dafür drei Gründe nennen.

1. *Sie haben natürliche Talente*

Der erste Grund sind die natürlichen weiblichen Talente und deren Auswirkungen auf das Geschäft. Denken Sie zunächst einmal an die Änderungen im Verkaufsspiel, die wir in diesem Buch beschrieben haben:

Vom Konkurrenzdenken zur Kooperation.
Von Feindschaft zu Partnerschaft.
Von kurz- zu langfristigen Beziehungen.
Vom einsamen Verkäufer zum Team.

Viele dieser Veränderungen gehen in Richtung dessen, was wir allgemein als weibliche Fähigkeiten anerkennen und bestärken. Frauen sind eher zu Zusammenarbeit bereit, sie sind meist geduldiger und zeigen mehr Gespür für Beziehungen als Männer.

Ja, das sind Verallgemeinerungen. Natürlich gibt es Frauen, die im Konkurrenzkampf alle Mittel einsetzen, und es gibt Männer, die unendlich viel Geduld aufbringen. Und doch packen eben Männer und Frauen derart elementare Dinge unterschiedlich an. Es geht dabei nicht um Frau gegen Mann oder Weiblichkeit gegen Männlichkeit. Es ist einfach so, daß die Frauen in unserer Gesellschaft im Laufe der ganzen Kulturgeschichte darin bestärkt worden sind, gewisse Eigenschaften zu entwickeln. Und diese Eigenschaften sind zufällig genau die, die man heute braucht, wenn man im Verkauf Erfolg haben will.

Aus der Sicht des Anthropologen

Frauen erreichen ... im sozialen Verständnis ein Niveau, welches dem Mann normalerweise versagt bleibt. Die Art, in der Frauen ... die Kunst der zwischenmenschlichen Beziehung pflegen, zieht sich durch ihr ganzes Leben. Und dies ist ein weiterer Grund, weshalb Frauen fähig sind, die Schattierungen und die unterschwelligen Zeichen im menschlichen Verhalten wahrzunehmen, die Männer normalerweise nicht wahrnehmen ... Sie denken nicht in Kategorien, Schwarz oder Weiß, Ja oder Nein, Alles oder Nichts, wie Männer dies gern tun ... Frauen sind eher bereit, Anpassungen vorzunehmen, andre Möglichkeiten in Betracht zu ziehen und die anderen Schattierungen und Abstufungen zwischen Schwarz und Weiß zu sehen.

Ashley Montagu,
The Natural Superiority of Women

Peggy Steele, Berufsberaterin in Denver, drückt es so aus: »Ich habe unter anderem beobachtet, daß Männer im Verkauf sich normalerweise zurechtlegen, was sie sagen wollen – sie lernen auswendig, was sie fragen oder sagen wollen, damit sie in ihrer Beziehung weiterkommen. Für Frauen ist es offenbar viel natürlicher und leichter, unvorbereitet zu sprechen, über sich selbst und über Gefühle zu reden – was letzten Endes weitgehend darüber entscheidet, was aus einem Geschäft wird.«

Vielen Frauen werden die Fähigkeiten, die es zum Verkaufen in Phase III braucht, ganz natürlich erscheinen. Gewiß, auch sie werden lernen und arbeiten müssen, aber die Grundlagen für den »Umgang mit Menschen« sind doch schon weitgehend vorhanden. Das Talent ist da.

Ich habe eindeutig das Gefühl, daß ich eine sehr weibliche Komponente in meine Arbeit hineinbringe. Es ist ein anderer Stil. Und mir ist klar, daß ich nicht mehr im gleichen Umfang arbeiten könnte, wenn ich das irgendwie wegstecken und fürs Wochenende aufheben würde. Es ist nun einfach so, daß ich Leuten gern zuhöre und herausfinde, was sie ganz realistisch denken und von ihrem Leben halten.

Das ist das, was ich an meiner Arbeit so liebe: mit Kunden und mit Leuten aus meiner Firma sprechen.

Ich glaube, ich habe diese Fähigkeit, offen über mich selbst zu sprechen. Und damit gebe ich der anderen Person irgendwie die Möglichkeit, daß sie über sich selbst – über sehr persönliche Dinge – sprechen kann. Und wenn eine solche Beziehung besteht, ist geschäftlich allerhand möglich.

Ich weiß nicht, ob die meisten Männer einfach nur ungern auf dieser Ebene sprechen oder ob viele Leute nicht auf dieser Ebene operieren. Ich habe allerdings schon den Verdacht, daß das eine typisch weibliche Fähigkeit ist.

Kathy Monthei, Delta Dental Plan

Und hier muß ich noch eine wichtige Anmerkung anbringen. Verkaufen ist nicht von Natur aus eine typisch männliche oder weibliche Tätigkeit. Eine solche Behauptung ist ein Vorurteil. Es steht nämlich fest, daß wir alle – ganz gleich, welchen Geschlechtes wir sind – jene Fähigkeiten haben, die – wahrscheinlich zu Unrecht – als weiblich bezeichnet werden. Wir alle sind fähig, intuitiv und geduldig zu sein, die Feinheiten in einer Beziehung zu spüren und alle Möglichkeiten zwischen Schwarz und Weiß zu sehen. Nur müssen einige von uns härter arbeiten, um diese natürlichen Fähigkeiten zu entwickeln.

2. *Sie würden nach Leistung bezahlt*

»Bezahlen Sie mir, was ich Ihnen wert bin.« Kommt Ihnen das irgendwie bekannt vor? Wenn das so ist und wenn Sie der Ansicht sind, Sie würden nicht Ihrem Wert gemäß bezahlt, denken Sie an folgendes: Die Bezahlung im Verkauf – praktisch in jeder Branche und in jeder Firma – ist wohl einzigartig. Im Gegensatz zu jedem anderen Beruf hängt hier die Bezahlung hauptsächlich von Talent und Produktivität und nicht so sehr von weniger wichtigen, vielleicht eher bürokratischen Faktoren ab. Es spielt keine Rolle, wie lange Sie bei der Firma sind, was Sie vorher gemacht haben und ob Sie jeden Tag zur Arbeit kommen. Für all das werden Sie nicht bezahlt; Sie werden für Produktivität bezahlt. Wer nicht produziert, wird nicht bezahlt. Je mehr Sie beitragen, desto mehr bekommen Sie. Die Bezahlung ist direkt, sofort und leicht zu ermitteln.

Zudem zählen akademische Auszeichnungen und eindrucksvolle Zeugnisse nicht viel. Sehen Sie sich die Frauen an, die Sie in diesem Buch kennengelernt haben. Sie gehören alle zu den Spitzenleuten in ihrer Branche. Aber sie kommen alle von einer ganz anderen Ausbildung her. Eileen Tertocha war Sängerin und Musiklehrerin, Kathy Monthei war Vizedirektorin der Oakland Educational Association, Diane Flis führte Wohnwagen vor, und Ann Spinazzola war Lehrerin. Nicht eine dieser Frauen hatte die Harvard Business School besucht. Sie wären wohl nicht von vielen Firmen eingestellt und in anderen Positionen als im Verkauf eingesetzt worden, weil sie die »richtigen« Papiere nicht hatten. Nun sind sie alle äußerst erfolgreiche und angesehene Verkäuferinnen, weil sie eine Gelegenheit beim Schopf gepackt haben, weil sie produzieren, und das ist das einzige, was im Verkauf zählt. Und das können nicht viele andere Berufe von sich sagen.

3. *Sie hätten Freiheit*

Verkaufen kommt wohl der Freiheit am nächsten, selbständig und doch angestellt zu sein. Und es sind noch mehr Selbständigkeit und Freiheit in Aussicht, wo auch niedrigere Chargen immer mehr Autorität bekommen und immer mehr Firmen den Wert ihrer Verkäufer erkennen. Für viele Firmen wird das Ideal die selbständige Geschäftsfrau sein – die ihre Firma im Rücken weiß und bei Bedarf auf sie zurückgreifen kann.

Schluß

Es ist Zeit, dieses »Stellenangebot« an die Leserinnen zusammenfassend abzuschließen. Wenn Sie weiterkommen möchten oder sich in Ihrer gegenwärtigen Stellung eingeengt fühlen, sollten Sie sich überlegen, ob Sie nicht den Beruf wechseln wollen. In den meisten exzellenten Firmen bietet Ihnen der Verkauf mehr Freiheit als irgendein anderer Beruf; Sie werden leistungsgerecht bezahlt, und es ist ein Beruf, in dem die natürlichen weiblichen Eigenschaften voll zum Tragen kommen. Das ist ein interessantes Angebot. Und das Tüpfelchen auf dem i: Dem Verkauf gehört die Zukunft im Geschäftsleben. Die besten Verkäufer, die wirklich begreifen, worum es geht, sind auf dem besten Weg in die höchsten Positionen der Unternehmen.

Natürlich wird es Ausnahmen geben. Es wird immer ein paar wenige Firmen geben, die in ihren Verkäufern Feinde sehen und Frauen nur einstellen, weil die Regierung es ihnen vorschreibt. Aber sie werden immer mehr in Minderheit geraten, und die Zeitungen werden über den einen oder andern Konkurs berichten. Für die anderen aber sieht die Zukunft im Verkauf glänzender aus als je zuvor, und den Frauen im Verkauf werden sich bisher noch ungeahnte Gelegenheiten bieten.

Denken Sie also darüber nach. Wägen Sie die verschiedenen Möglichkeiten ab, vergleichen Sie mit Ihrer jetzigen Arbeit. Sind Sie in einer Position unter Ihrem Wert? Haben Sie keine Aufstiegsmöglichkeiten mehr? Wenn Sie in einer Firma arbeiten, die Sie zwar mögen, aber einen Posten bekleiden, den Sie nicht mögen, ist es vielleicht an der Zeit, auf eine Seite auszuweichen, bevor es weiter nach oben geht: Bewerben Sie sich um eine Stelle im Verkauf.

Möchten Sie die Firma oder den Beruf wechseln, suchen Sie sich eine jener Firmen aus, die die Zukunft sehen und den Wert ihres Verkaufspersonals richtig einschätzen. Und wenn Sie die richtige Firma gefunden haben, steht Ihrer Karriere als Verkäuferin nichts mehr im Weg.

Die natürliche Überlegenheit der Frau
Zusammenfassung

Den Frauen, die sich nach einem neuen Beruf umsehen, bietet der Verkauf aus drei Gründen ausgezeichnete Möglichkeiten.

1. Die natürlichen Fähigkeiten der Frau passen zu den Veränderungen, die sich im Verkauf abspielen.

   Vom Konkurrenzdenken zur Kooperation.
   Von Feindschaft zu Partnerschaft.
   Von kurz- zu langfristigen Beziehungen.
   Vom einsamen Verkäufer/von der einsamen Verkäuferin zum Team.

Viele dieser Veränderungen gehen in Richtung dessen, was wir in unserer Kultur allgemein als weibliche Fähigkeiten anerkennen und bestärken.

Die anderen beiden Gründe, weshalb Frauen im Verkauf am richtigen Ort sein könnten, sind darin zu suchen, daß sie in Positionen unter ihrem Wert eingesetzt sind, daß ihre Fähigkeiten und Talente nicht vollumfänglich ausgeschöpft und daß sie nicht ihrem Wert entsprechend bezahlt werden.

2. Der Verkauf verbindet mehr als jeder andere Beruf Talent mit Produktivität. Und an seiner Produktivität wird der Verkäufer gemessen. Je mehr Sie beitragen, desto mehr werden Sie bekommen.
3. Im Verkauf ist die Freiheit sehr groß; er bietet mehr Gelegenheit zu Selbständigkeit und Selbstmotivation als die meisten anderen Berufe.

Kapitel 13

Ein hochleistungsfähiges Verkaufsteam leiten

Wie können Verkaufschefs dazu beitragen, daß ihre Leute wachsen und als Verkäufer in Phase III Erfolg haben? Wie können Verkaufschefs auf den rasch heftiger werdenden Konkurrenzkampf reagieren – nicht nur auf den Kampf um die Kunden, sondern auch um die besten Verkäufer?

Die Rolle des Verkaufschefs

Mary Nygaard ist die neue, sehr begabte Verkaufs- und Marketingleiterin einer neuen Abteilung einer neuen Firma: US West. US West, eine regionale Holdinggesellschaft, ist aus der Umstrukturierung von AT&T hervorgegangen. Es ist ein Fortune-500-Telekommunikationsunternehmen mit zweiundzwanzig Tochtergesellschaften in vierzehn Staaten im Westen und Mittleren Westen der USA.

Mary arbeitet für US West Materials Resources, die den zweiundzwanzig Tochtergesellschaften von US West Beschaffungsverträge, Materialien, Management- und andere Dienstleistungen anbietet. Es ist ein Markt mit einem Potential von über

1 Milliarde Dollar, an dem Marys Abteilung einen Anteil von ungefähr 25 Prozent hat.

Marys Situation widerspiegelt die Veränderungen, welche heutzutage die meisten Verkaufschefs erleben. Sie ist auch ein sehr gutes Beispiel dafür, was sich in Sachen Marketing und Verkauf bei den alten AT&T-Firmen tut.

Mary hat zwei Verkaufschefs und zehn Verkäufer unter sich, alles hart arbeitende, talentierte und engagierte Leute – von denen kein einziger Verkaufserfahrung in seinen jetzigen Job mitgebracht hat. Es sind alles Verkäufer in Phase I, die aus einem anderen Beruf auf den Verkauf umgesattelt haben. Erschwerend kommt noch hinzu, daß US West sich im Umbruch befindet, sich von einem von der Regierung kontrollierten Unternehmen zu einer marktorientierten Firma in einer stark umkämpften Branche wandelt.

Neue Leute und eine exponentiell zunehmende Konkurrenz (von Null zur Konkurrenz mit jedem Großlieferanten und Managementberater im ganzen Westen). Kommt Ihnen das bekannt vor?

Damit aber noch nicht genug. Im allerersten Jahr dieser Gruppe muß Mary von ihren Verkäufern in Phase I bereits verlangen, daß sie sich möglichst rasch die Methoden und Fähigkeiten aneignen, die für Phase III erforderlich sind. Ihre Manager und Verkäufer bekommen es mit den leitenden Angestellten der zweiundzwanzig Tochtergesellschaften zu tun. Das heißt, sie müssen wissen, wie man Partnerschaften eingeht und dann bestehende Beziehungen unter Einsatz aller Mittel zu Geschäften mit den anderen Tochtergesellschaften nutzt. Sie müssen auch andere ehemalige AT&T-Kunden verstehen, die zur Zeit genau gleiche stürmische Phasen erleben.

Die beiden Verkaufschefs müssen nicht nur die Methoden eines neuen Verkaufsvorgangs auf höherer Ebene lernen; sie müssen gleichzeitig lernen, wie man Leute betreut, bestärkt und im Verlaufe einer langen Lernphase immer wieder motiviert. Und sie müssen lernen, wie sie ihre guten Leute halten können – denn der Vorrat an begabten Verkäufern schwindet rasch dahin.

Ausbilden, unterstützen, einstellen, Kontingente einhalten, den Leuten helfen, ganz neue, höhere Fähigkeiten zu erlernen, damit sie auf einem niveaumäßig höheren Markt arbeiten können, und gleichzeitig das Geschäft in Schwung halten, während sich alles rundherum verändert – das ungefähr ist das Pflichtenheft der Verkaufschefs von US West.

Und es ist wohl auch ziemlich genau das Pflichtenheft eines jeden Verkaufschefs, denn das Verkaufsspiel hat auch zur Folge, daß im Verkaufsmanagement ein neues Spiel gespielt wird.

Damit wir das neue Spiel im Verkaufsmanagement besser verstehen, müssen wir zunächst umdenken, was ein Verkaufschef eigentlich ist und tut. Danach stelle ich Ihnen das Ergebnis von zehn Jahren Forschung bei Wilson Learning vor: fünf Faktoren, die für den Aufbau eines hochleistungsfähigen Verkaufsteams entscheidend sind. Und der Aufbau eines solchen Teams ist ja das Ziel der meisten Verkaufschefs.

Warum »Management mit dem Gewehr« nicht mehr funktioniert

Kürzlich konnte ich den Abschluß eines der schönsten Geschäfte seit langem aus nächster Nähe miterleben. Dabei ging es um ein sehr teures Softwarepaket. Der gesamte Verkaufszyklus erstreckte sich über 12 Monate. Der Verkäufer war der stellvertretende Verkaufschef einer kleinen Softwarefirma. Er machte einfach alles richtig. Er entwickelte die richtige Strategie, appellierte bei seinem Kunden an die richtigen Motive, bot eine gezielte Präsentation und schloß das Geschäft ab.

Am Tag danach beobachtete ich den gleichen, offenbar doch so talentierten Verkaufschef während seiner wöchentlichen Sitzung mit seinem Team. Es war, als ob er sein ganzes Einfühlungsvermögen vollkommen vergessen hätte. Er dominierte; er drängte seinen Leuten seine Ideen und Lösungen förmlich auf und fragte kein einziges Mal nach ihren Reaktionen und Ideen. In meinen Augen war klar, daß er an jenem Tag kein einziges Geschäft machte – aber er merkte nicht einmal, daß ihm seine Leute nichts abnahmen. Und es war mir auch klar, daß er nicht der Meinung war, in diesem Zimmer zu sein, um ein Geschäft zu machen.

Warum benutzte er seine Fähigkeiten im Umgang mit Geschäftspartnern nicht im Umgang mit seinen eigenen Leuten? Meinen Überlegungen zufolge benutzte er sie wohl deshalb nicht, weil es ihm gar nicht in den Sinn kam, sie einsetzen zu müssen.

Eine Falle, die vielen Managern zum Verhängnis wird. Wir zeigen unsere menschlichen Fähigkeiten im Umgang mit den Kunden, weil wir realisieren, daß wir dort keine *Kontrolle*, sondern nur *Einfluß* ausüben. Wenn wir dann unseren eigenen Leuten gegenüberstehen, sind wir leider nicht mehr die guten Verkäufer, sondern wir spielen uns als Chef auf. Wir glauben unsere Leute zu kontrollieren. Wir glauben sie dafür zu bezahlen, daß sie das tun, was wir ihnen sagen, und wir wissen, daß wir sie entlassen können, wenn sie es nicht tun. Eine Illusion, die uns bös in Schwierigkeiten bringt.

Die Managementschule Willy Sutton

Willy Sutton war einer der ganz großen Managementstrategen der Welt. Er war auch einer der größten Bankräuber. Und Willys Managementphilosophie lautete: »Mit einem netten Wort und einem Gewehr kommt man weiter und kann mehr Leute beeinflussen als mit einem netten Wort allein.« Und so haben wir früher Leute gemanagt und kontrolliert: mit dem Gewehr. Die Devise war einfach: »Entweder so, wie ich will, oder ...«

Heute ist es aber so, daß Manager auf allen Stufen – von der Chefetage bis zum Verkaufschef – kein Gewehr mehr haben, weil heute viel mehr Leute ein Gewehr haben: das Recht, ja oder nein zu sagen, das Recht, Einwände vorzubringen, das Recht, das zu tun, was sie tun wollen.

Die Zukunft: nicht genügend qualifizierte Verkäufer

Laut Angaben des statistischen Bundesamtes der USA geht die Zahl der 16–24jährigen Arbeitnehmer von 1984 bis 1990 um 2,7 Mio. auf 21,3 Mio. zurück, und von 1990 bis 1995 ist mit einer weiteren Abnahme um 1,1 Mio. zu rechnen... Früher oder später muß sich dieser Mangel an Arbeitskräften auswirken. Walter Cadette, Vizepräsident und Nationalökonom des Morgan Guaranty Trust, warnt: »Der Mangel bei McDonalds und Burger King von heute wird der Mangel von GM und IBM morgen sein.«

»TIME-Magazin«, 28. April 1986

Die abnehmende Zahl qualifizierter Arbeiter und die zunehmende Komplexität im Verkauf sollte Verkaufschefs eine Warnung sein. All diese Zeichen deuten auf eine Zeit wachsender Konkurrenz um die besten und hellsten Köpfe hin.

Die Besten und Hellsten werden stark umworben sein und werden deshalb viel mehr Einfluß darauf haben, was und für wen sie arbeiten wollen. Für die Verkaufschefs der Zukunft ist das einfach ein weiterer Hinweis darauf, daß Management mit dem Gewehr nichts bringt. Gefragt ist vielmehr eine neue Strategie. Wenn wir möglichst engagierte Arbeitskräfte einstellen und das Verhalten unserer Verkäufer ändern wollen, gilt es in erster Linie, unser eigenes Verhalten zu ändern und von der Illusion wegzukommen, daß wir sie kontrollieren – eben mit dem Gewehr managen können.

Einfluß und Macht der Persönlichkeit

Unsere Geschäftsleitung begreift, daß sie die Leute nicht kontrollieren kann, und so haben wir bei Cray nicht viele Methoden. Wir vertrauen auf unsere Leute, daß sie nach bestem Wissen handeln. Unsere Leute sind clever, sehr integer, intelligent und initiativ, und sie werden das Richtige tun, wenn man ihnen die Chance dazu gibt. Die einzige wirkliche Macht, mit der wir unsere Leute beeinflussen können, ist die Macht der Persönlichkeit. Wir können den Respekt und die Kooperationsbereitschaft unserer Leute nur durch diese Macht der Persönlichkeit gewinnen, und diese rührt daher, daß wir ihnen ein Vorbild sind und zeigen, daß wir unser Geschäft verstehen. Niemand von uns ist auf mehr Organisation und Kontrolle aus. Wir sind überzeugt, daß das nicht klappen würde.

Marcelo Gumucio, Cray Research

Peter Drucker sagte: »Das ganze Geschäft im heutigen Geschäftsleben geht darum, Karrieren zu verkaufen.« Als Verkaufschefs wollen wir die besten und engagiertesten Leute haben, vor allem, wenn der Konkurrenzkampf immer größer und das Geschäft immer komplexer wird. Das können wir nicht kontrollieren, aber wir können es beeinflussen.

Wer sind Ihre Kunden?

Gehen Sie morgen an die Arbeit, und stellen Sie sich vor, Sie hätten zwei Gruppen von Kunden. Die erste Gruppe kennen Sie schon: Es sind die Leute, die Ihre Produkte und Dienstleistungen kaufen. Die zweite Gruppe besteht aus den Leuten, die für Sie arbeiten. Als Manager müssen wir wissen, wie wir diesen Leuten einen Vorgang, die sogenannte »Arbeit«, verkaufen können – und das ist das andere Geschäft, in dem wir drin sind. Wir müssen Arbeit genauso verkaufen wie unsere Produkte und Dienstleistungen. Fragen Sie sich genauso wie bei den Käufer-Kunden: »Wie gut ist die Beziehung, die ich zu meinen Verkäufer-Kunden habe? Was wollen und brauchen sie wirklich? Wie bringe ich das, was ich zu bieten habe, am besten in Einklang mit dem, was sie brauchen? Wie bringe ich sie dazu, daß sie sich einsetzen?« Das sind Marketingfragen. So müssen wir denken, wenn wir an unsere Angestellten denken.

Was wollen wir eigentlich von unseren Verkäufern? Zu was für einem Geschäft wollen wir sie beeinflussen? Kurz und bündig: Wir wollen maximale Leistung, das heißt, wir wollen *Leute, die bei der richtigen Arbeit ihr Bestes geben.* Normalerweise können wir als Manager unsere Leute durch direkten Einfluß dazu bringen, daß sie die richtige Arbeit tun. Wie aber können wir darauf hinwirken, daß sie ihr Bestes geben? Wir haben zwar das Recht, Leute zu entlassen, aber die meisten Leute haben soviel Überlebenskraft entwickelt, daß sie auf einer Leistungsskala mindestens vier von zehn Punkten erreichen – sie wissen, wie man eben noch sicher mitläuft.

Was hat es mit der Idee auf sich, daß wir die Leute ja bezahlen, damit sie Leistung erbringen? Es bedeutet, daß wir glauben, wir bezahlen sie, ob sie nun ihre maximale Leistung erbringen oder nicht. Was wir bekommen, sind die Leistung auf einer Skala von vier bis zehn, *die sie bereit sind, uns zu geben.* Vier bis sieben könnten wir als Willfährigkeitsleistung bezeichnen. Acht bis zehn ist echtes Engagement. Als Verkaufschefs erwarten die meisten von uns volles Engagement von unserem Verkaufspersonal. In Wirklichkeit müssen wir froh sein, wenn wir eine mittelmäßige Leistung bekommen.

Zehn erreichen: das Hochleistungsteam

Wir haben uns intensiv mit den Faktoren befaßt, die dazu beitragen, daß Leute in den Bereich acht bis zehn vorstoßen, sich also vollkommen engagieren. Das nennen wir ein Hochleistungsteam, und wir definieren es als *Gruppe von engagierten Leuten, die durch Zusammenarbeit und gemeinsame Anstrengung über lange Zeit hinweg optimale Ergebnisse erzielen, weil sie das tun, was sie tun wollen, und sind, wer sie sein wollen.*

Die Arbeitskultur

Die Arbeitskultur ist der Schlüssel zur Höchstleistung. Nachdem wir Tausende von Arbeitseinheiten (bestehend aus einer Gruppe ranggleicher Arbeiter, ihrem unmittelbaren Vorgesetzten und dessen Vorgesetztem) studiert haben, hat sich gezeigt, daß sich das Leistungsniveau der Gruppe sehr gut aufgrund ihrer Arbeitskultur prognostizieren läßt.

Und was noch wichtiger ist: durch Beeinflussung der Arbeitskultur hat der Manager die beste Möglichkeit, ein hohes Leistungsniveau zu erreichen. »Kultur« ist ein 24 Stunden pro Tag dauerndes Ausbildungsprogramm, das es in jedem Unternehmen gibt. Es bedeutet, daß wir ununterbrochen lehren und beeinflussen. Manchmal Dinge lehren, die wir gerne lehren, manchmal auch nicht. Es ist sehr schwierig, gegen die Kultur zu schwimmen. So können Sie zum Beispiel »Mehr bieten« und langfristige Beziehungen predigen, soviel Sie wollen – wenn die Arbeitskultur wirklich kurzfristige, feindselige Beziehungen zu den Kunden verherrlicht, bekommen Sie das auch – das, und eine fürchterliche Verwirrung.

Die beste aller möglichen Welten ist eine konsequente, positive, bestärkende Kultur – und gute Verkaufschefs entdecken langsam, daß ihre Bemühungen die besten Früchte tragen, wenn sie die Kultur managen.

Die Kultur managen: Die fünf Hochleistungsfaktoren

Nach über zehnjährigem Studium haben sich fünf Faktoren herauskristallisiert, die für den Aufbau und die Erhaltung einer hochleistungsfähigen Arbeitskultur entscheidend sind. Wir führen sie hier in der Reihenfolge ihrer Wichtigkeit auf.

1. *Ein gemeinsamer Sinn für Aufgabe oder Zweck*. Dies ist der alles entscheidende Faktor, und der Faktor, um den sich in diesem Buch so viel dreht. Er ist das Kulturäquivalent zum Zweck. Er beantwortet die Frage: »Was wird hier erwartet, was tun wir, und weshalb tun wir es?« Wenn Ihre einzige Antwort lautet: »Geld machen«, können Sie darauf gefaßt sein, daß Ihre Leute für möglichst wenig Arbeit so viel verlangen, wie sie nur bekommen können. Wenn Sie sich anderseits die Zeit genommen haben, eine Aufgabe zu umreißen – und wenn Sie sich vor allem die Zeit genommen haben, Ihre Leute dabei einzuspannen –, wird dieser gemeinsame Sinn für die Aufgabe den Leuten helfen, sich auf ihren Teil der Aufgabe zu konzentrieren.

Seien Sie bereit, diese Aufgabe so oft wie möglich anzupreisen und zu propagieren. Reden Sie bei allen offiziellen und weniger offiziellen Besprechungen mit Ihren Verkäufern nicht nur über Zahlen – abgeschlossene Geschäfte und Umsatz. Bringen Sie die Leute dazu, daß sie über gelöste Probleme und zufriedene Kunden sprechen. Das sind Nachrichten von der Front, welche die Leute aufrütteln. Vergessen Sie nicht: Die Leute wollen wichtige Dinge tun. Und deshalb wollen sie von ihrem Chef und von ihrer Kultur ganz ausdrücklich die *Erlaubnis*, Bedeutsamkeit zum Inhalt ihrer Arbeit und ihres Lebens zu machen.

2. *Klare und erreichbare Ziele haben.* Die Leute arbeiten am besten, wenn sie spezifische Ziele haben. Ziele, die erreichbar sind, nach denen sie sich aber strecken müssen. Das bedeutet nicht, daß Sie Ihren Leuten sagen, was oder wie sie etwas tun müssen; es bedeutet, daß Sie ihnen eine Landkarte, das Ziel und vielleicht die allgemeine Startrichtung geben.

3. *Häufiges objektives Feedback.* Niemand arbeitet gut in einem Vakuum oder in zweideutigen Situationen, in denen er nicht weiß, was er leistet. Die Leute lernen schnell und arbeiten gut, wenn man ihnen sagt, wo sie stehen. Halten sie nach jedem gemeinsamen Kundenbesuch »Kriegsrat«. Gehen Sie nicht davon aus, daß die Leute wissen, wie gut sie arbeiten oder was Sie denken. Vermitteln Sie zuerst die positiven Informationen, seien Sie aber immer ehrlich, objektiv und präzise. Helfen Sie Ihren Leuten, aus jedem Geschäft zu lernen.

4. *Anerkennung für gute bis sehr gute Leistungen.* Verkaufen ist wie Tennis spielen: Nur wenige Leute machen alles auf Anhieb richtig. Wenn Sie darauf hinarbeiten, daß ein blutiger Anfänger ein Spiel gewinnt, bevor Sie ihn gelobt haben, steht am Ende ein frustrierter, unmotivierter und entmutigter Spieler vor ihnen – sofern er nicht schon vorher aufgegeben oder »versagt« hat. Loben Sie ihn statt dessen jedesmal, wenn er etwas richtig macht, wenn sein erster Volley oder sein erster guter Backhandschlag gelingt. »Das haben Sie wirklich gut gemacht«, »Das verstehen Sie wirklich«, »Sie machen das großartig!« Ehrliches, aufrichtiges Lob ist für die Leute eine außerordentlich wichtige Lernhilfe. Denn es bedeutet, daß man sie dabei »ertappt« hat, wie sie etwas richtig gemacht haben, und daß man es ihnen auch sagt.

5. *Unterstützung und Hilfe zur rechten Zeit.* Das ist für die meisten Verkaufschefs eine Frage der Prioritäten. Sie müssen entscheiden, was Ihre Aufgabe ist. Sind Sie nun da, um über Zahlen und Umsätze zu wachen, oder sind Sie da, um Ihre Leute zu unterstützen? Natürlich müssen beide Aufgaben erledigt werden, aber die Aufgabe des Betreuers ist entscheidend, wenn ein Hochleistungsteam entstehen soll. Sie müssen also im Rahmen des Vernünftigen dasein, wenn Sie gebraucht werden, und die verlangte Unterstützung gewähren. Das bedeutet manchmal, daß Sie sich mehr um das kümmern, was ein Verkäufer lernt, als darum, ob nun ein Geschäft gemacht wird oder nicht. So manch ein Verkaufschef hat zum Beispiel mit einem neuen Verkäufer einen gemeinsamen Kundenbesuch gemacht und innerlich gezittert, wenn sich der Neue absolut hilflos mit seiner Präsentation oder mit Einwendungen des Kunden abgemüht hat. Der Instinkt gebietet ihm, einzuspringen und den Fall zu übernehmen. Aber wenn Sie das tun, ist es mit dem Lerneffekt aus. Mit nichts lernt man Verkaufen besser als mit den Fehlern, Rückschlägen, Pleiten und Pannen draußen in der Welt. Und wenn wir als Verkaufschef auch gleichzeitig Betreuer und Mentor spielen, müssen wir solche Fehler und Rückschläge zulassen. Und danach dafür sorgen, daß unsere Leute daraus etwas lernen.

Die fünf Hochleistungsfaktoren

1. Ein gemeinsamer Sinn für Aufgabe oder Zweck.
2. Klare und erreichbare Ziele haben.
3. Häufiges objektives Feedback.
4. Anerkennung für gute bis sehr gute Leistungen.
5. Unterstützung und Hilfe zur rechten Zeit.

Wayne Townsend, der für Verkaufsschulung zuständige Direktor von GM Kanada, hat intensiv mit uns und mit diesen fünf Faktoren gearbeitet, um positive Veränderungen in der Arbeitskultur der GM-Händler zu bewirken. Wayne sieht die Ergebnisse aus zwei verschiedenen Blickwinkeln. Erstens rein subjektiv. Er sagt, man könne zwei Händler vis-à-vis an der gleichen Straße besuchen. Beim einen herrsche eine gesunde, bestärkende Kultur, und man spüre die vorhandene Energie und Synergie förmlich. Man erkenne sie an den Kunden genauso wie am Verkaufs- und Servicepersonal. Dann könne man einen Besuch auf der anderen Seite der Straße abstatten, wo die Kultur nicht für den Besitzer und das Unternehmen arbeite, und man erlebe genau das Gegenteil.

Aber es steckt mehr dahinter als nur subjektive Beurteilung. Eine Studie, die GM und Wilson Learning gemeinsam bei Autohändlern in Halifax durchführten, hat ergeben, daß zwischen den fünf Faktoren – einer positiven, gesunden Kultur – einerseits und Produktivität und Leistung andererseits eine sehr hohe Korrelation besteht.

Aber Wayne wird Ihnen sagen, daß Kultur, Produktivität und Leistung nicht voneinander zu trennen sind und daß deshalb viele Manager sich immer mehr zu Managern ihrer Kultur entwickeln.

Aufmerksamkeit, Geduld und harte Entscheidungen

Es braucht Zeit, Anstrengung, Aufrichtigkeit und Ausgeglichenheit, um ein hochleistungsfähiges Verkaufsteam zu bilden. Man muß ihm während seiner Entwicklung viel Aufmerksamkeit schenken und viel Geduld entgegenbringen. Und *besonders* viel Aufmerksamkeit braucht es in harten Zeiten, wenn das Team hinter den Erwartungen zurückliegt; dann kommt es wirklich darauf an. Dann müssen Sie den Mut aufbringen und zu Ihrem Verkaufszweck stehen: »Helfen wir unseren Kunden bei der Lösung ihrer Probleme.« Bleiben Sie dabei, auch wenn Sie viel lieber sagen würden: »Jetzt müssen wir unbedingt ein paar gute Geschäfte machen.«

Es wird ein paar Leute geben, die es nicht begreifen, die das Ziel der Arbeitseinheit nicht verstehen oder akzeptieren. Ein oder zwei Personen, die keinen Sinn für Integrität haben oder die noch mit dem alten »Feindbild« leben, können dem Ruf und der Effizienz Ihres Teams auf lange Sicht großen Schaden zufügen. Was mit diesen Leuten geschehen soll, dürfte für Sie nicht leicht zu entscheiden sein. Aber im Grunde genommen haben Sie nur eine Möglichkeit: sie mit großer Barmherzigkeit entlassen – *selbst wenn sie kurzfristig ausgezeichnete Leistungen erbringen.* Das ist hart, aber unumgänglich.

Doppelbödig

Aber aufgepaßt! Die Leute verstehen immer, wofür sie bezahlt werden, und normalerweise gehen sie dann auch hin und tun das. Aber ganz egal, welches »Lippenbekenntnis« eine Firma verbreitet und was unten auf jedem Memo steht, irgendwann wird jeder die Wahrheit erkennen, und das kann zu Doppelbödigkeit führen. So bekennen sich beispielsweise viele Firmen und Verkaufschefs zu einer »kundenfreundlichen« Haltung, kümmern sich dann aber doch die meiste Zeit nur um Zahlen, Umsätze und Gewinne. Die

Botschaft an das Verkaufspersonal – und im übrigen an jeden anderen Mitarbeiter der Firma – lautet somit klar und eindeutig: Was zählt, sind Zahlen, Umsätze und Gewinne, nicht die Kunden. Die Kunden sind nur Mittel zum Zweck, die angestrebten Umsätze und Gewinne zu erzielen.

Ein Vorschlag: Schreiben Sie sich den folgenden Satz auf ein Blatt Papier, und hängen Sie es irgendwo auf, wo Sie es jeden Tag sehen:

»Was ich erreiche, hängt davon ab, wem oder was ich meine Aufmerksamkeit schenke.«

Es ist eine Binsenwahrheit, aber wenn Sie wirklich Verkaufspersonal wollen, das sich auf seine Kunden konzentriert und glaubt, daß es für seinen Dienst am Kunden bezahlt wird, dann müssen Sie, der Chef, und die Firma dementsprechend handeln. *Sie müssen Ihre Aufmerksamkeit diesen Dingen zuwenden.*

Die Kultur muß widerspruchsfrei sein, sonst bekommen Ihre Leute doppelbödige Informationen, und sie werden immer nach der Wahrheit handeln, in der sie bestärkt werden. Das Problem ist nur, daß wir manchmal selbst nicht sicher sind, was die Kultur da nun bestärkt.

Ich erinnere mich, an einer Sitzung teilgenommen zu haben, in der ein Manager über Innovation sprach. Er versuchte, seine Arbeitseinheit zu überzeugen, sie müsse die Zeit und Energie aufbringen, um in ihrer ganz speziellen Branche die Produkte mit dem berühmten kleinen Vorsprung gegenüber den Konkurrenzprodukten zu entwickeln. Aber alle paar Minuten erkundigte sich einer aus der Gruppe nach Gewinnmargen oder Fristen oder fragte den zunehmend perplexen Manager, ob es ihm wirklich ernst sei mit dem, was er da sage. Offensichtlich meinte der Manager tatsächlich, was er da sagte, aber wenn man seine Kultur etwas genauer unter die Lupe nahm, entdeckte man rasch, daß es vorher zwei Jahre lang ausdrücklich Aufgabe dieser Arbeitsgruppe gewesen war, möglichst kosten- und zeitgünstig zu produzieren, und daß sie sich nie um Innovation hatte kümmern müssen. Eine Feier oder ein Bonus war dann fällig, wenn die entsprechenden Gewinne erzielt wurden. Kreativität, die nicht mit Fristen und Gewinnmargen leben kann, wurde verunmöglicht. Also war es kein Wunder, daß die Leute diesem Manager, dem es mit seiner Innovation durchaus ernst war, nicht glaubten und eher zu Teetrinken und Abwarten neigten. Dieser Manager sagte zwar das eine, die Firmenkultur hatte aber seit längerer Zeit eine ganz andere Sprache gesprochen. Doppelbödigkeit.

Gleichgewicht

Die Lösung ist, auch die Gewinne nicht aus den Augen verlieren. Wahrscheinlich sind Sie erleichtert, das zu hören. John Allison von der Branch Bank and Trust of North Carolina sagt: »Unsere Aufgabe ist es, unseren Kunden zu dienen, zu überleben und wirtschaftlich zu wachsen. Das sagen wir unseren Kunden. Man muß dafür sorgen, daß sich wirtschaftliche Aufgabe und Zweck die Waage halten.« Weichen Sie auf die eine oder andere Seite ab, und Ihre Angestellten werden es sofort bemerken und entsprechend handeln.

Wahrscheinlich darf man zu Recht behaupten, daß die meisten Verkaufschefs mehr Gewicht auf die wirtschaftliche Aufgabe legen. Und sie müssen nun versuchen, sich mehr um den Zweck zu kümmern, damit die Waage ins Gleichgewicht kommt.

Die Bedeutung, Verkaufschef zu sein

Trotz all der vielen Veränderungen im Verkaufsmanagement gibt es etwas, was sich nicht geändert hat: die Bedeutung der Rolle des Verkaufschefs. Niemand anders hat so viel Einfluß darauf, wie sich ein Verkäufer entwickelt, wie seine Leistungen sind und wie lange er in diesem Beruf Erfolg hat.

Am Pecos River Learning Center haben wir diese Lektion schon oft gelernt. Nach mehreren heroischen Versuchen haben wir feststellen müssen, daß man nicht einmal Verkäufer ausbilden kann, wenn man nicht auch die Verkaufschefs ausbildet und in die Ausbildung mit einbezieht. Das geht *immer* Hand in Hand. Sie können einem hoch motivierten neuen Verkäufer das beste Verkaufstraining angedeihen lassen, das für Geld überhaupt zu haben ist; wenn er aber dann in seine Firma zurückkommt und ihn sein Manager nicht unterstützt oder versteht, ist es nur eine Frage der Zeit, bis alles, was er gelernt hat, wieder verloren ist. Der Manager ist nun einfach der Stützpfeiler, bewußt oder unbewußt. Und er ist die wichtigste Person im ganzen Team, das den Verkäufer unterstützt.

Damit möchte ich zum Schluß noch einmal klar und deutlich sagen, wie wichtig der Verkaufschef ist. Wenn ich eine rasche Prognose über die Gesundheit und Zukunft einer Firma abgeben müßte, würde ich die Verkaufschefs als Barometer benützen. Wenn sie mutlos, zynisch und lustlos sind, wäre meine Prognose schlecht, gleichgültig, was die Firmenleitung oder die Finanzleute dazu sagen würden. Sind sie aber auf Draht und motiviert, dann würde ich mich schon für diese Firma interessieren.

Verkaufschefs sind Bindeglieder zwischen der Firmenaufgabe und deren Durchsetzung und Verwirklichung bei den Kunden. Sie sind mehr als alle anderen Berufsleute in einer Firma für eine hohe Leistung, vor allem aber auch für die Belange mit langfristiger strategischer Auswirkung – wie zum Beispiel für Integrität und Kundenfreundlichkeit – verantwortlich. Es ist nie falsch, wenn eine Firma Geld für die Bestärkung, Ausbildung und Anerkennung von Verkaufschefs ausgibt, vor allem Firmen, die sich in einer Übergangsphase befinden oder sich mit ganz neuen Marktbedingungen abfinden müssen.

Denn im Verkauf ändert sich gar nichts, wenn sich nicht auch das Verkaufsmanagement ändert.

Das Verkaufsteam in Phase III managen
Zusammenfassung

Management mit dem Gewehr ist überholt. Das neue Spiel im Verkaufsmanagement heißt: mit einem netten Wort managen – mit Einfluß und Macht der Persönlichkeit, nicht mit Macht der Position.

Umdenken: Stellen Sie sich vor, Sie hätten zwei Gruppen von Kunden. Eine Gruppe mit den Leuten, die Ihre Produkte und Dienstleistungen kaufen. Und eine zweite mit den Verkäufern, die für Sie arbeiten. Als Manager müssen wir lernen, wie wir diesen Leuten »Arbeit« verkaufen können.

Rufen Sie Ihre Leute zu einer Sitzung mit dem Thema Arbeitskultur zusammen. Bringen Sie sie dazu, ihre Gedanken und Gefühle zur Kultur, zur Arbeit auszudrücken, darüber zu sprechen, weshalb sie arbeiten, was sie suchen, weshalb sie frustriert sind und wie Sie ihnen helfen können. Und Sie als Manager hören nur zu. Helfen Sie Ihren Leuten, ein ausgewogenes Engagement für die wirtschaftliche Aufgabe und den Verkaufszweck einzugehen.

Halten Sie Ihr Team mit den fünf Hochleistungsfaktoren bei der Stange:

1. Ein gemeinsamer Sinn für Aufgabe oder Zweck.
2. Klare und erreichbare Ziele haben.
3. Häufiges objektives Feedback.
4. Anerkennung für gute bis sehr gute Leistungen.
5. Unterstützung und Hilfe zur rechten Zeit.

Seien Sie sich der Gefahr der Doppelbödigkeit bewußt. Prüfen Sie sich selbst. Welche Botschaft möchte ich nun wirklich an meine Leute übermitteln? Sorgen Sie möglichst für Konstanz, Konsistenz und Ausgeglichenheit.

Ende der Reise

Lassen Sie mich mit einem letzten Prinzip und einer letzten Geschichte abschließen. Das Prinzip beinhaltet, wie Sie unsere Strategischen Überlegungen nun wirksam bei Ihrer Arbeit einsetzen können. Es ist keine Zauberformel, denn es gibt keine Abkürzungen auf dem Weg zu einem neuen Denken. Es gibt keine Wunderpillen. Wie wir lernen, ist einfach zu verstehen, aber der Lernende muß sich bewußt anstrengen und konzentrieren.

Hier ein einfaches Lernmodell.Wir alle kennen es und haben es schon erlebt – es gehört in den Bereich des gesunden Menschenverstandes: *Üben Sie, was Sie gelernt haben; was Sie üben, wird zur Gewohnheit; und was zur Gewohnheit wird, ergibt Ihre Ergebnisse.*

Üben Sie zum Beispiel täglich jeden Kundenbesuch, und sagen Sie sich immer wieder: Es ist meine Aufgabe, meinen Kunden zu helfen, daß sie das bekommen, was sie wollen. Üben Sie das, bis Sie es gewohnheitsmäßig, automatisch tun. Automatismen werden zu einem Teil Ihrer selbst – es fällt Ihnen genauso leicht wie das Binden Ihrer Schnürsenkel. Und der Lohn bleibt nicht aus: Diese Konzentration nach außen kann Ihren Erfolg und Ihre Erfüllung im Verkauf dramatisch und positiv verändern. Kein schlechtes Geschäft für ein bißchen Anstrengung gleich zu Beginn.

Aber ohne diese Anstrengung am Anfang ist es unmöglich.

Ann Spinazzola von der NorthWestern Mutual Life pflegt zu sagen: »Geistige Verschlossenheit kommt teuer zu stehen.« Wer sich geistig verschließt, sagt sich: »Das klappt doch nie«, »Ich habe es einmal versucht, und es ist nichts geschehen, also vergesse ich es« oder »Ich versuche das nicht auf das Risiko hin, vor meinem Kunden dann einen Fehler zu machen.« Mit einer solchen Einstellung vergibt man jede Chance, wirklich zu lernen. Wenn Sie neue Wege des Denkens kennenlernen wollen, brauchen Sie Geduld und einen offenen, forschenden Geist – die Haltung des Lernenden, nicht des Gelehrten. Geben Sie sich also die Möglichkeit zu lernen, Dinge auszuprobieren, Fehler zu machen und Rückschläge zu erleiden. Das ist der natürliche Vorgang; manchmal müssen wir einfach uns selbst – unser Ego – aus dem Weg schaffen.

Und nun zur Geschichte. Ronn Lehmann, Autor und Berater am Pecos River Learning Center, hat in den letzten zehn Jahren einen großen Teil seiner Zeit damit verbracht, Verkäufer und Verkaufschefs auf der Straße zu interviewen. Die folgende Geschichte trug sich bei einem Autohändler in Südkalifornien zu, bei dem er zwei Wochen lang Betrieb und Verkäufer unter die Lupe nahm.

Ein Verkäufer, den Ronn an einem bestimmten Tag beobachtete, hatte offenbar Schwierigkeiten, mit einem älteren Ehepaar ins Geschäft zu kommen. Die beiden Leute waren so verärgert, daß sie schließlich wortlos aufstanden und weggingen. Der ebenfalls aufgeregte Verkäufer ging zu Ronn hinüber, seufzte tief und vertraute ihm allen Ernstes wie ein großes Geheimnis an, dieses Geschäft sei ihm entgangen, weil die Leute Armenier gewesen seien – er käme mit allen Leuten ins Geschäft, aber mit Armeniern habe er noch nie Glück gehabt.

Das verrät Ihnen natürlich einiges über »Kultur«. Dafür hatte Ronn bei seinem nächsten Interview mehr Glück. Es handelte sich um eine junge, intelligente, begeisterungsfähige, im Umgang mit Menschen geschickte Frau, die ganz neu im Geschäft war. Sie war eine Woche lang eingearbeitet worden, hatte jetzt eine Woche im Verkauf gearbeitet und eben ihr erstes Auto verkauft. Sie war absolut begeistert und liebte ihren Job über alles. Sie sprach davon, sie wolle ihre Kunden richtig kennenlernen, dafür sorgen, daß sie genau das bekämen, was sie wollten, sie würde überhaupt keinen Druck ausüben und wolle Freundschaften schließen. Sie sprudelte förmlich über und erwähnte viele der Dinge über Phase III, die wir in diesem Buch besprochen haben.

Ungefähr in der Hälfte des Interviews kam ein älterer, »erfahrener« Verkäufer dazu und hörte mit. Er ließ die junge Frau noch eine Weile weitersprechen, bevor er unterbrach. Er sagte zu ihr, sie habe ja keine Ahnung vom Geschäft. In diesem Geschäft könne man nur Erfolg haben, wenn man die Leute so schnell wie möglich an den Verhandlungstisch bringe und sie dann bearbeite. So könne man Geschäfte machen. Kunden seien Feinde, und das Geschäft sei Krieg, das solle sie ja nie vergessen. Und mit diesen Worten ging er weg.

Die junge Frau reagierte, als ob jemand an einem Schalter gedreht hätte. Sie verschloß sich vollkommen, und Ronn sah ihr an, daß sie automatisch ihre bisherigen Überzeugungen in Frage zu stellen begann. So schnell kann das geschehen.

Und die Moral? Erstens: Wie die junge Frau wissen auch wir das meiste von dem, was wir auf dieser Reise gelernt haben. Gewisse Ideen sind sehr anspruchsvoll – Partnerschaften bilden und ein Team führen zum Beispiel. Andere Ideen aber sind alles andere als neu und anspruchsvoll – den Kunden helfen, das zu bekommen, was sie wollen; mehr bieten oder sein Ego aus dem Weg räumen, die Erwartungen seiner Kunden übertreffen wollen. Jeder Verkäufer, ganz besonders ein neuer Verkäufer, will so arbeiten. Und die junge Frau von vorhin war ein gutes Beispiel dafür. Manchmal brauchen wir nur am Anfang ein wenig Unterstützung.

Zweitens: Viele von uns müssen Hindernisse überwinden, Drachen töten, damit wir so arbeiten können, wie wir das gerne möchten. Für die junge Frau war das Hindernis die in dieser Autohandlung herrschende Kultur. Für uns sind es vielleicht ähnliche Probleme, vielleicht ist es unser Ego und seine Angst vor Veränderungen. Was auch immer, es braucht wohl ein bißchen Mut, ein gutes Selbstgespräch und einen ersten kleinen Schritt, um auf jenen Weg zu gelangen, der den Neugestaltern des Spiels Erfüllung und Erfolg verheißt.

Die gute Nachricht aber lautet: Wir alle, die wir verkaufen, sind auf ganz natürliche Weise Neugestalter des Spiels. Alles, was es dazu braucht, ist unsere eigene Einwilligung, unsere eigene Unterstützung und manchmal ein kleiner Sprung, um das nächste Trapez zu erwischen.